江苏第二师范学院学术著作出版资助项目

江苏省高校品牌专业和国家级一流本科专业建设点江苏第二师范学院汉语言文学师范专业

江苏省教育科学规划重点课题“基于语篇学的高中语文阅读教学模式建构与实践研究”（B-b/2023/03/85）

江苏省教育科学规划重点课题“语用型语文教育背景下‘吕叔湘之问’破解策略研究”（B-b/2024/01/25）

语篇分析文集

贡如云◎编著

河海大学出版社
HOHAI UNIVERSITY PRESS
·南京·

内容提要

本书运用语篇学理论，对中学语文统编教材中的一组典范作品进行语篇分析，是与学术论著《语篇阅读教学论》配套的又一力作。该著作体现了理论探索和实践操作的有机结合，共八章内容。第一章为语篇分析的教学价值，从语文课程、教材和学习重构的角度加以阐述。第二章为语文教学中的语篇分析，从语篇分析的内涵、策略、方法和路径等方面进行论述。第三章为基于语篇分析的阅读教学，从文言文、记叙文、说明文、议论文等文章类作品的角度进行论析。第四章为诗歌语篇分析。第五章为小说语篇分析。第六章为散文语篇分析。第七章为辞赋语篇分析。第八章为其他语篇分析。

本书适用于高校语文课程与教学论教师、一线初中和高中语文教师、语文课程与教学论专业博士研究生、语文教育硕士研究生以及其他从事语文教育研究的工作者参考使用。

图书在版编目(CIP)数据

语篇分析文集 / 贡如云编著. -- 南京 ：河海大学出版社，2025. 8. -- ISBN 978-7-5630-9815-6

Ⅰ. G633.302

中国国家版本馆 CIP 数据核字第 2025424UP3 号

书　　名	语篇分析文集
书　　号	ISBN 978-7-5630-9815-6
责任编辑	杜文渊
文字编辑	李紫微
特约校对	李　浪　杜彩平
封面设计	徐娟娟
出版发行	河海大学出版社
地　　址	南京市西康路 1 号(邮编:210098)
电　　话	(025)83737852(总编室) (025)83722833(营销部) (025)83786934(编辑室)
经　　销	江苏省新华发行集团有限公司
排　　版	南京布克文化发展有限公司
印　　刷	广东虎彩云印刷有限公司
开　　本	710 毫米×1000 毫米　1/16
印　　张	14.75
字　　数	270 千字
版　　次	2025 年 8 月第 1 版
印　　次	2025 年 8 月第 1 次印刷
定　　价	68.00 元

前言

2016年春节假期，那是我学术生涯至今最为彷徨的一段日子。

纵使大年初一，心绪依旧不宁，我一遍又一遍地逼问自己：要不要换题？最终，我放弃了开题时中外比较研究的方案，决定迎接全新的挑战：从语言学出发，以“语篇学视域下的语文阅读教学研究”为题，撰写博士学位论文。否定自己诚非易事，但否定往往孕育着新生。2016年元宵佳节，我将博士论文新题与提纲交给导师黄伟教授，黄老师非常认同这一选题，并历数原题的局限，期待之情溢于言表。即日起，我便开启“语篇”世界的探索之旅。

2017年3月，论文匆匆收尾，参加预答辩后，便匆匆提交接受盲审。由于理论视角有别于以往的阅读教学研究范式，我对于论文的“创新度”倒是颇有底气，故丝毫未将盲审一事摆在心上。4月14日，我在外地出差，晚上打开电脑，收到了教学秘书发来的论文盲审结果。成绩很是令人振奋，三位评审专家对论文都不吝褒奖，赋予等第均为A，这对我而言是莫大的肯定与鼓励。彼时我最深切的感受便是：有价值的选题＝成功了一半。2019年3月初，我在博士论文的基础上出版了学术专著《语篇阅读教学论》，并于3月29日在安徽宿州宿马汇大酒店举行首发式。

定名《语篇阅读教学论》的初衷在于，从语篇学的视角重新审议语文阅读教学，或者说借鉴语篇学理论重构语文阅读教学体系。由于起先预设的理想读者是高校语文课程与教学论学科同仁，论文的语体偏重学术性而非浅白性，追求学科重构的“宏大叙事”，尤其是对语篇学源头与流变的知识考古，以及语文课程性质论（话语经验说）的学理阐述，令著作读起来确乎不怎么“通俗易懂”。收获一线读者的反馈意见后，我就暗地督促自己，一定要在现有理论体系的基础上，另出一本偏重操作指导的姊妹作。令我欣慰的是，在语篇阅读教学实践探索的路途上，我已不像原初那样孤军奋战，许多志同道合的一线教师加入了进来，大家围绕语文统编教材中的典范之作纷纷开展语篇分析研究（主要成果详见末尾附录部分）。2025 年 3 月，又是这样的一个初春时节，小桃园的二月兰已经盛开，我终于可以从容地筹划《语篇分析文集》的出版事宜了。

严格地讲，自我的博士论文完稿之后，语篇分析的思路与方法已开始引起一线朋友的关注，大家或对我的思考进行演绎和阐发，或对语篇理论进行溯源和再创，并旁收语用理论、叙事理论、言语知识、话轮知识等，对统编教材进行语篇（话语）分析，并产生了一批较有影响的研究成果，最终形成了这本小集子。

语文教学是训练学生话语思维的过程，无论是读写还是听说，其基本的语用单位都不是孤立的语音、词汇、语法、句子和段落，而应是话语思维的产品——语篇。语文教学关照的主要不是静态的句子语法，而是动态的篇章语法，即学习语篇的各种要素是如何有机地结合在一起，进而构成完整的篇章以实现传意的目的。对篇章进行解码和编码，从而构建学生的语篇图式，乃是语文阅读教学的根本任务。文学语篇是语篇家族中较为特殊的分支，文学具有独特的审美功能，但文学又是真实的社会语境中出于真实的交际目的而生成的语言实体，因而它还具有交际功能。与一般实用语篇的"交际"方式不同之处在于，文学语篇试图以艺术化和创造性的方式对外部世界和潜在读者（包括特殊读者即作者自己）进行内心阐释与表达。随着"语用"时代的来临，对文学作品进行语篇分析，借助文学语篇进行语篇阅读甚至语篇写作教学，对语文课程而言无疑具有本体论意义。

什么是语篇分析（Discourse Analysis）？首先，它指一门学科，即语言学的一个分支，相当于语篇学。其次，它是语言学的一种研究方法，主要对语言在实际使用中的整体单位即语篇，包括文学类语篇、实用类语篇、论述类语篇，单个篇章与整本书，书面文本和口头话语，跨媒介语篇，多模态语篇等进行全面、系统的分析，研究语篇的组织结构、意义构建、语言功能、成篇语境、话语权力等。语篇分析源于 20 世纪 50 年代，自 60 年代末起，语篇分析日益受到语言学界的重视，70 年代起，语篇分析的研究不断拓展与逐步深入，其研究成果也开始被其他许多学科所吸收，并日益成为一门前沿交叉学科。

语篇分析的研究前景广阔，极富空间。21 世纪以来，国际上母语教育纷纷引入语篇分析等系统功能语言学的理论成果，语篇分析也已成为阅读教学、文学鉴赏、文体教学的重要内容，这从北美、欧洲一些教育发达国家的母语课程标准中能找到依据。再看我国当下的语文界，文本解读可谓如日中天、风头正劲，而语篇分析却门可罗雀、鲜有问津。在文本解读的话语情境中，文学常被视为社会交际活动以外自足的产品和审美的客体，文学鉴赏习惯穿梭于文艺学的各种“文本解读”活动中，这便导致语言学与文学教学的关系日益疏离与隔膜，而实用文的解读理论仍停留于传统的文章学阶段。语篇分析的引进，将重新焕发语言学的学科生机，重整语文基础学科的话语秩序。语篇分析的引进，将有助于学生生成语篇构造的图式，进而为真实情境下的文学写作、创意写作提供语言建构的经验、思维运演的支架、审美交往的策略和文化对话的智慧，为语文核心素养的落地提供一种新思路和新方法。文学写作无非就是与潜在读者进行审美的交往与艺术的对话，它既是超实用的，也是实用的。文学人人可为，文学写作不是贵族消费。正如朱光潜所说：“就资禀说，人人本都可以致力文学；不过资禀有高有低，每个人成为文学家的可能性和在文学上的成就也就有大有小。”

1973 年，人工智能研究的开拓者赫伯特·西蒙(Herbert Simon)和威廉·蔡斯(William Chase)在研究国际象棋大师的成长时曾总结出“10 年定律”说，引申开来讲，要想在某个领域取得非凡的业绩，至少要经历 10 年周期，正好比贾岛之诗云“十年磨一剑”。10 年耕耘，我们在语篇分析研究领域虽未取得惊世骇俗的业绩，但筚路蓝缕，久久为功，一批原创成果已逐步引起学界的关注，包括专著 3 部，江苏省教育科学规划课题 5 项，江苏省教研室规划课题 2 项，南京市级规划课题 1 项，高水平期刊论文 17 篇(含 CSSCI 期刊论文 3 篇，北大核心期刊论文 8 篇，人大复印资料全文转载 6 篇)，硕博学位论文 17 篇，其他期刊论文 40 多篇。

作为语篇分析研究团队的主持人，我先后在《课程·教材·教法》发表了 3 篇代表作：《语篇学视域下的语文教学改造》(2017)、《语文统编教材文学语篇交际之维透视》(2020)、《高中语文统编教材选文的语篇特征考察》(2021)，其或可称作语篇分析“三部曲”。在第三篇论文中，我明确指出：本质上讲，统编教材中诸类文本无一不是作者试图实现交际意图的产物，其写作“活动”又都是真实“任务”驱动下的语用行为，而其交际目的和语用“情境”又决定了话题、文体、语体、作者、读者等语篇要素的配置。质言之，所有作者其文本编织的过程即是语篇构造的过程。2018 年 6 月 30 日，应江苏省原初中语文教研员段承校博士之邀，我在常州金坛华罗庚中学做了场讲座《该语篇学登场了》，其间以《出师表》为例，阐述语篇要素分析的应用价值，赢得一批教研员朋友和骨干教师的强烈共鸣。讲座结束后，我与王清老师在学校阅览室深聊，后听从其建议，着手准备《语篇阅读教学论》出版事宜。当时由于精力有限，我特地拜托冯为民老师将我金坛讲座的核心观点进行整理，冯老师欣然接受，并在此基础上进一步加以阐发，形成论文《语篇视角下的教学设计——以诸葛亮〈出师表〉教学为例》，后发表于《中学语文教学》(2019)。2019 年初，应荣维东教授邀约，我为其再版的著作《交际语境写作》写了书评《交际·语境·语篇——评荣维东〈交际语境写作〉》，文章指出，交际语境写作并非仅限于实用文，对文学而言它仍然适用，所谓交际语境写作实质上即为“语篇写作”。鉴于先前《高中语文统编教材选文的语篇特征考察》一文只是对统编教材中典范文本的“语篇七性”进行了面上的评点，2025 年初，我又以文学文本《阿房宫赋》为例，再次探讨汉语文本的“三层七性”，即从语境层、结构层、交际层对情境性、篇际性、统一性、连贯性、意向性、可接受性、信息性展开语篇分析，详见《“三层七性”：语篇分析的一种操作框架——以〈阿房宫赋〉为例》(2025)。2025 年，我又与黄伟老师合作，以鲁迅先生启蒙转型期的小说《祝福》为例，论述了前景化理论包括偏离和平行手法在语篇分析中的实际应用。

语篇分析团队的核心成员既有在江苏乃至全国声名显赫的特级教师、正高级教师，如冯为民、刘宏业、戎仁堂、薛城、王清、张增光等，也有年富力强、深入钻研、不断精进的学科带头人、骨干教师和优青教师，如牛树超、刘凡保、丁长永、董晓强、马骏、李燕等，还有一批南京师范大学、南京信息工程大学、河南师范大学等高校的语文教育硕士研究生，如蓝祺、赵艳婷、阮莹莹、纪嫣然等。大家的研究各展才情、各显其智：冯为民老师在语与篇的关系、语篇分析与文本解读的关系、语篇的信息结构等领域有自己的独到见解和细致阐发，尤其是围绕陶渊明《归去来兮辞(并序)》所做的语篇分析，可谓独辟蹊径，豁人耳目。刘宏业老师则吸纳语篇分析的理论，着力探索文言文释言、解文和悟道三位一体目标的实现路径，并提出以工具理性承载价值理性，以价值理性升华工具理性的新颖观点。戎仁堂老师就语篇分析与微探究教学的关系、话题链的设计、语篇偏离等进行了学理阐述，并依据语篇要素理论对《陈情表》进行语篇分析，体现了前沿性与先锋性。薛城老师则借助话题链理论、话轮理论和系统功能语法理论分别对《昆明的雨》《唐雎不辱使命》《邹忌讽齐王纳谏》展开语篇分析，视角独特，启人深思。王清老师指出，文本解读不宜局限于文学作品，实用类语篇具有语义功能、成篇功能、交际功能，运用语篇学理论，适当借用叙事学知识进行语篇分析，能拓展与提升此类文本的教学境界，他围绕《纪念白求恩》所做的探索很有见地，令人信服。张增光老师则注重引导学生在交际的情境中学习说明文，如《苏州园林》，以此激发学生的学习动机和探究欲望，并以《回忆我的母亲》为例，探讨语篇学视域下散文教学重构问题……限于篇幅，我们总共选择了团队较有影响力的代表性论文

31 篇。

近 10 年来，我们团队不断探索高校语文课程与教学论教师如何与中学语文教师精诚协作、协同共进，在互补与对话中系统构建语篇分析理论体系，以此指导语文阅读教学改革实践。我们开发的语篇分析模式主要包括：①功能语篇分析框架。从语义功能、语形功能、人际功能等维度对各类作品展开语篇分析。②语篇七性分析框架。围绕语篇的七大特性即情境性、篇际性、统一性、连贯性、意向性、可接受性、信息性展开分析。③语篇/语境要素分析框架。从目的意识、话题意识、作者意识、读者意识、文体意识、语体意识等方面展开分析。④语篇体裁分析框架。围绕文学类语篇、实用类语篇、论述类语篇中不同文体作品展开体裁分析。⑤话语分析框架。围绕对话关系、文本间性、言语体裁、语用情境、话语结构、语言体式展开分析。⑥语篇读写融合框架。以表现性任务为驱动，激发学生的阅读与表达欲望，打通语篇阅读和语篇写作。

2017 年以来，我们在连云港、宿州、蚌埠、句容、南京、徐州等地举办了 6 届全国语文语篇阅读教学公益论坛，吸引了 3 000 多名来自各地的中小学语文教师(含新加坡、韩国)和其他语文教育研究人员参会。人民网、中华网、凤凰网、搜狐网、新浪网、江苏电视台教育频道等 20 多家媒体进行了专题报道。近 10 年来，主持人及核心成员受邀南京师范大学、杭州师范大学、福建教育学院、淮阴师范学院、亳州学院等高校与地方教育局、各级各类语文教师培训班、名师工作室做语篇阅读教学讲座 200 多场。

需要补充指出的是，由于国内语文界对语篇分析的学理研究起步较晚，相关成果积累和参考资料均比较贫乏，我们的许多探索都带有“摸着石头过河”的成分。我们对某些问题的认知，开始尚比较模糊，部分观点可能不是很成熟，但随着分析实践的推进和理论思考的深入，我们又收获一些新的认识与突破，于是对先前的某些观点做出了修正、发展与完善。

比如关于语篇的特征，奥地利学者德雷斯勒和美国学者鲍格兰德曾提出著名的语篇“七性”说，即衔接性、连贯性、意向性、信息性、可接受性、情境性、篇际性。根据二位学者的意见，语篇结构特征包括衔接性与连贯性。衔接性是从外在语言形式上而言的，连贯性则是从内在逻辑语义上来讲的，两者的关系大致表现为形式与内容的相互作用。在二人看来，衔接性与连贯性是语篇最本质的特征，但该结论主要是基于英语语篇所得出，对汉语语篇而言并不完全适切。因为英语是形合语言，它以形制意，主要通过词汇和形态等手段来实现连贯，衔接的标志相对显著。汉语是意合语言，它以意驭形，主要依赖内在的逻辑语义联系和各种语境及语用要素来实现连贯，少用乃至不用衔接手段。而在衔接手段的使用上，汉英两种语篇既有共性，亦有偏至。因此，后来我尝试引入了统一性，将衔接性纳入连贯性加以讨论。

再如信息性，二位学者主要是从语篇所传递的内容即意的层面来探讨的，并不包含传意的语言形式。但我近来越来越倾向于，信息性不应做狭隘理解，而应将信息的内核与载体统一起来予以讨论。尤其是经典文学语篇构造者，其作品所传递的信息，实为言意的统一体，其审美品位、艺术风格与思想内容、道德境界、人格操守是浑融整一的。就语文学科而言，语言既应从工具意义上去理解，更应从本体意义上去把握，“词语破碎处，无物存在”。

又如我们在探讨篇章的语义、语形和交际功能时，用的是“语义”。那么到底是“语义”还是“语意”？两者需不需要区分？照实讲，“语义”与“语意”是两个容易混淆的词语，它们在含义和用法上有一定区别，但在某些情况下可以通用。

“语义”指语言符号(如词、句、篇章)所表达的意义,是语言学中的专业术语,强调语言系统内部的逻辑关系和具体含义。其特点是侧重语言的逻辑性、系统性,与语法、语用并列。“语意”常用于文学,它更偏向语言表达中传递的主观意图或情感色彩,强调说话者的目的或听者的理解。其特点是侧重表达者的意图或听者的感受,带有一定的主观性。概而言之,侧重于语言学做语篇分析,包括研究语言系统或逻辑关系时,常用“语义”;侧重于文学做一般的文本分析,包括分析表达意图或情感色彩时,常用“语意”。目前我们对文学文本进行的语篇分析,大都选用“语义”,倘改用“语意”也并非不可以。

愿更多的语文同仁与有识之士关注和投入语篇分析的研究与探索中来!愿教育学的二级学科语文课程与教学论与语言学的新兴分支学科如功能语言学、应用语言学、社会语言学等展开深度对话并实现学科融合!语文姓语名文;语者,语篇也。语篇是语言文字运用的产物,文学、文章、文本的本质均为语篇,语篇与文化语境和文化价值观存在重要关联,语篇涵盖了“一语五文”。

贡如云

2025.3.16

目录

第一章 语篇分析的教学价值

第二章 语文教学中的语篇分析

第三章　基于语篇分析的阅读教学

第四章 诗歌语篇分析

第五章 小说语篇分析

第六章 散文语篇分析

第七章 辞赋语篇分析

第八章　其他语篇分析

第一章

语篇分析的教学价值

第一节 语篇分析与知识更新

语文知识是语文课程的基本要素，不涉及语文知识的语文课程是不存在的。语文知识问题是语文课程内容的经典问题，语文课程内容的重构主要表征为语文知识的重构。随着基础教育语文课程改革逐渐步入深水区，语文知识的重构问题将再次浮出水面。围绕语文知识的重构，我们首先需要关注语文课程目标，因为前者是以后者为直接依据选定的，并在一定程度上体现了后者的基本要求。当前，语言文字的运用已成为语文课程的核心目标，但是，语文课程如何培养学生的“语用”能力，理论和实践仍有值得探讨的空间，已有的语用理论和语用实践虽有成效，但并非尽如人意，其欠缺和短板也有待弥补。与语用学一样，语篇学也研究语用，它们都是功能语言学的分支学科。语篇是语言学中一个重要的概念，通常指由句子或话段构成、相对独立的语言单位，它语义连贯，合乎语境。语篇是试图实现某种交际功能的语言实体，它是语用的对象与产物，既可以是书面的，也可以是口头的；既包括独白，也包括对话；既可是一本书，也可是一句话。作为学科名称，语篇学相关术语并不统一，较常见的有语篇学、篇章语言学、话语语言学、语篇分析、话语分析、篇章语法、超句法分析等。语篇学侧重研究以言成篇的特点与规律，语篇的生成语境与交际目的，以及交际中语言形式与功能的关系等。① 对语篇知识的发掘与引进，能为现实的语用转向找到新的突破口。那么，什么样的语篇知识最有价值？哪些语篇知识可以纳入语文课程内容体系？我们根据基础切用的原则，初步筛选出那些可教可学的语篇知识，并按现代认知心理学做出分类，以资讨论。

一、陈述性语篇知识

陈述性知识是关于事物特征及其关系的知识，它主要回答“是什么”的问题。陈述性语篇知识是关于语篇本体、要素与属性的知识，如语篇、篇章、话语、语义、语形、语境、语体、语篇类型、语篇体裁、语篇图式、篇章语法、功能、衔接与连贯、

① 贡如云，黄伟. 语篇学视域下的语文教学改造[J]. 课程·教材·教法，2017，37(8)：40-45.

宏观结构、微观结构、篇际性、信息度、语篇复杂度等知识。这类知识属对象性知识，学习此类知识可以深化对语文课程与教学的认识，提高语篇分析、鉴赏和评价的能力。例示之：

语篇。语篇这一概念的引进对语文课程而言意义重大。一是有助于我们正确认识文学作品的课程功能。在语文课程这一特定的场域中，文学作品的本体属性是语篇，它是真实的社会语境中出于真实的交际目的而生成的语言实体，它试图以艺术化和创造性的方式对外部世界进行内心阐释与表达。因此教材中的文学作品首先是语篇（文学类语篇）的存在，其次才是纯文学的存在。文学教学的基础性功能是提高语言运用能力，发展性功能是培养审美鉴赏能力。二是有助于我们对语文教材范式进行反思与重构。近年来，非连续性文本和整本书的阅读是个热点问题，这两类媒介的阅读对学生而言，其积极意义自不待言。问题是，既然这类媒介在教材体系中已经或将要取得正统地位，我们便不得不对文选范式进行再反思；既然文选范式已逐渐丧失其解释力，我们便不得不对教材范式的重构进行再审议。实际上，无论是以往的选文，还是“新兴”的媒介，它们均归属于语篇范畴。结合国际上母语教材发展的新趋势，以语篇范式取代文选范式，不失为我国语文教材体系重构的一条新路子。

语篇类型与语篇体裁。语篇分类会涉及这两个核心概念。语篇类型属一级范畴，语篇类型的划分更多的属于一级分类，相当于语文教材选文分类中常说的“大别”。语篇体裁属二级范畴，语篇体裁的划分属二级乃至更细的分类。我国现行《普通高中语文课程标准》围绕教材选文的大类划分采用的是三分法，即实用类“语篇”、文学类“语篇”、论述类“语篇”，但其最大的局限在于，功能的、文体的、表达的视角交织在一个层面，这便造成了分类标准的不统一。倘若采用国际阅读素养进展研究项目（PIRLS）、美国“国家教育进步评价”（NAEP）的语篇类型二分法，即以文学类语篇与信息类语篇做一级分类，该矛盾便可迎刃而解。

衔接与连贯。衔接指形式的衔接，连贯指意义的连贯，衔接与连贯是语篇结构方面的重要特征，也是语篇最本质的特征。阅读教学中，我们应引导学生关注汉语句子衔接的手段，组织语段的方式，语篇的表层结构与深层思路，文脉的内在一致性等问题。比如王羲之《兰亭集序》的起始段，“此地”回指“会稽山阴之兰亭”，形成照应。“又”“虽”“亦”均是连接，形成平行项的罗列。而“崇山峻岭，茂林修竹”“清流激湍”“丝竹管弦”“一觞一咏”“畅叙幽情”等分别与“会稽山”“兰亭”“群贤”“少长”形成集合，通过词汇组织，取得衔接效果。①

① 杜金榜．语篇分析教程[M]．武汉：武汉大学出版社，2013：146-147.

值得注意的是，上述多数知识抽象性和概括性均很强，附着在文本中，它们都是沉睡的陈述性知识。但是当语用者激活它们，将其有效还原或运用至读写实践中时，其性质将转变成程序性知识或策略性知识。

二、程序性语篇知识

程序性知识是指行事的方法或步骤，本质上由概念和规则构成，它主要回答"怎么做"的问题。程序性语篇知识是关于如何读解和构造语篇的知识，由达成语用目标的方法与手段构成。这类知识是语用主体的操作性知识，主要包括语境分析、功能分析、结构分析与运用、体裁分析与运用、语体分析与运用、语篇审美、语篇评价等方面的知识。对学生进行语用训练时，应注重程序性语篇知识的传授，以使之进入学生的命题网络，而后设计变式练习，让学生在多种问题情境中熟练地运用并内化这些知识。例示之：

语境分析知识。语境是指与语篇生成相关的各种语言因素和非语言因素。语境制约着语篇，同时语篇又依赖于语境，语篇与语境构成一种共生的关系。语境分析知识有助于对语篇进行语境阐释与还原，其基本路径包括：语言语境分析、情景语境分析和文化（社会）语境分析等。鉴于这三种语境分析都是传统意义上的静态语境分析且相关研究已相对成熟，这里着重介绍一种动态语境分析——认知语境分析，它是指对对话交际中受话人的反应所做的语境分析。认知语境是一种心理建构体，它由发话人的话语信息和受话人的认知经验所构成。认知语境对读者的多元读解、误解和不解均具有解释力。以《江雪》一诗为例，作者柳宗元借助孤独的意象群——飞鸟、蓑笠翁、雪——营造了一个人迹罕至、寂寥无边的情景，而后诗意地表达了自己的人生态度和立场，并试图影响外部世界。该语篇生成之后，许多读者都从自己的角度进行个性化阐释，这正是柳宗元所传递的语用信息对读者认知方式的影响所致。像王云翼的自寓说，吴昌祺的傲然独往说，刘辰翁的得天趣说，金英的和谐说，李淼、朱国能的禅意说，诸如此类，无一不是基于认知语境进行读解的产物。鲁迅的小说《药》中，夏瑜和阿义有一段"话不投机"的对话，那也可以运用认知语境知识进行分析。

功能分析知识。功能是功能语言学的核心范畴，它是指语言在社会行为中所体现的价值或功效。功能分析知识为语篇分析提供了理论基础，最常用的是韩礼德的功能语篇分析框架，即对各类语篇作语义功能、成篇功能和交际功能分析，进而与作者及文本展开对话。语义功能对应语篇的意义世界，意指对语篇的情理进行分析；成篇功能对应语篇的形式世界，意指对语篇的语言形式进行分析；交际功能对应语篇的人际世界，意指对语篇的传意特点即作者与读者之间的对话关系进行分析与体验。以夏丏尊和叶圣陶合著的《文心》这一整本书为例，语义功能分析可从语境、篇际性、题材、思想、情感、价值观、文化、场景、情节等方面展开，成篇功能分析可从语音、语气、语词、语句、语段、语篇、语法、语体、衔接与连贯、结构、修辞、体裁、风格、表达方式、表现手法等方面展开，交际功能分析应聚焦于主题、目的、倾向、作者意识、读者意识、信息度、可接受性、人际意义、实践效果等。

语体运用知识。语体是适应不同交际功能、不同题旨情境需要而形成的运用语言的特征体系，它涉及语词、语法、语气、语调等方面的语用选择。语体运用的知识包括：根据文体选择相应的语体；文学写作在语体使用上可以交叉和跨界；抒情语体有时遵循的是语体语法规则而非句子语法规则。语体运用知识适用于语文读写听说教学。以《我与地坛》为例，史铁生写道："它等待我出生，然后又等待我活到最狂妄的年龄上忽地残废了双腿。"若循常规，动词"残废"不应置于"双腿"之前，这种变形处理旨在强调作者残疾之后刻骨铭心的伤痛，显然，它遵循的并非句子语法逻辑，而是语体语法逻辑。

三、策略性语篇知识

策略性知识是指调节、控制学习活动的知识，它是指如何确定"做什么"和"怎么做"的知识。策略性语篇知识是指对语篇读解与构造等活动进行自我定向、反思和调控的知识，主要包括主题意识、目的意识、作（说）者意识、读（听）者意识。这类知识是内隐的，它难以自动化，需受意识控制，它们一旦被掌握，将大大提高语篇读解和生成的效率。例示之：

目的意识。作者创建语篇都是处于具体的社会文化语境中，因而总带有一定的生成目的和意图。语篇解读不仅是认知事件，它还是一种交际事件。解读者不仅建构语篇的理解，而且建构社会语境，而这两种建构活动互为影响。比如，当读者阅读一个叙述性语篇时，他不仅应设法理解故事的内容，还应试图揣摩作者的表达目的或意图。阅读教学应注重引导学生去理解信息，猜测作者的表达意图，推断语篇的言外之意，评价语篇功能是否得到有效实现，以及语境条件是否与语篇特点相契合。

作（说）者意识。任何表述都反映作（说）者对客观世界的基本认识与价值判断，主体的智性言说都注意把自己摆进去，都会顾及自己的身份、年龄、性别、气质、情趣、文化判断和价值取向。作（说）者意识的培养是说写训练的重要内容。

读(听)者意识。有效的写(说)都会注意读(听)者的感受,注意对方的身份、地位、性情、知识背景、审美习惯与接受心理。比如在教学应用文时,我们都能明显地感受到作者的读者意识,而文学作品的读者意识往往容易被忽视,岂不知,优秀的作家或俯视,或仰视,或平视,即便看起来是不视,实质上都是普视。

语文课程的核心目标是培养学生的语用能力,语文教学的主要凭借则是语篇。语篇是语言文字运用的对象与产物,它与文化语境和文化价值观存在重要关联,文学与文章的本质均为语篇,因此语篇涵盖了"一语四文"。语言学家麦卡锡和卡特曾振聋发聩地指出,语言即语篇,语言教学应帮助学生从语篇的角度来理解语言、学习语言和运用语言。① 语篇学能为语文课程的语用转向提供新理论和新方法,语文知识的重构需引进语篇知识。

(原文《语文课程亟待引进语篇知识》,作者贡如云,载于《中学语文教学》2018(3),有改动。)

第二节　语篇分析与教材赋能

一、教材选文的交际之维

语文教学的例子与凭借乃是语篇,语文课程应从语篇的角度来指导学生学习和运用语言。在中小学语文统编教材中,文学语篇举足轻重,那么我们该如何认识其语言的独特规律和语篇特性,以及如何通过文学语篇分析提升学生的语用能力?以往人们针对文学文本所做的分析,大都围绕作品的内容(意)与形式(言)两个维度作审美性解读,较少从交际的维度去考察。而就文学语篇所做的分析既关注言所表之意与言如何表意,且关注言如何传意。文学语篇分析采用语言学的方法诠释文学作品的主旨意义、审美价值、交际功能和语用目的,它是连接语言学与文本解读的桥梁,能帮助我们深入领悟文学作品之真髓。

① Michael McCarthy ,Ronald Carter. 作为语篇的语言:对语言教学的启示[M]. 北京:北京大学出版社,2004:13.

(一) 文学语篇借助特定的体裁实现交际目的

文学是一种特殊的言说和交际方式,它是心灵交通的媒介与产物。交际目的构成了文学创作的动因,或者说文学创作行为之所以发生,是因为创作者有着内在的交流动机。交际是文学语篇分析的重要概念。关于功能语篇分析,韩礼德指出,构成语篇的语言主要表达三重意义:一是概念意义,即反映客观世界与表达主观经验;二是交际意义,即用自己的观点、情感或态度影响别人(由语气、语调、情态和评价等语义系统来体现);三是语篇意义,即组织句段,使其成为连贯、整体、合乎语境的语篇。上述三种意义分别对应着概念功能、人际功能和成篇功能,三种功能同时存在于语篇的语言之中。在韩礼德看来,语言是一种社会符号,在语言的社会交际中,其基本单位是语篇,而文学也是一种用以交际的社会语篇。基于上述三个功能维度,韩礼德对英国诺贝尔文学奖获得者戈尔丁的小说《继承者》作了语篇分析,从而开创了功能文体学的先河。韩礼德的功能理论为文学文本的解读提供了一个全新的三维框架,并给文学"语用"教学带来了重要的方法论启迪。

对话哲学代表人物巴赫金指出:"对话交际才是语言的生命真正所在之处。语言的整个生命,不论是在哪一个运用领域里(日常生活、公事交往、科学、文艺等等)无不渗透着对话关系。"[①]文学语言是一个多功能结构,审美功能是它的本体性功能,但并非唯一功能,我们不能无视其交际功能的存在,以及审美功能和交际功能的内在关联。作家创作文学作品都是处于具体的社会、文化语境中的,因而总是带有一定的生成目的和意图。文学创作不仅是个认知事件,它还是一种交际事件。换言之,文学创作是社会语境中的功能性行为,范戴克和金斯基称之为社会功能假设,或者叫语用假设。作家的交际目的影响着其对体裁、话题、语言、人物、事件、场景、社会关系的选择与处理,以及如何传递自己的价值观、信仰和假设等。关注文学语篇的交际功能,有助于揣摩作家的创作意图和语用艺术,有助于发展学生的文学读写经验,有助于高贵的文学之燕"飞入寻常百姓家"。

交际目的与体裁(选择)存在密切的关联。在我国语文界,体裁通常也称作文体或体式,它是个静态的概念,相应地,文体教学大都囿于篇章的文体结构和文体要素分析上,而对关于文体形式与功能的关系则关注不够,功能分析尚未进入人们的研究视野。但在域外的体裁分析及其教学领域,体裁既被视为静态的

---

① 巴赫金. 巴赫金全集:第5卷[M]. 白春仁,顾亚铃,译. 石家庄:河北教育出版社,2009:238.

概念，更被当作动态的范畴，其体裁分析的理念与我们也迥异其趣。美国的斯威尔斯学派认为，体裁是具有共同交际目的的一组交际事件，交际事件涉及交际主体、语境、语篇、语篇功能等因素。交际事件的分类标准是一整套由社团公认并集体遵守的交际目的，对语篇所做的体裁分析，不应局限于语篇的语言特点和文体特点，而应兼顾语篇功能和交际目的。澳大利亚悉尼学派则将体裁看作“文化成员的讲话者所进行的一种阶段性的、有既定目标的、有目的的行为”“一种阶段性的、有既定目标的社会过程”。[①] 综合起来看，他们在体裁本质的认识上是一致的，交际目的决定了体裁的选择，体裁制约着语篇的语言形式。从功能文体学的角度讲，文学创作即是作家借助特定的体裁实现其交际目的的审美活动。

一般而论，小说与戏剧都带有喻世、警世或醒世的目的，诗歌与散文则相对自我一些，内倾一些，但又无不兼具与他者对话的意味，或浓或淡，或明或暗。且举鲁迅创作的例子来看。鲁迅具有浓厚的故乡情结，在其小说和散文中，都有故乡这个原型意象。尽管话题相同，但是体裁不同，故乡的社会、文化意义和交际目的自当有别。在小说《故乡》中，鲁迅记述了故乡（代指中国农村）在现代化进程中土崩瓦解的悲惨景象，揭示了封建思想对农民精神造成的深重创伤，表达了改造国民精神的强烈愿望。选择小说这种体裁，主要是由“呐喊和启蒙”这一交际目的决定的：“说到为什么做小说罢，我仍抱着十多年前的启蒙主义，以为必须是为人生，而且要改良这人生。”[②]散文集《朝花夕拾》则为倦鸟思归之作，属精神还乡的“旧事重提”，它既是鲁迅朝向自我的内视式对话，又是对外在“纷扰”做出的抵御与回应。还顾望旧乡，长路漫浩浩。与小说《故乡》不同，《朝花夕拾》对“故乡”不再持否定态度，作者能用更加理性的眼光审视故乡的底层民众与传统习俗。从这层意义上讲，《朝花夕拾》抛弃了僵化的启蒙模式，开启了文化寻根之旅，它代表着鲁迅在怀着对现实的忧虑和未来的期待中步入了广义启蒙的新阶段。

在讨论体裁的时候，我们不能忽视一种特殊现象，即很多体裁类型具有两栖性和跨界性，比如演讲词、科学小品、传记文学、报告文学、杂文，它们都具有文学体裁的某些特性。中国古代的文章作品普遍具有文学性，像实用类语篇《出师表》、论述类语篇《六国论》都带有抒情的成分。增加文学性并非纯然追求审美，它还有增强劝喻或传意功能的目的。耐人寻味的是，在许多场合，审美的表达较之于实用的表达更易实现交际目的，有时情感的力量甚至大于逻辑的力量，文学

---

① 于晖. 语篇体裁概念之理论溯源[J]. 北京师范大学学报(社会科学版), 2009(4):61-67.

② 鲁迅. 南腔北调集[M]. 沈阳:辽宁出版集团, 2002:56.

能传递情感，更能传递理念，文学更接近哲学。所以，将交际仅仅理解为日常会话无疑是片面的，交际有广狭之分，语用也讲有用之用和无用之用。大家平时探讨的真实写作不应狭隘地被理解为实用写作，文学写作也属于真实写作，区别在于，这类真实是一种高级的、艺术的、自由和解放了的真实。

（二）文学语篇是作者与自我及读者对话的产物

文学写作是特殊的语篇构造活动，文学语篇是作者与自我及读者对话的产物。因此，这自然就牵涉文学写作的作者意识与读者意识这类重要问题，对其进行探讨有助于我们深入领悟文学写作的发生机制、动力来源和运思策略。

作者意识即自我意识，它是指作者对主体身份、自身存在和生命意义的自觉认知与体悟。在作家的写（创）作过程中，作者的出身、身份、性别、民族、宗教信仰、社会地位、人生遭际、思想倾向、生命姿态、人格特征、审美取向、创作风格、时代环境、写作背景等诸种因素会自觉或半自觉地投射至作品中，令作品带上自己的烙印。在我国的文化语境中，作者有广狭二义，广义的作者指一般的写作者，它对应着“小我”；狭义的作者主要指杰出的文学创作者，它集主体意识、创造精神和生命自觉于一身，它对应着“大我”。本文要探讨的作者主要指后者。按《说文解字》，“作”从人，乍声。“人”，体现了人的主体精神；“乍”，像衣领之形，内含创始之义。孔子自谦“述而不作，信而好古”，言外之意述者只是传承思想，而作者则须有拓荒鼎新之功。刘勰《文心雕龙》谓“作者曰圣，述者曰明”，此处的“作者”是指在文章（含文学）上具有开创精神，能“征圣立言”的人，所谓“文心”，实乃作者之心也。举凡文学史上超卓之大家，其创作活动无一不是对心灵的守望和生命的自觉，无一不是对“我是谁”的回答，此处的“我”既是书写意义上的我，更是存在意义上的我。《庄子》曰：“重言十七，所以已言也。”“人而无以先人，无人道也。人而无人道，是之谓陈人。”陶渊明《五柳先生传》：“常著文章以自娱，颇示己志。”“衔觞赋诗，以乐其志。”太白诗：“我志在删述，垂辉映千春。”杜诗：“文章千古事，得失寸心知。”“为人性僻耽佳句，语不惊人死不休。”又东坡《书朱象先画后》：“文以达吾心，画以适吾意而已。”联系五位作者的文学创作来看，他们无一不是在修辞立言中范铸了表现自我、创造自我和实现自我的高度统一。

再从体裁的角度看，体裁不同，自我投射至作品的情形和方式又不尽相同。首先看诗歌。诗者，持也，持人情性，咏其心志。诗为心画，自然呈现出较强的主观性或“我思”性。春秋时期，作者意识主要表现为群体意识，个人的志趣往往消融在群体意识中。《诗经》便属群众集体创作的成果，其所言之志并非个体的私人情志，像《关雎》《蒹葭》等风诗，其抒情的主人公都是具象征意味的、泛化的

"我"。战国诗人屈原已有相对独立的作者意识。三闾忧愤,依《诗》制《骚》,此诚"感自己之感,言自己之言者也"①。但是屈子文化人格的局限在于,他终究无法摆脱忠君思想的束缚,因此尚不具备完全独立的自我意识。魏晋诗人方始具备了独立的、个性化的作者意识,按宗白华的意见,"晋人向外发现了自然,向内发现了自己的深情"②。陶诗《饮酒》《归园田居》反映的便是作者对功名意识和群体教化的超越,以及对"质性自然"的持守和"真淳自我"的回归。其次看小说。小说乃叙事的艺术,作者在创作小说时,主要通过以下几种叙事方式来影响读者,从而实现"自我"的存在。第一,选择"作者入场"的方式叙事,它多见于传统小说。具体又分三种情形:一是选择第一人称"我"这一内视角来叙事。作者化身为叙述者,叙述者既是小说的主人公,也是事件的目击者,如《祝福》《最后一课》等。二是选择第三人称"他/它"(除"我"之外的其他形象)这一内视角来叙事,"他/它"相当于作者的代言人。三是通过作者全知外视角来叙事。作者无所不知,仿佛站在作品的旁边,跟读者娓娓道来,统编教材中多数小说都采用这种叙事方式。在经典长篇小说中,作者往往会有意安排多种视角进行"立体交叉"叙事,如《红楼梦》,它主要采用全知外视角进行作者叙事,但某些章节又巧借石头、贾雨村、黛玉、宝玉、刘姥姥等形象作内视角叙事。第二,选择"作者退场"的方式来叙事,多见于现代派小说。小说发展到现代主义阶段,其叙事观念发生了重大转向,作者放弃全知视角,转而采用限制性视角进行叙事。当然所谓的"作者退场"只是相对的,作者无论多么的客观与中立,他都无法完全从小说中脱身,他都会程度不同地"介入"自己虚构的艺术世界。也就是说,他退居幕后,以"隐含作者"的身份对作品进行隐蔽的操纵。如卡夫卡的《变形记》,作者"藏匿"了自己,以冷静的语调"客观叙事":"我的心想让我进一步卷入这个故事,但我必须试图把我尽量放在故事外面。这是一个艰苦的工作。"③

读者意识是指作家在创作作品时,自觉地将读者的接受心理和审美需求纳入创作思维活动的一种心理状态。依克罗齐看,真正的文学家都是自言自语者,而托尔斯泰则不然,托翁看中情感的传染和改造社会的责任,他看到的是文学之于人群的意义与价值。朱光潜指出,克罗齐派偏重直觉,把文学家看成自言自语者,这只是看到文学之于个人的意义与价值,其实,克氏与托氏两说并不相悖,合起来理解可能更为全面。④ 戏剧为何要制造矛盾冲突? 小说为何要营造悬念?

① 王国维. 王国维遗书:第5册[M]. 上海:上海古籍书店,1983:30.
② 宗白华. 宗白华全集:第2卷[M]. 合肥:安徽教育出版社,1994:273.
③ 弗兰茨·卡夫卡. 卡夫卡全集[M]. 叶廷芳,译. 石家庄:河北教育出版社,1996:109.
④ 朱光潜. 我与文学及其他 谈文学[M]. 北京:中华书局,2012:254.

大半是为了唤起读者的阅读期待。童话为何要编织奇异虚幻的情节？因为它更符合儿童的阅读心理。寓言为何要假托故事来陈说辞理？其意重在形象地启示与告诫读者。《孔雀东南飞》《水调歌头·明月几时有》《琵琶行》《归去来兮辞》等诗词歌赋为何都以自序开篇？这也反映着作者顾及了读者的阅读接受。《孟子》《庄子》《离骚》《赤壁赋》等散文与辞赋何以要虚设主客问对？其意正在创设虚拟的对话语境，或传意味深长之理，或诉万般惆怅之情。文学是书面的话语产品。一方面，作者生成的话语都是对自我或他者的回应，如刘禹锡的赠答诗《酬乐天扬州初逢席上见赠》；另一方面，作者又预测与期望读者或评论者积极理解与回应，并对同一交际领域的其他话语产生影响，如辛弃疾的唱和词《破阵子·为陈同甫赋壮词以寄之》。王国维讲，“文学之事，其内足以摅己而外足以感人者”①，这一“内”一“外”便蕴含着文学创作者与己与人对话的意味。史铁生的泣血之作《秋天的怀念》《我与地坛》为何都被其收入散文集《对话练习》？因为它们既是作者就生死问题对自己的心魂展开的叩问，也是就存亡问题对假想读者所做的告白。作者言说的目的在于与读者“成立一种情感思想上的交流默契；这目的是否能达到，就看作者之所给与是否为读者所能接受或所愿接受”。“感动和说服的希冀起于人类最原始而普遍的同情心。人与人之间，有交感共鸣的需要。”②孔子讲：“不言，谁知其志。言之无文，行而不远。”意谓言说尤其是有文采的言说方能引起同情之理解，流行而广播。司马迁说，“仆诚以著此书，藏之名山，传之其人”，此话正隐含着“可为智者道，难为俗人言”的苦衷。作家在创作的过程中，常陷于两难的境地，“如果一味迎合读者，揣摩风气，他的艺术就难超过当时已达到的水准；如果一味立异为高，孤高自赏，他的艺术至少在当时找不着读者。”“作者与读者携手，一种风气才能养成，才能因袭；作者与读者携手，一种风气也才能破坏，才能转变。”③作者传递情意的效果取决于自身的姿态，具体可分为不视、平视、仰视与俯视四种。不视即无视读者，不视既可产生最坏的作品，也可产生最好的作品。莎士比亚的戏剧《哈姆雷特》就是这种不视，或者严格地讲，它是一种“普视”。“酒逢知己饮，诗向会人吟”，多数经典作品都是取平视的态度。

文学作品的读者情形较为复杂，它包括主观预设的读者与客观的读者，显在读者与潜在读者，共时性读者与历时性读者，个体读者与群体读者，现实读者与理想读者，真实读者与假想读者，普通读者与特殊读者——作者自己。如普希金的《假如生活欺骗了你》，其砥砺的对象既包括涉世未深的邻家少女沃尔夫，也包

---

① 王国维．人间词话[M]．陈赋，注评．南京：江苏凤凰文艺出版社，2020：369．

② 朱光潜．我与文学及其他　谈文学[M]．北京：中华书局，2012：253-255．

③ 朱光潜．我与文学及其他　谈文学[M]．北京：中华书局，2012：259．

括处于现实困境中的自己，既包括作者预设的共时性读者，也包括潜在的历时性读者。再如沈从文的湘西题材作品《边城》，它“并非慷慨地面对一切受众”，其理想读者即沈“所希望的读者，应当是身在学校以外，或文坛消息，文学论战，以及各种批评所达不到的地方，在各种事业里低头努力，很寂寞地从事于民族复兴大业的人”①。

（三）文学语篇借助前景化语言增强传意功能

前景化是文学语言研究的功能性概念，它广泛运用于各类文学文本的语篇分析。1929年，布拉格学派的穆卡罗夫斯基在采撷俄国形式主义的陌生化理论基础上，正式提出独立的前景化理论，后来雅各布森、利奇、韩礼德等人发展并完善了该理论。前景化是指作者自觉创生出系统地违背常规的语言形式，进而对语篇的篇章结构、主题意义、诗性功能和交际意图的实现有所贡献的一种语用手法。在具体的文本中，常规语言称为背景，经过变异处理的语言则称作前景，二者阴阳相济、刚柔相摩，共同组成有机的艺术整体。在穆氏等人看来，文学作品的文学性与创造性就在于语言形式的前景化，前景化呈现给读者一个缤纷绚烂的语言世界。作家在创作的过程中，常基于特定的语境，变异或频繁采用某种语言形式，使其突出和显耀，从而引起读者的惊异与审美。钱钟书在《谈艺录》中曾借“径路绝而风云通”来呼应前景化理论，钱指出，所谓“径路”就是指“背景”，而“风云”则是指“突出处”。② 前景化有着非同凡响的功能意义，具体表现在：烘托特定的气氛，体现地域色彩和时代气息，表达个人丰富的情感体验，表明复杂或微妙的心态，强化作品的主旨意义，塑造人物形象，刻画人物心理，引发读者的阅读反应，增强语气语势，强化幽默与讽刺等艺术效果。前景化理论旨在解析文学语言构成和运作的复杂机制，它为文学语言的鉴赏及文学文本的解读提供了一个动态交际的视角。

前景化的策略之一：偏离。它包括韵律偏离、节奏偏离、书写偏离、语词偏离、句式偏离、语法偏离、语用（规则）偏离、语域偏离、感情色彩偏离、语体色彩偏离、语义偏离、结构偏离、体裁偏离、风格偏离、叙事视角偏离、时空偏离、运用修辞、方言偏离、外来语掺杂等。使用偏离策略的主体既包括作者，也包括作者笔下的人物。限于篇幅，姑举二例以申说。

语用偏离。在语用规则中，合作原则是非常重要的一条原则，即在交际过程

---

① 沈从文. 长河[M]. 北京：十月文艺出版社，2008：231.

② 钱钟书. 谈艺录[M]. 北京：中华书局，1993：532.

中，会话双方通常会遵循相互配合的原则，以使会话得以顺利推进，从而有效地完成交际任务。合作原则具体包括话语信息应真实，信息量应适当，交流的信息应与话题关联，表义应清晰等基本准则。但是在文学作品中，处于特定的艺术情境，人物的话语往往会违反合作原则，进而构成语用规则的偏离，而这种偏离又会产生特殊的会话含义及艺术效果。戏剧是以会话为主的艺术形式，它集中了自然会话中的各种语用现象，因此它是非常适合研究语用的文体。举《雷雨》来看，周朴园要求鲁侍萍捎话给四凤去取旧衬衣，侍萍的回话话中有话："老爷那种绸衬衣不是一共有五件？您要哪一件？""不是有一件，在右袖襟上有个烧破的窟窿，后来用丝线绣成一朵梅花补上的？还有一件——""旁边还绣着一个萍字。"从语用学的角度分析，发话者的以上话语违反了信息适量的准则，她不断加码地附加细节意在暗示受话者，让其推断并领会自己话语中的言外之意、弦外之音。作者曹禺这样处理既将情节拉回到过去，又预示着一场"雷雨"的即将到来。主人公灵魂的美与丑，人性的善与恶，都将集中地呈现在读者眼前。

语域偏离。语域也叫情景语境，它是指语言因语境的变化而产生的功能变体。语域由语场、语旨和语式三种变量构成，语场指话题范围和谈话内容，语旨反映谈话者的角色与关系，语式指话语方式，三者分别对应着语言的三大功能：概念功能、交际功能和成篇功能。在具体的交际场域，语用主体通常是根据特定的情景语境合理配置三种变量，进而实现交际目的的。但在文学作品中，由于特定的需要，作者会借助语域偏离的手法来塑造人物形象。试看《孔乙己》，鲁迅对主人公孔乙己迂腐性格的刻画，主要是通过其在咸亨酒店与众人语域偏离的对话来实现的。从语场的角度看，在酒店这样一个公共场域，大家挑起读书写字这一不合语境的话题，无非是想打趣和"消费"孔乙己。悲哀的是，中毒至深的孔乙己，竟麻木到不知要摆脱读书写字这一语场。从语旨的角度看，孔乙己与小伙计"我"本应是主客关系，而孔竟角色错乱，试图教"我"写字。小伙计觉得，一讨饭的，落魄至此，居然还想考"我"？"便回过脸去，不再理会"。从语式的角度分析，孔乙己与众人对话，惯用文言语体，诸如"君子固穷""多乎哉？不多也"，以及大家听不懂的"之乎者也"。这种语域偏离的前景化处理，活画出病态社会一个"不幸者"的形象，其意重在"揭出病苦，引起疗救的注意"。

前景化的策略之二：平行。平行是指改变语言的频次分布，包括借助押韵、对称、对偶、对比、排比、反复等手法，重复使用某个语素、某个（类）词语、某类意象、某类修辞、某种短语与句式、某种叙事与结构，从而取得前景化的语用效果。

小学统编教材为数不少的文本也充分地借助了平行策略，有些甚至是达到了极致，如《桂林山水》《槐乡五月》《秋天的雨》《祖父的园子》等。试举《桂林山水》来看，这篇写景散文几乎通篇采用了平行策略，具体体现在：第一，篇章结构的平行。全文四个自然段，首尾两段借用名句，美妙照应，中间两段段落对称，结构相近。第二，段落首句平行，关键词间隔凸显。该文二、三段分写桂林的水与山，段首句分别为："我看见过波澜壮阔的大海，玩赏过水平如镜的西湖，却从没看见过漓江这样的水。""我攀登过峰峦雄伟的泰山，游览过红叶似火的香山，却从没看见过桂林这一带的山。"第三，段内句式平行，整散相济。桂林的山："桂林的山真奇啊……；桂林的山真秀啊，像翠绿的屏障，像新生的竹笋，色彩明丽，倒映水中；桂林的山真险啊……"第四，修辞平行。排比平行："空中云雾迷蒙，山间绿树红花，江上竹筏小舟。"比喻平行："像老人，像巨象，像骆驼。"平行行文，结构匀称，气势充沛，铿锵可诵，"其写景也豁人耳目，其言情也沁人心脾"。初中经典散文《背影》，作者朱自清竟四次落泪，"四次"是否完全属实？余光中曾提出过质疑，我们倒更愿意把它理解为艺术的真实和情感的真实。这是一种别出机杼的量的突出，属平行叙写进而串联成篇的艺术处理，其突出的动因在于逐层强化愧疚、自责与悔悟之情，并委婉地传递儿子那份迟到的歉意。隔膜令爱无法传递，而隔膜一旦化解，往往更能震撼自己，也更能打动读者。

合言之，所谓交际，它内含交流、对话、唱和、酬答、感恩、回应、提问、告知、传意、意动、劝喻、触发、启蒙、呼吁、召唤、感染、倾诉，引起惊异与审美，产生同情与共鸣。文学是一种用以交际的社会语篇，它是审美交往的媒介与产物。从功能语言学的角度讲，文学语篇的构造即是根据特定的语境（历史、社会、文化、认知），基于具体的交际目的（传情达意），围绕某个话题（人生、自然和社会），选择合宜的语篇体裁，运用"富有意味的"语言形式，与己与人展开艺术的对话的过程。对文学作品进行语篇分析，体会文学语言运用的内在特点与基本规律，探讨文学语篇的"交际"功能，有益于中小学生发展文学语言建构与运用能力，有益于提升文学读写素养，有益于雕琢性情与修身成人。

（原文《语文统编教材文学语篇交际之维透视》，作者贡如云，载于《课程·教材·教法》2020(7)，有改动。）

二、教材选文的语篇特征

《普通高中语文课程标准（2017 年版 2020 年修订）》（下文简称《标准》）的一大变化就是，将《普通高中语文课程标准（实验）》中教材的文本三分法升级为语篇三分法：文学类、实用类和论述类语篇。何谓语篇？它是篇章语言学的核心范畴，是由句子或话段构成的、相对独立的语言单位，它是特定语境中生成的、试图实现某种交际意图的语言实体，是语用的对象与产物。“语篇”一词重在揭示语用的过程与结果，它既指静态的文本产品，亦指动态的交际事件。相对“文本”而言，“语篇”更为逼近语文课程的本体，也更能彰显《标准》的根本价值追求：强调语言文字的运用，注重在言语实践中培养学生的语文核心素养。在这一价值观的引领下，“围绕学习任务群，任务、活动、情境等关键词成为课标中的高频词，也成为统编高中语文教材建设的重要支点”①。本质上讲，统编教材中诸类文本都是作者试图实现交际意图的产物，其写作“活动”又都是真实“任务”驱动下的语用行为，而其交际目的和语用“情境”又决定了话题、文体、语体、作者、读者等语篇要素的配置。要言之，所有作者其文本编织的过程即是语篇构造的过程。本文拟撷取统编教材中三类代表性文本，侧重对其语篇特征展开考察，为《标准》语篇理念的贯彻落实、诸类文本的语篇分析以及任务情境中言语实践活动的教学提供参考。

(一) 交际层

交际分口头话语和书面语篇两种基本形态，本文偏指后者。书面语篇意义上的交际主要指作者试图通过自己的观点、态度、倾向、立场去回应或影响别人，具体包括对话、交流、唱和、酬答、感恩、发问、告知、传意、意动、劝喻、触发、启蒙、呼吁、召唤、感染、倾诉等义，有时也指读者对作品的接受与反应。交际层的语篇特征包括以下三点：

1. 意向性

意向性是指作者创生语篇以实现交际功能或达到传意目的。一般而论，实用类语篇和论述类语篇传意特点更为直接与外显。比如作为应用文，无论是奏疏《谏逐客书》《谏太宗十思疏》，抑或书信《答司马谏议书》《与妻书》，其交际的目的和对象都比较明确。而作为劝说文的《劝学》和《师说》，一为劝导人们以正确的目的、态度和方法去学习，一为晓喻后辈传承师道、向师问学，其劝说的意旨也至为明白。其实文学也具有交际性。在语用与社会的维度上，文学类语篇被视为特殊的交际事件，它是审美交往的媒介与产物，只是相对前两类语篇而言，其交际方式更为委婉含蓄。文学是一种更讲究修辞的雅言，它以诗性的方式传递作者的观念与态度，注重心灵的沟通和情感的交互。譬如庄子何以要创作寓言故事《庖丁解牛》？其意重在形象地启示与告诫世人，无论是养生还是处事，都得

① 王本华. 任务·活动·情境——统编高中语文教材设计的三个支点[J]. 语文建设，2019(21)：4-10.

顺应自然，合乎天道。再如曹操的乐府诗《短歌行》，其创作的意向乃在延揽人才，尽管曹操此前已颁布了《求贤令》《举士令》《求逸才令》，但这些政治文件的共同局限就是无法充分地传递深细婉转之用心，而诗歌恰恰可以弥补其不足。又如杜牧的文赋《阿房宫赋》，其创作意图并非"献赋论都"，而是"义归讽谏"，作者旨在含蓄地告诫当政者，国之君者，宜存殷鉴。又如明清章回小说，它们普遍承袭了宋元话本传统，"作者（叙事人）始终扮演着说话人的角色，采用'说给人听'的散说为主并间以韵文的叙事方法"①。尤其是古典文学顶峰之作《红楼梦》，开篇第一回便有诗云："满纸荒唐言，一把辛酸泪。都云作者痴，谁解其中味。"这里作者既点出了自己生活的悲苦与辛酸，又明示了内心的孤独与怨愤，尽管自己有着向人倾诉的强烈愿望，但正所谓"逢其知音，千载其一乎"？此外，莎翁何以要创作戏剧《哈姆雷特》？其意乃在引发读者对哈姆雷特悲剧命运的反思，启迪人们对理性的丧失与重建等人性问题的思考。

2. 可接受性

可接受性是衡量语篇质量的重要标准，它是指语篇的创建目的容易被读者接受，或者是受众乐意参与对话。语篇的可接受性和创生意图之间存在着互动关系，语篇生产影响着潜在接受，而潜在接受又反作用于语篇生产，两者相互制约。语篇的语言既是作者内部思想的外化，更是蕴含了读者接受篇章内容和形式的心理程序，它集中体现了作者与读者及篇章三者的对话关系。可接受性研究旨在启示语篇生产者自觉地将读者的接受心理，包括认知特点、情感态度和价值观念纳入谋篇的过程，进而创建得体、合宜的篇章。当然此处需强调两种特殊情形。一是审辨型写作。作者需独立表达自己的见解，其观点或许与他人存在分歧，但在论述过程中应注意理性地表达，借助逻辑的力量以理服人，如李斯《谏逐客书》通篇之论议。二是防御性论述。作者需省思与评估自己的论证，聚焦可能招致潜在论敌或审辨型读者的质疑之处，周密地考虑自己的选材与措辞，如苏洵《六国论》篇首之立论。

且举《谏太宗十思疏》细述之。作者魏征在谋篇与运思的环节，充分虑及这份特殊公文的可接受性。因为奏疏是上行的文种，其读者对象是位高权重的天子。为让唐太宗顺利采纳自己的谏言，魏征采用了三种可接受性策略。一是晓之以理。作者首先明示了行德义的迫切性，而后又列出了不行德义的潜在危害，理既切至，辞亦通辨。二是动之以情。魏征既能从守护江山的角度劝诫国君，又能从描绘未来愿景的方式感召皇帝，可谓体国情深，诚极忠款。三是导之以方。

① 李建中. 中国文化概论[M]. 武汉：武汉大学出版社，2005：224.

在明确表达自己的立场之后，必须有更具体的措施与方法，魏征遂道出自己的“十思”诀。由于作者深谙对方心理，说理透彻有力，陈述剀切周详，太宗读罢此文，羞愧难当，遂手诏作复，并置之几案，时刻警示自己。显然，该奏章成功实现了作者的交际意图。

3. 信息度

信息度也称作信息性，它是语篇信息处理的重要概念。语篇信息包括百科信息、逻辑信息、价值观信息以及语言形式方面的信息，它是言意复合体或形式内容的统一体。信息度则是指对于接受者而言，“新”信息高于或低于期望值的程度。信息度的高低会对读者的语篇读解产生认知、情感和态度等方面的影响。信息度过高，会令读者的接收出现信息超载，进而影响交际的成效。信息度过低，读者会觉得乏味，以致丧失阅读的兴致。信息度高低主要是通过“新”“旧”信息的结构配置来实现的。“新”“旧”信息的合理配置，或向读者传递知识，或用自己的观念影响读者，或营造某种艺术情境，它广泛运用于诸类语篇中。根据鲍格兰德和德雷斯勒的研究，信息度由低到高分别为一级、二级和三级，级别高低的选择一般视读者对象而定。当然，所谓对象又比较复杂，某些信息对多数人而言可能是新信息，但对极少数人而言却未必，这便取决于对受众状况的整体衡估与研判。信息配置还包括一种特殊方式：常规信息与偏离信息的结构配置。它是指以常规语言为背景，适当借助偏离常规的表达，进而构成语言的前景化，以引起读者的惊异与审美，它多用于文学类语篇中。韩礼德称信息的偏离为突出，只有有动因的突出，即产生交际成效的信息偏离才是有效的配置。信息偏离的策略与方法包括韵律偏离、节奏偏离、书写偏离、语词偏离、句式偏离、语法偏离、语用(规则)偏离、语域偏离、感情色彩偏离、语体色彩偏离、语义偏离、结构偏离、体裁偏离、风格偏离、叙事视角偏离、时空偏离、运用修辞、方言偏离、外来语掺杂等。[①] 质言之，相对常规的信息而言，偏离的信息也是一种“新”，它追求的是表现形式上的“生新”或美学意义上的“开新”。高明的语篇生产者往往会根据行文意向、篇章主旨、读者期待和可接受性对语篇的信息结构进行调配，以创造出信息度合宜的篇章，召唤读者与其对话。

试举屠呦呦的例子来看。2011 年 9 月，屠呦呦荣获国际生物医学大奖——拉斯克奖，应评委会要求，她在颁奖典礼前专门准备了一段演讲辞。同年 10 月，屠呦呦又在国际顶级期刊《自然医学》上发表了学术论文《青蒿素的发现与来自中医药的礼物》。屠呦呦在建构两则语篇的过程中，面临信息结构的配置问题，

① 贡如云. 语文统编教材文学语篇交际之维透视[J]. 课程·教材·教法，2020，40(7)：45-50.

即多大程度上使用中医药知识。结合最终呈现的篇章来看，鉴于受众身份与可接受性等因素的影响，其演讲辞的信息度相对偏低，大致介于一、二级之间。而学术论文的读者主要为国际上医药学学者，其信息度大致介于二、三级之间。部编教材给我们呈现的则是《青蒿素：人类征服疾病的一小步》，教材编者对信息结构进行了重组，即在演讲辞的基础上适当吸收了学术论文的专业知识，这一信息度的重组处理，既能更好地弘扬中国传统中医药文化，又能有效地实现科普价值和育人功能。

（二）结构层

根据鲍格兰德和德雷斯勒的阐说，语篇结构特征包括衔接性与连贯性。衔接性是从外在语言形式上而言的，连贯性则是从内在逻辑语义上来讲的，两者的关系大致表现为形式与内容的相互作用。在二人看来，衔接性与连贯性是语篇最本质的特征，但该结论主要是基于英语语篇所得出，对汉语语篇而言并不完全适切。因为英语是形合语言，它以形制意，主要通过词汇和形态等手段来实现连贯，衔接的标志相对显著。汉语是意合语言，它以意驭形，主要依赖内在的逻辑语义联系和各种语境及语用要素来实现连贯，少用乃至不用衔接手段。而在衔接手段的使用上，汉英两种语篇既有共性，亦有偏至。此外就篇章的可接受性而言，它“主要取决于深层句子语义内容上的相互联系，即连贯性。而衔接性只不过是连贯性在篇章结构中所体现出来的形式特征，是为连贯性服务的”①。所以我国古今学者在论述汉语篇章结构特征时，多用连贯性，而衔接性则被纳入连贯性的讨论中。证之以刘勰《文心雕龙·章句》，它既讲衔接：“夫人之立言，因字而生句，积句而为章，积章而成篇。”也讲连贯：“若辞失其朋，则羁旅而无友；事乖其次，则飘寓而不安。”②后者意谓：倘使局部的文辞和整体失去联系，就像孤独的旅人没有同伴；行文违反了正常的次序，恰如漂泊的游子无处安身。章熊《语言的连贯性》则指出，保持语言连贯需满足三个条件：语篇条件，逻辑条件和语言条件。语篇条件对应着宏观结构层的连贯，即中心话题的“统一性”，逻辑条件和语言条件对应着微观结构层的连贯，即线性意义上的“连贯性”。吴启主在《汉语构件语法语篇学》中论及语篇结构特征时，将其概括为整体意义上的“统一律”和局部意义上的“连贯律”。因此本文将汉语语篇的结构特征二分为统一性和连贯性。这里的连贯性是从狭义上而言的，它与统一性一道构成广义上的连贯性。

---

① 林纪诚．论连贯性和衔接性[J]．山东外语教学，1988(Z1)：76-80.

② 刘勰．文心雕龙[M]．王志彬，译注．北京：中华书局，2012：392-393.

《标准》在描述学业质量水平部分，强调“在表达时，讲究逻辑，做到中心突出，内容具体，语篇连贯、语言简明通顺”，此处的“语篇连贯”偏指狭义上的连贯性。

1. 统一性

统一性是指围绕中心来组织语句，进而生成有机统一、独立成体的篇章。篇章结构统一的关键是确定中心。陆机《文赋》云：“或文繁理富，而意不指适；极无两致，尽不可益。立片言而居要，乃一篇之警策。虽众辞之有条，必待兹而效绩。”①在陆机看来，唯有举要，方能治繁，倘无定旨，纵使辞藻再华丽，文理再丰富，也不一定能达成传意的目的。章熊则指出，“要保持语言连贯，话题的统一性是一个必要的条件，也就是说，各句或句的系列必须围绕一个共同的中心”②。高明的语篇生产者，总是以篇旨作为统率全篇的主脉，流贯全篇，即围绕中心来组织段落，安排语句，以体现篇章的内在统一性。当然篇有篇旨，段有段旨，段旨必须服从于篇旨。

先看史铁生的散文《我与地坛》。原文共七个部分，课文节选的是第一、第二部分。第一部分叙述的是“我”与地坛宿命般的前缘及“我”在地坛里对生命的渐悟，第二部分写的是母亲毫不张扬的爱与母亲对“我”摆脱生存困境的启迪。单从文章标题“我与地坛”和表层语义结构上看，前后两部分似乎是脱节乃至断裂的，但从篇章主旨的角度分析，其深层语义结构上则是统一的。本文的主旨是什么？自我的生存困境与拯救。在第一部分，作者通过与地坛的对话，已初步找到了“活下去”的答案。他在地坛里“泡”了十五年，最后终于弄明白了：“死是一件不必急于求成的事，死是一个必然会降临的节日。”第二部分写的是作者进一步的探寻与追索，母爱是自我救赎的又一条通道，而地坛既构成了“我”与母亲情感互动的背景，又构成了母亲的隐喻——地坛历尽沧桑，母亲饱受苦难，地坛是“我”的精神家园，母亲是“我”的生命依靠，地坛即母亲，母亲即地坛，二者共同构成“我”心灵的庇护所。所以节选部分反映的是作者自我救赎的心路历程，从心理发展轨迹和向心特征而言，前后是文脉贯通、和谐整一的。此外，意识流小说的分析与理解一直是个难点，从篇旨的角度出发将有助于我们理解这类小说的整体统一性。

2. 连贯性

连贯性是指词语、句子或段落间存在内在的逻辑关联。连贯性是可接受性的重要前提，篇章只有前后连贯了，才会显得逻辑严密，思路顺畅，才能更有力地

① 陆机．文赋[M]．张怀瑾，译注．北京：北京出版社，1984：34．

② 章熊．语言的连贯性(上)[J]．语文教学通讯，1991(4)：8-11．

表达主旨，进而更好地服务读者。实现连贯的形式和手段主要有关联词语，过渡词语，词语对应，词语省略，代词衔接，指称一致，主语统一，分话题链，句间首尾衔接，段间呼应，过渡句、段，句际、段际对应，音韵流转，标点使用，修辞选用，平行结构，顺序排布，逻辑关联（因果、转折、假设、递进、条件、并列、顺承、选择、总分、分总、解释、分类、对比、列举等），语用规则，语境原则，等等。运用上述方法产生的连贯根据其前后件是否间隔又可细分为连续连贯和断续连贯，前者即前后词语或上下句、段呈现出连续的连贯，后者指互相呼应的句与句、段与段被隔离了。

姑举苏轼《赤壁赋》为例。先看连续连贯。《赤壁赋》借用了相似词语连缀法，这是中国古典诗歌中极为常见的一种连贯方式。如写苏子的酒歌："桂棹兮兰桨，击空明兮溯流光。"述位上的"击空明"和"溯流光"，它们语义相同，结构相似，二者不仅构成了动作连贯，而且与主位部分的"桂棹兮兰桨"构成逻辑和音韵关联。再看断续连贯。文章第三、第四段虚设主客问对，其中有三个特殊的问句，即"何为其然也""而今安在哉""而又何羡乎"。"何为其然也"是主的发问，主月夜泛舟，"饮酒乐甚，扣舷而歌"，然而这"乐甚"的背后却隐含着挥之不去的伤痛，客"倚歌而和"的悲音反映的正是苏子自己的心声。客吊古思今，怀人伤己，不免悲从中来，遂生"而今安在哉"之叹。"而又何羡乎"则是主对人生无常的感慨及物我两忘、自我超脱之后的诘问，明写对客的开导，实为自我之纾解。按金圣叹批语，"忽然赋洞箫，为生起下文也；不因此一纵，几无行文处矣……已上，拟客发议，以抒下文"①，而这三个特殊的问句，则形成了先启后应、前断后续式连贯，它们沟通了作者情感起伏与思绪转换的脉络。

（三）语境层

语篇特征的第三个层面是语境层。语篇的构造与语境存在密切的联系，语境包括背景语境和当前语境。背景语境也称作情境语境，它是构成语篇的外部背景和条件，属静态语境，通常包括情景语境、社会文化语境等。当前语境是指语用主体调动自己的认知图式进行主观和动态建构的交际语境，它关注的是语篇生成或读解的认知关联和篇际交互。它是即时生成的语境，属动态语境。因此，语境层面的语篇特征可概括为情境性和篇际性。

1. 情境性

前云，情境性可从语篇构造的情景语境、社会文化语境去把握。情景语境指

① 金圣叹．金圣叹批才子古文[M]．张国光，点校．武汉：湖北人民出版社，1986：523-524.

生成言语行为时诸多的客观因素，包括时间、地点、话题、场合、身份、对象、目的、方式等。社会文化语境则指支配、规范着具体言语行为的政治制度、经济方式、社会规范、历史背景、文化心理、时代特征、宗教信仰和价值观念等因素。兹举鲁迅的经典文本申说如何作社会文化语境分析。

鲁迅的小说集《呐喊》《彷徨》是《标准》重点推荐的课内外阅读篇目，它们都是对传统文化反思与批判的产物，批判的目的乃在“立人”，这与统编教材的编写理念是高度吻合的。统编教材高举立德树人之大旗，强化文化传承与理解，涵养学科素养与人文精神。“文化”一词源自《易经》的“观乎人文，以化成天下”，其本义是“以文教化”“以文化人”。文化是人创造的，文化更是为人的，文化即人。在《文化偏至论》中，鲁迅首次提出自己的“立人”思想：“是故将生存两间，角逐列国是务，其首在立人，人立而后凡事举。”①鲁迅认为，文学具有得天独厚的立人功能，他冀望于白话小说这一受众更广的传播媒介，去唤醒长期沉睡的麻木民众，令其摆脱腐朽的封建文化的束缚，从而完成重塑国民精神的历史使命。因此，《呐喊》《彷徨》的解读与教学，社会文化语境当是首选视角。在小说集中，鲁迅提出了封建文化“吃人”这一深刻的社会命题。在作者看来，中国传统文化制造了一个“吃人”的食物链式怪圈，无论是孔乙己、闰土和阿 Q，还是祥林嫂、涓生与子君，他们都是被吃者。而咸亨酒店“所有喝酒的人”以及“故乡”、鲁镇、未庄的民众，他们既是不幸的被吃者，又是麻木的吃人者。所以在《狂人日记》中，先生借狂人之口发出了石破天惊的呐喊声：“救救孩子……”当然，对于中国传统文化的批判，前期的鲁迅不乏激愤乃至偏激之论，后期的鲁迅则表现得愈益客观与理性。在杂文《拿来主义》中，鲁迅对于传统文化的批判与传承，对于外来文化的理解与吸收，提出了具有普遍意义的方法论：“运用脑髓，放出眼光，自己来拿！”只有学会拿来，人才能自成为新人；只有学会拿来，文化才能自成为新文化。

2. 篇际性

篇际性是指语篇的生成和读解依赖先前所接触过的某一篇章或篇章的知识，它们被当作语境要素吸收进当前篇章的构建中，被作为情境性的重要因素渗透到篇章生产者和消费者的语言共识之中，它们决定着篇章的关联和意义，“从而给篇章的生产和理解过程提供一定的社会、心理和认识图式，使篇章的交际功能得以顺利实现”②。可以说，任何篇章都不是孤立无依的个体，它们都存在于

① 鲁迅. 坟[M]. 北京：人民文学出版社，2006：58.

② 刘辰诞. 篇际性研究对互文性批评的启示[J]. 外文研究，2013，1(1)：62-71+100.

与其他篇章的关系世界中，因为“每一个篇章都是对其他篇章吸收和转换的结果”①。既往篇章对当前篇章的建构产生影响的方式有多种，具体包括体裁、话语、风格、词汇、语法结构、语义变体或其他关联知识的呈现、提取、镶嵌、转换、添加、叠合或交融。

且举体裁篇际性和话语篇际性来谈。体裁篇际性所蕴二意。一为一种语篇体裁中含有另一种语篇体裁，或几种语篇体裁同现于某一篇章中。譬如，曹雪芹的《红楼梦》属古典章回小说，但同时又“文备众体”，诸如诗、词、曲、谚、赞、诔、辞赋、骈文、歌谣、联额、灯谜、酒令等韵文体裁(共计238篇)同现于该篇章，它们与小说构成了体裁篇际性。作者这样处理的目的在于，通过体裁偏离的方式增强艺术的张力，引发读者的审美惊异。二为直接借用古诗题或词牌名。作者需遵循一定的体裁规范，循题制诗或依调填词，比如李白的拟乐府诗《蜀道难》和毛泽东的词作《沁园春·长沙》。话语篇际性是指引述或参照名篇的话语来建构当前篇章。以曹操的《短歌行》为例，通览全篇，作品分别与三个经典篇章，即《史记》《管子》尤其是《诗经》构成了话语篇际性。如“呦呦鹿鸣，食野之苹。我有嘉宾，鼓瑟吹笙”，这是《小雅·鹿鸣》的四言成句，《鹿鸣》是一首乐歌，它颂赞了主人的敬客与嘉宾之懿德。孟德征圣以立言，宗经而裁篇，其旨乃在艺术地传递求贤若渴之意。

总之，规范的语篇应该是一个有机统一体，语篇的三个层面和七种特性并非截然分峙，而是互为依存、相互制约的。从整体上讲，语篇构造即是基于具体的交际目的，根据特定的语境，围绕某个话题，选择适宜的语篇体裁，合理配置信息结构，从而生成文脉贯通的篇章的过程。语篇读解和语篇构造的心理操作程序基本相反，读解者应根据篇章的语言形式去进行语境还原，分析其如何实现交际意图，进而提升自己的语篇生成能力。对高中语文统编教材中的诸类文本进行语篇特征分析，其课程价值在于：有助于我们省察语言文字的交际功能、诸类语篇的语用艺术以及语文课程的本体属性，有助于我们领悟语言建构与运用的深刻意蕴及其在语文核心素养体系中的统领地位，有助于我们充实语文知识系统和语文课程内容。其教学价值在于：有益于学生养成语篇意识或语篇思维(目的意识、作者意识、读者意识、篇旨意识、连贯意识、情境意识、篇际意识)，有益于在特定任务情境中开展深度读写活动，有益于雕琢性情与修身成人。

(原文《高中语文统编教材选文的语篇特征考察》，作者贡如云，载于《课程·教材·教法》2021(12)，有改动。)

---

① R De Beaugrande, W Dressler. Introduction to Text Linguistics[M]. London: Longman Group ltd. 1981:223.

第三节 语篇分析与深度学习

课程改革的落脚点主要在课堂,课改的关键所在就是改课。改课的首要问题就是把语文课上出学科特质,并避免碎片化、浅表化,在语言、思维、审美、文化等方面给学生以滋养。语文课堂教学需要融入深度学习理念,体现深度学习,去碎片化、浅表化;语文课堂教学也需要引入语篇分析,借助语篇分析使语文教学回归学科教学本体,去除教学的非语文化,使教学的学科特质更鲜明。语篇分析与深度学习的有机统一,不仅能让语文学科核心素养落地生根,而且能让语文课堂教学有实实在在的抓手,让语文课堂教学能真正以语文的方式走进语文,理解语文,上出高品质的语文课。

一、深度学习是语文学科核心素养在课堂生根的最佳路径

深度学习是全身心的学习,是内驱力支配下的周而复始的主动学习过程。深度学习是为理解而进行的学习,是为把握而进行的学习,是为建构而进行的学习,是为独立解决问题而进行的学习。深度学习是有益于终身发展的重要学习方式,能自觉地运用高阶思维学习复杂或具有挑战性的内容或任务,十分重视对知识的深层加工,有批判、有发现、有创造,力求深度理解及长期保持,追求实现知识建构、迁移应用及问题解决。深度学习的核心是学习者能够批判性地学习新知识,并将其融入原有的认知结构中,促使元认知不断发展,并能够在众多知识间进行联系,自觉地将已有的知识迁移到新的情境中,在面对纷繁复杂的现实困难之际能及时作出决策并有效解决问题。深度学习会使知识结构化,而不是碎片化、浅表化。深度学习不仅在于获得知识,更在于清楚知道在真实世界和实际情况中如何运用所学知识。深度学习的重要表征是能够把握知识之间的有机联系,使知识长久保持,并能自觉运用。学习者在深度学习中能充分发挥主动性和能动性,与所处学习对象不断互动、生成意义,获得深度的体验感、满足感和精神愉悦感。深度学习是灵活的、主动的、联系的学习,学习过程不是等待知识的传递,而是积极建构自己的知识,并能持续开展主动的学习。深度学习是自我不

断超越的学习，能不断激活学习者的主体精神以实现自我、成就自我。学会了深度学习就能从容地应对未来生活与工作所带来的挑战。

语文课堂教学中的深度学习要求学习者体现一种高度参与的学习状态。在高度参与中不断发现自我，不断超越自我，不断完善自我。深度学习的课堂是对话的课堂，是交往的课堂，是共生、共建、共享的课堂。语文课堂中的深度学习要求学习者对当前的学习任务积极进行深度加工，主动建构知识，不断走向深度理解、走向新的意义生成，使学习结果具备体系性、自我性，既能形成知识体系，也能构建经验体系。在学习过程中，学习者只有不断产生学习愿望、进入学习情境、积累学习经验并形成自己的深刻理解，才称得上是深度学习。语文课堂中的深度学习还要求学习者的学习过程应该是多维度的，是全身心的投入过程，其收获也并非单一的。学习者在学习中所学到的不仅有理智方面的能力，而且有对于其终身发展至关重要的品质与价值，如情感、意志、精神、激情、卓越性、超越性等。多维性是深度学习的内在特质，深度学习中的多维性会让学习者的综合素质越来越高，人会变得越来越强大。

深度学习是形成学科核心素养的基本前提，语文课堂要培养学生的语文学科核心素养就必须走进深度学习。语文课堂教学只有让学生走向深度学习、实现深度学习，才能达成培养学生语文学科核心素养的目标。

“语言建构与运用”素养的形成离不开以学得促进习得。要形成语言建构与运用素养就不能离开深度学习。如果仅仅是浅层学习、碎片化学习，那么语言建构与运用素养就不可能形成。因为建构与运用都必须建立于深度学习所构筑的根基之上。所谓建构，一方面指对新接触言语意义的建构，同时也包含对原有的相关经验的改造和重组，建构的过程需要经过不断的同化与顺应。培养语言运用素养离不开真实而复杂的言语情境，而语文课堂就是最佳的言语交际场，既有语篇载体，也有鲜活的交际对话时空。学习者只有走进语篇、真实对话，进行深度学习，才能不断强化自己的语言建构与运用能力。学习者如果真正成了深度学习者，就会全身心投入，不断学会交流，学会表达，学会得体、自然地运用语言。

“思维发展与提升”素养的形成中深度学习也绝不可缺位。思维素养是思维方式、思维方法、思维品质等交互共振所形成的。深度学习就是要体现思维的系统整体性和动态开放性，能面对纷繁复杂的思维对象进行优化创造，追求更好。深度学习者能够根据不同的情境不断改变自己的思维方法。深度学习者的思维容易处于活跃状态，思维方法也愈显灵活，解决问题会愈有办法。思维品质决定着思维质量，不同的思维品质反映着个体间智力或思维水平的差异。具备深度学习能力的人也就具备了良好的思维品质——能体现思维的个性特征，具有思维的批判性、灵活性、独创性、深刻性等。深度学习的过程就是思维发展与提升素养日益形成的过程。

“审美鉴赏与创造”素养的培养也离不开深度学习的参与。真正的审美鉴赏与创造始终伴随着深度体验，只有审美主体积极参与审美活动，才能感知美、发现美、鉴赏美，并最终成为美的创造者。审美鉴赏与创造的过程需要去批判、建构，需要在学习中丰富自己的精神生活，以拓展审美视野，净化灵魂。深度学习的最大收获就是能在学习过程中不断发现美、仔细鉴赏美、成功创造美。如果学习者真正进入了深度学习状态，那么他从一开始就走上了艺术生活的旅程，让语文学习的过程成为展示其独特生活方式的过程，学习也就变得更加主动，更能体验到鉴赏美的快乐并学会创造美。深度学习让学习者更易触动美丽的心灵，更易深切体验、发现与创造美。深度学习更易成就自我人格美。

“文化传承与理解”素养的培养也须臾不能让深度学习缺位。语文学科的最本质特征就是文化性，语文教学活动是丰富而特殊的文化活动，人真正的成长一定包含着人的文化成长。传承与理解文化是语文教学的重要使命，也是应有的文化关怀。在语文教学中，学习者只有充分挖掘文化资源，不断扩大文化视野，在对文化的深度学习中理解其意义和价值，传承民族优秀文化，理解多元文化，才能真正形成文化传承与理解素养。深度学习是一种高投入学习过程，学习者也只有开始了深度学习，才能汲取丰厚的文化养料，不断提升文化素养，在传承与理解中不断完善自我，不断超越自我。

语文教学需要深度学习，如果再借鉴语篇分析成果，学生的深度学习就容易落到实处。只有让深度学习在语文课堂落到实处，培养学生的语文学科核心素养才不会落空，才会成效显著。

二、语文阅读教学引入语篇分析更能促进深度学习

语文学科核心素养视野下的语文教学应追求通过文本解读让学生走近作者、走进文本，学习和领悟作者的言语智慧，并借助作者所架构的独特语言通道，把准作者的思维策略，体察作者的审美艺术，了解作者的文化情怀，培养学生的语文学科核心素养。但由于语文阅读教学长期以来一直遮蔽了语篇分析视角，因而在文本解读过程中常常纠缠于传统语言学的“语法分析”而不能自拔，或者陷入文章学的“文章分析”而自鸣得意，或者借用文艺学的“文本分析”而乐此不疲。殊不知，阅读教学所面对的文本既不是指向单一的语言学中句子语法的分

析材料，也不是文章学中文章分析的生硬范式，亦不是文艺学中文本分析的评论文本，而是经过教学处理的阅读文本，是指向多元的具有生成意义的教学语篇。阅读教学引入语篇分析，能很好地化解文本解读过程中的混乱与割裂现象，更能促进学生的深度学习。

"语篇"本是纯语言学概念，属于功能语言学研究范畴，以语篇为专门研究对象的则是语篇学。语篇学将语篇视为语言应用成果，是以语言为物质基础进行编码后的产品，是大于句子的结构单位联结而成的"篇章"。语篇是借助语言展开和累积意义的持续过程，它是对完成的言语交际行为的完整记录。每一个语篇都是自足的意义单位，在语义和语用上与现实世界中的实际语境相一致。语篇的功能在于完成交际，具备自足交际性，语篇内部体现着衔接、连贯、目的性、可接受性、信息性、情景性和篇际性等特质。语篇学的精髓在于语篇的整体论思想，语篇顾名思义就是由"语"构成的"篇"，即"语之篇"，是行为主体以语言为媒介完成的一次交际活动的完整呈现。语篇学研究十分重视以"篇"为完整表达体系的"语"，既重视"语"，也重视"篇"。因此，面对每一个语篇，都既要关注"语"，也要关注"篇"，知道"语"是不能脱离"篇"的"语"，"篇"是"语"展开而完成的"篇"，只有"语"与"篇"两者唇齿相依，才能称之语篇。阅读教学引入语篇分析会使教学超越对文本的窄化理解和单一化解读，从而对教学文本产生更富有学科特质的理解。教学文本就是语篇，阅读教学应该由"语"及"篇"，因"语"明"篇"，以"篇"解"语"，借"篇"悟"语"，"语""篇"兼顾。阅读教学一定要超越语言学的句子语法分析、文章学的文章分析和文艺学的文本分析，一定要在教学语篇分析的指导下开展语言、思维、审美、文化等多种语文活动，让阅读教学走向精准教学、深度教学，促进学生的深度学习。

教学语篇有四个显著特征：一是语篇是高于句子层面的语义单位，"语"与"篇"密切相关；二是语篇为语言实际交际的产物，也是重要的言语成果；三是语篇符合语法规范，既包括其内在的语义连贯性，完整呈现思维过程，也包括与外界语境上的协调；四是语篇有清晰的信息结构及明确的交际功能和目的。语篇分析与阅读教学关系紧密，阅读是对语篇的积极询问，阅读过程是通过解析语篇的信息编码以获得语篇含义的过程，也是围绕语篇开展积极主动的交流互动过程。阅读教学如果强化语篇意识，变教学文本为教学语篇，根据具体语篇特点从其语形特点、信息结构、交际功能等角度介入进行语篇分析，无疑更能体现语文学科的特质，并能完整深刻地理解语篇的言语智慧、思想内容、传意效果，从而提高阅读能力，有效培养学生的语文学科核心素养。

阅读教学中的语篇分析须关注语篇的语形特点，尽可能走进语篇的言语世界，体悟作者的言语智慧。语文阅读教学关注语篇的语形特点，无疑与语文学科的母语特性高度吻合。每一教学语篇都是作者以语言为表意工具而记录的完整交际过程，是个性鲜明的话语系统，是作者言语智慧的结晶，具备完整的意义。不可否认，语文阅读教学需要句子语法分析，探寻语言规律，为正确理解和运用母语打下扎实根基，但又不能停留于此。语篇分析重视“语”与“篇”的关系，重视从“语”入手贯通“全篇”，这就是对句子语法分析的超越，突出了语文阅读教学的学科要素。阅读教学引导学生深度理解语篇的语形特征、把准语篇的言语智慧，从而更能走进语篇主体的心灵深处。语文阅读教学须根据语篇语境，让学生了解语篇言语世界的所指和能指，清醒地认识到即使是同一语言其所指和能指在不同语境中的理解有时也可能是不同的。如果在阅读教学中重视对语篇富有个性的言语系统进行分析，就能准确走进教学语篇的言语世界，领悟作者的言语智慧。语文阅读教学要借助对语篇的语形分析，避免以往句子语法分析的碎片化、平面化，引导学生主动体悟语篇主体的言语智慧，从而更准确地把准文之脉、情之络，在顺应与同化中不断建构，逐步掌握汉语言的特点及其运用规律，在深度体验中丰富自己的语言实践，积累语感，形成个体的言语经验，并能在具体的交际情境中正确有效地运用，这对培养语言建构与运用等核心素养至关重要。

阅读教学中的语篇分析须关注语篇的信息结构，理解语篇的思想内容。语篇的信息结构指一种语义结构形式，并不受语法成分等级关系的制约。语篇信息极为重要，语篇都由新旧信息交替推进形成信息网络并构成整体。语篇的旧信息就是交际双方都已知的信息，在交际过程中可产生默契性，甚至可以省略；语篇中的新信息则是关键性信息，是话语的信息重心，也是语篇主体的最为用心、专情处，意在引起参与交际对方的高度关注。阅读教学必须把准语篇的信息网络，很好地领会语篇的信息所指和话语意图，从而深刻地理解教学语篇的意旨，把准文本主体的情感变化，并进入作者的内心世界。如果教学中重视引导学生深层分析语篇信息结构，学生就会沉入语篇，不断走向深度理解，走向新的意义生成。学生进入深度学习，会更感兴趣于了解语篇的思维展开层次、思维方法的选用和思维的艺术个性及其可贵的思维品质，在思辨性分析中发展与提升自身的思维。语文阅读教学中的语篇分析在关注信息结构时，需要复原信息语境，即将静止的语篇还原成鲜活的生命姿态，尽量了解作者本意，解开作者的信息密码，准确理解语篇思想内容。语篇分析关注语篇信息结构，旨在让学生在深度学习中不断提升自己的体验、分析、鉴赏、评价、创造等阅读能力。

阅读教学中的语篇分析须关注语篇的交际目的和传意功能。语篇具备自足的交际性，体现出三大交际性特征：一是清晰的自我身份，回答“我是谁”；二是有明确的交际对象，回答“我在跟谁说”“我诉说给谁听”；三是有明确的话语重心和主旨，回答“我重点说了什么”。语篇的传意功能主要体现于语境、语义和语蕴的多元共生上，三者构成了语篇个性鲜明的话语系统，产生了巨大的传意张力，潜藏着作者理想的解读期待。阅读教学中的语篇分析需要借助语境，读懂语篇中的语义，理解作者所呈现的明朗的写作旨趣，并力求读懂语篇中的语蕴，发现作者所暗含的委婉的写作志趣，深度理解语篇。阅读教学如能借助语篇分析探明作者是如何始终以经验者身份表现自己的情感生活、再现自己的精神世界、完成交际并达成交际目的的，就会更清楚地理解作者的交际艺术。阅读教学如果能根据语篇的交际性组织教学，就能让学生进入学习情境，积极参与教学对话并形成自己的深刻理解。

语篇分析在语文阅读教学中具有极大价值。阅读教学所进行的语篇分析，关注语形特征、信息结构、交际目的，让学生领悟学习文本独特的言语智慧、思想内容、传意效果，在语言、思维、审美、文化等方面获取丰厚的养料，不断提升自己。阅读教学的语篇分析需要对语篇层次进行外部分析和内部分析，而展开分析的过程实际上就是引导学生进行深度学习的过程。

三、语篇分析视角下指向深度学习的阅读教学策略

要让阅读教学的语篇分析成就学生的深度学习须讲究教学策略。语篇分析视角下指向深度学习的教学策略主要有：创设适切的教学情境，精心设计有效问题链，展开真实的教学对话。

（一）创设适切的教学情境

深度学习是基于情境的学习行为，情境也是语篇分析的重要基点。情境是指特定情景、背景或环境，指对人有直接刺激作用和意义的具体环境。教学需要情境性，成功的教学离不开其适切的教学情境。教学情境是指教师在教学过程中创设的情感氛围，也指具有一定情感氛围的教学活动。创设适切的教学情境是课堂教学取得成效的基本保证。适切的教学情境就是切合当下教学的情境，是能为学习者提供有意义的学习并促进知识向真实生活情境迁移的重要学习环境。适切的教学情境能充分调动学生的学习主动性和积极性，启发学生思维。深度学习要求学习者在学习接受新知识的同时能够激活原有经验，并有效地迁移到新知识的学习中，从而保证知识的完整性和学习的系统性，创设适切的情境

无疑会支持和促进学生的深度学习。教学中，教师要善于根据教学内容的需要，引导学生进入具体的学习情境，以此激活唤醒学生的内驱力，从而让学生快速进入学习者的角色，主动积极地参与深度学习活动。

语域性本是语篇的显著特质，语域是语言使用的场合或领域的总称，不同的领域使用的语言会有不同的语体。而语域包含三个重要变量，即语场、语旨和语式。语场就是话语范围，指交际的实际情形，语篇本身就是特定语场的即时性成果。语旨是指参加者的身份及其之间的关系，语篇分析很重视语篇主体身份的确定，这是进入语篇情境的重要通道。语式指语言在具体环境中所起的作用，如书面的、文言的、口头的等形式，其作用和意图是显然不同的；再如是叙述还是说明，是评论还是劝说等，其所指和能指也是不一样的。

语篇分析的目的在于还原作者的创作过程，解释如何构造和理解各种连贯的语篇。阅读教学中的语篇分析须着眼于整体，沿着语篇呈现的情境去把握作者的行文思路，认识文章的结构和意图，同时从衔接手段、逻辑联系等方面入手进行微观分析，以更深刻地理解语篇。阅读教学须把握语篇的核心内容：语篇的主题和内容、语篇的深层含义和语篇的文体特征、内容结构及语言特点。语篇分析特别重视语篇情境，自始至终都重视及时还原语篇情境。

教学中的语篇分析不可面面俱到，更不可碎片化，要从教学的实际需要出发进行还原，借助语篇情境不断推进教学，在语篇分析视角下更好地引导学生深度学习。

（二）精心设计有效问题链

深度学习离不开问题意识。问题是阅读教学的动力和核心，语文教学需围绕明确具体的问题而展开。阅读教学的深度学习本质上就是发现问题、探究问题和解决问题。语篇分析视角下的深度学习就是要以教学语篇为凭借，通过对语篇的解码、品鉴，让学生走进语篇、走近作者，引导学生学习和领悟作者的语言、思维、审美、文化等特点。阅读教学中，不仅要将问题显现化，更需要凸显问题的教学意义，需要提炼出具有教学价值的问题，且问题不是单一的、抽象的，而应该具有鲜明的针对性，最好带有集群性，就是让问题与问题联系紧密，形成问题链。通过问题链构成微任务群，引导学习者循序渐进，欲罢不能地沉入其中，在深度学习中获得多方面的发展与提高。

有效的问题链需要精心设计。这里所谓的设计是指在充分研读语篇的基础上，为确保语篇解码和品鉴的顺利所制定的策略。所谓有效问题链的设计，就是提炼出的问题应既能为教学选择留下较大的空间，又能更好地引导学生自觉进入深度学习状态，保证教学的有序和高效。语篇分析视角下的问题链设计主要聚焦于三个层面，即语形层、语义层和交际层。语篇分析视角下的问题链设计不仅要从语篇的语境还原进入，而且要关注语篇的主题、目的、交际效果、自我意识、读者意识、语体、信息度、变化意识、可接受性、体裁等。问题链形成的过程应该就是力求对语篇的全息进行解码的过程，也为教学提供了多样可能性选择。

语篇分析视角下的有效问题链设计一定要坚持为教学服务、为学生的深度学习服务的原则，不可忽略如下几点：一是既要关注“语”这个基点，也要关注“篇”的特点，还要紧紧围绕“语篇”的语义和交际功能而不能偏离；二是既要善于挖掘语篇自身有价值的问题，又要考虑教学的需要性和可行性，进行适度延伸；三是问题链中的每一子问题都需要有明确的指向性，体现教学的适切性，兼具“现实性”与“可能性”的特征，问题与问题有层次、有梯度，能构成内在联结性。

语篇分析视角下的有效问题链设计，要尽量满足学习者的不同需要，力戒盲目性和随意性，要凸显独特的价值性和教学的可控性。就不同的语篇而言，语篇分析视角下好的有效问题链设计，都必须聚焦于写了什么、怎么写的、为何这样写。

（三）展开真实的教学对话

教学对话是推进深度学习不可或缺的支持要素，教学语篇是作者的交际成果，暗含对话性。深度学习需要展开真实的教学对话，语篇分析视角下的阅读教学更便于展开真实的教学对话，引导深度学习。对话是人类的重要语言活动形式，是人的社会性存在的积极方式。对话既指主体间的互动方式，也指双方之间的言语交流。教学对话的意义在于彼此敞开心扉，保持一种相对自由的心态，相互碰撞，相互启发，从而在深切的体验中牢固掌握所学知识并有利于进行高度迁移，使所学知识和能力更具活力。真实而有效的教学对话能激活课堂，让参与者主动以他人为镜子，在观点的碰撞甚至对峙中进行沟通，真诚地表达自己内心的真实想法，彼此走向理解，走向交融，实现交流，学会深度学习。

课堂教学是一种特殊的交往方式，对话本应是教学的基本要求。教学对话应该是广义的，指师生、生生、师本、生本间的互动关系和互动方式。教学对话能使学习远离说教特征，变得有目的、有计划，能显著促进深度学习。其实，日常教学从来就不缺乏多重对话，但教学对话却往往停留于一般的问答层次上，从而不可避免地造成了教学的碎片化、浅层次。语篇分析视角下的教学对话，不仅要聚焦语篇，而且要顾及师生间的多重关系，对话不是简单地寻求所希望听到的答案，而在于挖掘潜力、激活思维、自我建构，进行深度学习。

教学对话须围绕共同关心的问题而展开，通过对话，形成真正的沟通和交流，形成真正的相互作用。语篇分析视角下的教学要求“我—你”对话关系清晰，“我—你”不仅是传达信息、培养认知的方式，还应是活生生的精神上的相遇关系，是走向建构和显示思想活动的过程。在学习活动中，学习者学习的最佳状态就是以对话式探究和活动为基础，走向理解，走向运用。教学中的真实对话是引导深度学习的重要途径，真实的教学对话才能保证对话双方的同时在场和积极参与，每一位参与者都要以极大的热情投入其中，分享彼此的观点，检验他人的知识和实现自己的理解。真实的教学对话对话题、话轮、话权要求很高，话题的延伸与转移、话轮的移交与获取、话权的掌控与授予等“各司其职”，分别从对话的内容结构、对话的互动方式、对话中的交往关系等维度确保对话的有序展开，三者交互作用又融为一体，不断生成新的意义，让课堂成为深度学习的最佳场域。语篇分析视角下真实的教学对话包含交流、修正、补充、质疑和提升，学习者在学习中要随时作出自己的解释、判断，并形成自己的见解，持续而高效地进行深度学习。

在语篇分析中为了保证学习者进行深度学习，情境创设、问题设计和教学对话要高度统一，而不能彼此分离。

（原文《深度学习与语篇分析》，作者冯为民，载于《语文教学通讯》2020(10)）

第二章 语文教学中的语篇分析

第一节 语篇分析的内涵及策略

语篇分析能力是语文教师至为关键的核心能力，它直接决定着语文课堂教学的品质与高度，进而影响学生语文学习的成效。现行《义务教育语文课程标准》明确指出，教师要引导学生“感受文学作品语言、形象、情感等方面的独特魅力和思想内涵，提升审美能力和审美品位……侧重考察学生对语言、形象、情感、主题的领悟程度和体验，评价学生文学作品的欣赏水平”①。这无疑对初中语文教师的语篇分析能力提出了新的要求。

一、语篇学视域下文本解读的内涵阐释

（一）阅读教学中的文本解读

文本解读一般是指运用读解或阐释理论所进行的精细化阅读。文本解读是开放的、多元的、个性化的，其背后的指导理论也是多元与多维的，如文艺学、美学、阐释学、语用学、语篇学等。语文教师的文本解读既需遵循文本解读的一般规律，但又不能止步于一般意义的文本解读。它不仅要关注语文学科的本体特质，更要顾及学生的实际情况，它是基于学科与学生，凭借文本使学生获得语文知识、阅读策略、读写能力乃至综合素养的解读范式。阅读教学中的文本解读主要目的是提高学生的解读能力，学生是解读行为的主体，语文教师的文本解读必须直接服务于阅读教学才能使学生的文本解读能力得到发展。② 但是，目前师生文本解读仍旧存在较大的问题，学生文本解读能力的贫弱往往反映着教师自身能力的不足，可以说教师文本解读能力的高下直接决定着阅读教学的质量高低。

---

① 中华人民共和国教育部．义务教育语文课程标准：2022年版[S]．北京：北京师范大学出版社，2022：28.

② 荣维东．语文文本解读实用教程[M]．北京：北京大学出版社，2016：65.

（二）语篇学视域下的文本解读

语篇是语篇学的重要范畴，它是指具有交际目的、合乎语境的语言实体和语用产品。人们习惯将语篇学视域下的文本解读称作语篇分析，而会话分析、语境分析、功能语篇分析、体裁分析、语用分析、批评话语分析、评价分析无一不是语篇分析的实践形态。语篇分析是文本解读方法的重要理论来源，它对阅读教学甚至写作教学都具有现实的指导意义。

《义务教育语文课程标准（2022 年版）》（以下简称《标准》）突出了语言在真实情境下的实际运用，它要求“关注学生在生活场景中的语言实践，凸显语言交际活动的对象、目的和表述方式”。相对于其他学科而言，语篇分析更加注重语境与语篇的关联，更为关注文学的交际性与对话性。因此，语篇分析有着其他读解方式不可取代的优势，它对于各种体裁的文本解读具有普适性，既能增强文本的“语用”教学功能，又能助推课程标准相关理念的具体落实。

二、当前阅读教学中文本解读的实践误区

（一）交际目的解读缺位

《标准》强调语文课程的实践性，本质上是指向培养学生在真实情境中的语言实践能力，即言语交际能力。然而，当下的中学语文阅读教学，要么是执着于挖掘作品的思想内涵，进而滑向思想教育这一端；要么注重文本内容的解读而轻视其交际性或对话性。就当下的初中生交际能力而言，《标准》作出如下要求：“注意对象和场合，学习文明得体地交流”“自信、负责地表达自己的观点，做到清楚、连贯、不偏离话题”“能根据生活需要，写常见应用文”等。而在实际的教学中，学生的交际（尤其是书面交际）能力显然没有得到系统的训练，其根源是教师文本交际性解读视角的缺位，导致学生很难在语文学习中养成关键的书面交际和语篇“交往”能力。

（二）情境语境分析缺失

文本在一定的社会、历史、文化等情境中生成，这种情境在语篇学中指的是语境与语篇的关联，包含上下文语境、情境语境、社会文化语境等，它与语篇关系紧密。语境是语篇生成的基础，语篇读解很大程度上就是进行语境还原。阅读教学是关于文本读解与迁移运用的教学，因此想达到对文本深入的理解与运用

就必须对各种构造文本的情境语境进行透彻的分析。

当下的文本解读大都从一个既定的、权威的结论出发，解读的结果又回到对权威结论的验证，有时还会过度倾向于学界某位学者的一家之言。在具体的教学过程中，往往表现为形式的花样翻新，缺失对情境语境的还原分析及深切体验，未能真正落实《标准》的要求："在通读课文的基础上……理解、分析主要内容，体味和推敲重要词句在语言环境中的意义与作用。"

（三）评价与审美释解不足

评价与审美解读分为文本评价与文本审美两个方面。文本评价是属于较高层级的文本解读方式，它要求师生从文本诸要素中分析其合理性，同时能对文本的缺失与不足进行质疑与批判，它是学生高阶思维形成与发展的重要途径，更是学生应具备的关键能力之一。核心素养之审美创造能力的养成，要求学生应能"通过感受、理解、欣赏、评价语言文字及作品，获得较为丰富的审美经验"。

当下语文教师的文本评价维度的解读往往处于缺失的状态，原因是考试评价机制中几乎不体现文本评价能力的考查。至于文本的审美性解读，它不仅包括修辞、语言美感的品读，还包括文本的形式、功能、衔接、连贯、语气、语态、前景化等的鉴赏。但是，当前初中语文教师多借助语言的精细品读来挖掘其语言美感，这显然存在不足。教师不进行这方面的解读，学生的评价与审美解读能力就得不到相应的提高。

三、语篇学视域下文本解读能力的提升策略

（一）锚定文本交际性，提升解读能力

《标准》强调语文的实践性，关注学生在真实情境中解决问题能力的培养，这对教师的文本解读提出了更高的要求。在传统的文艺学话语体系中，人们往往忽视对文本交际性维度的解读。然而，阅读文学或文章作品，本质上就是品析与体会作者借助文本与外部世界进行对话的艺术和展开交往的智慧。在语篇学中，交际性被视为语篇的根本属性。[①] 面对文本，教师应养成三种意识：目的意识、作者意识与读者意识。

---

① 杜金榜. 语篇分析教程[M]. 武汉：武汉大学出版社，2013：3.

1. 目的意识

巴赫金提出，表达的目的是得到回应，当下的话语总是有意突出某些信息，话语的隐含信息也将得以体现。① 具有目的意识，解读的指向将会更加明确。教师应当注意在特定的目的之下，分析作者运用何种结构、使用何种词汇、具备何种风格等。经过这样的解读，可以提升思维与认识的高度。以《背影》为例，文章从徐州写起，由丧事写到破产，由父亲失业写到南京谋差，由“我”从北京回家写到回北京上学，最后才引出车站送别的背影。朱自清行文迂回曲折，用词隐晦克制，且不时流露出对父亲的愧疚。了解到这些，我们可以体会到，《背影》的写作目的其实是与父亲和解。只有把握这些潜藏的意脉、委婉曲折的叙事，我们才能更好地理解作者的表达目的。

2. 作者意识

巴赫金在自我理论中指出，表述反映着作者的认识与价值判断。② 这意味着，我们要深度关注作者的年龄、性别、身份、地位、职业、信仰等，体会其语言运用如何做到符合身份、契合语境。《背影》自 1925 年发表以来，学界对其解读主要有四种观点：父爱之情、儿子的内疚、女性意识和生命意识。作为学术解读，多元化固然不可或缺，但在进行语文教学解读时，回溯作者写作背景、初衷以及尊重教材编者意图则更为关键。故此，我们进行文本解读时，不可凭空臆想，仍需以父爱作为出发点，领悟其中曲折复杂、爱怨交织的微妙父子情感。否则，就会落入牵强附会、过度解读的窠臼。

3. 读者意识

在文本解读时注意到作者刻意强化的读者意识，将成为解读文本的抓手，有助于作出最接近读者原意的解读。一般解读认为，《背影》的读者是朱自清的父亲，此文的创作目的是达成与父亲的和解。但其实，《背影》的预设读者应该还包括广大的中学生。早在 20 世纪 20 年代，朱自清就为叶圣陶主编的教材供稿，为中小学生示范该如何用白话文写作。我们可以发现，《背影》的谋篇布局是极其严谨的，起承转合极其规整，可以说是一篇完美的范文，这符合文章预设的读者定位。教师在解读时应注意到这一点。

---

① 卢晓晨. 巴赫金言语体裁理论的启示[J]. 黑河学刊，2014(12)：49-50+74.

② 雷武锋，曾耀农. 论巴赫金的自我理论及其文化精神[J]. 北京理工大学学报(社会科学版)，2002(4)：76-78.

（二）审思文本语境，指向深度学习

文本产生于特定的情境语境和社会文化语境，任何作品都不能与之脱离。依据语篇学语境分析理论，教师首先要对文本进行语境还原，探讨文本构造的时间、地点、社会背景、文化以及意识形态等因素，理解文本里的潜台词，从而走向真正的深度阅读。《背影》定稿之后，朱自清与其父亲仍然有着重重矛盾，父子和解的契机是因为朱自清父亲的一封信。信中说："我身体平安，唯膀子疼痛厉害，举箸提笔，诸多不便，大约大去之期不远矣。""大去之期"喻指死亡，《背影》成文时间是 1925 年，而朱自清父亲是 1945 年去世的。这中间相差 20 年，为什么身体尚康健的父亲要说"大约大去之期不远矣"呢？究其原因，我们可以得知，这是父亲希望与朱自清和解的托词。这个达成父子和解的托词既维护了父亲的颜面，也挽回了儿子。巴赫金指出，理解文本需要在历史语境、现代语境、未来语境中重作思考。① 这提示我们，教师需要引导学生从不同的语境中思考文本的意义与价值。

（三）强化文本评鉴，提高审美能力

语篇学强调文本的评价与鉴赏维度的解读，它符合《标准》关于学生核心素养养成的基本要求，可弥补当下语文教师文本解读在评价与审美维度上的缺失。语篇学可以从内容、形式与人际三个维度进行文本解读。内容方面的评价，教师可以比较评价个体与作者看法的异同，并推断作者的写作意图。我们深入解读《背影》后，对于其中隐藏的信息要进行深入思考，文本隐藏的信息有没有达到作者和解的意图？有无更妥善的做法？类似的思考有助于发展学生的高阶思维能力。形式方面的评价，教师可以从文本的结构与风格、语言与修辞、艺术手法、形象选择等方面展开。《背影》一文语言简练，结构谨严，对中学生作文有示范的作用。文中形象选择谨慎，将父亲的形象局限在背影之上，暗含着父子的矛盾，对于表达作者微妙情绪有正向作用。

人际方面的评价，主要是分析文本的结构与语言对表情达意的作用，写作目的、读者及背景怎样影响文意的表达，这样的评价解读是全方位的。《背影》中，父亲对儿子的语言大多为命令语气，这种命令语气使得一个传统的大家长形象跃然纸上。因此，在评价《背影》时，可以说，朱自清虽然想达到与父亲和解的目

① 巴赫金. 巴赫金全集：第 4 卷[M]. 白春仁，晓河，周启超，等，译. 石家庄：河北教育出版社，1998：380.

的，但在字里行间对父亲的那种掌控态度仍隐晦地表现出不满。聚焦语篇学进行文本解读，有助于突破传统的分析框架和思维模式，有助于提升学生的书面交际和对话艺术，有助于学生提升篇章阅读和构造的能力，进而有效地提升其语言建构与运用能力。

（原文《语篇学指导下的文本解读教学策略》，作者牛树超，载于《江苏教育》2022(91)，有改动。）

第二节 语篇分析视角的确立

阅读教学的重点是借助文本解读让学生走近作者，走进文本。阅读教学的指向是引导学生学习和领悟文本的言语智慧，并通过作者所架构的语言通道，了解作者的思维策略，体验作者的审美过程，感受作者的文化情怀，从而培养学生的阅读能力，培育语言建构与运用、思维发展与提升、审美鉴赏与创造、文化传承与理解的语文核心素养。

一、被遮蔽了的“语篇”分析

笼统地说，文本是指由语言文字组成的书面表现形式，是一个自足的言语系统，是作者意在让人知、让人明、让人感、让人思、让人悦的实体。其实，“文本”一词来自英文 text，text 也可以翻译成“语篇”，而正是一直以来语文教学对“语篇”这一重要概念的无视，导致阅读教学自然遮蔽了从语篇视角解读文本的路径，学生不能准确乃至深度解读文本也就见怪不怪了。

语篇本是纯语言学概念。语篇语言学属于系统功能语言学，它是继结构主义语言学和转换生成语言学之后于 20 世纪 60 年代新兴起的一个语言学分支。语篇学以语言应用成果——语篇——为研究对象，具体地说，就是将大于句子的结构单位“篇章”作为研究对象。如果从语义上定义语篇，则语篇是指在实际运用中具有连贯性的一段语言。语篇在语义和语用上与现实世界中的实际语境相一致，语篇内部或语言上也具有连贯性。语篇是对具体语言行为结果的记录。语言是交际的工具，从人类交际视角来看，语篇需要满足语篇交际的标准，有衔接性、连贯性、目的性、可接受性、信息性、情境性和篇际性等。

语篇是具体的言语成果，是语言实际交际过程中的产物。它要符合语法规范，且具有内在的连贯性，既包括其内在的语义连贯性，也包括与外界语境上的协调。语篇具有一定的信息结构及明确的交际功能和目的，它是高于句子层面的语义单位。语篇客观上看是具有交际意义的语言单位，因而语篇分析自然关注语境，关注语义，关注语蕴。在阅读教学中，如果我们自觉地运用语篇分析，则文本解读就更重视语用性篇章分析，从而能超越传统语言学的句子语法分析；更重视功能性语篇分析，从而超越文艺学的“文本分析”；更重视文章学视域下的语篇分析，从而超越文章学的“文章分析”。语篇分析的精髓在于语篇的整体论思想，它关注语篇各要素间是如何有机地结合，进而实现交际目的的。借助语篇分析视角能更好地拓展文本解读的空间，让阅读教学更具语文特性。语文教学中的文本解读不仅不该遮蔽语篇分析视角，还应强化语篇分析观。

二、语篇分析聚焦文本的言语世界

文本是自足的语篇系统，教学文本同样是作者的诉说，是具体的言语成果，是言语智慧的结晶。每一个文本都是作者以语言为表意工具，用汗水与智慧凝结而成的自足意义载体、意义系统，其背后所呈现的不仅是某种知识、思想，也是特定文化背景下人对自然、对社会、对人自身的具有典型意义的思考。

阅读教学需要句子语法分析，探寻语言规律，为正确理解和运用祖国的语言文字打下坚实的根基。但文本解读更为重要的是切合语境，了解语义，体悟语蕴，从而走进文本，走近作者，在解读中学会阅读。文本解读不能囿于句子，聚焦点应该是语篇。如果一味地进行句子的分析，阅读教学就会走味儿，有时不仅会导致教学的碎片化，寻章摘句式肢解文本，而且容易生搬硬套。语篇分析强调“语”与“篇”，从“语”入手贯通“全篇”。阅读教学中的文本解读就是要把培育学生的语言建构与运用素养放在首位，教学中要善于借助文本这一言语成果，引导学生丰富语言实践，通过主动积累、梳理和整合，逐步掌握汉语言的特点及其运用规律，在顺应与同化中不断建构，形成个体的言语经验，并在具体的交际情境中正确有效地运用。

语篇分析更关注文本的言语世界。语文教学中的文本实际上是语篇，这种语篇是个性的、自足的，而且有着结构信息的相对封闭性。文本作为自足的语篇系统，体现着作者的有所释放又有所控制。因为有所释放，故而具有显著的语义性；因为有所控制，故而具有独特的语蕴性。而语义性和语蕴性都离不开其语境。语境、语义和语蕴构成了其个性鲜明的话语系统，产生了巨大的阅读张力，潜藏着作者对理想读者的期待。也就是说，借助语境，既能引导读者读懂语篇中的语义，理解作者所呈现的明朗的写作旨趣，又能启发读者读懂语篇中的语蕴，发现作者所暗含的委婉的写作志趣，由浅层走向深层，由言内走向言外，完成交际目的。

关注语境、语义、语蕴是语篇分析的应然姿态，也是走进文本言语世界的正途。语境即指人在交际情形中所处的状况、状态。同一句话，在不同语境中所表达的意思不尽相同；不同的话，在不同语境中所表达的意思则可能相同，即交际对象未变。因此，语文教学中的文本解读必须根据语境，了解文本中言语世界的所指和能指，这样才能更好地走进文本的言语世界，准确地领悟作者的言语智慧。语义聚焦于语言意义表达系统，涉及语言学、逻辑学、认知科学、心理学诸多领域。词、短语（词组）、句子、篇章等不同级别的语义具有领域性特征，同一语言的所指和能指在不同领域中的理解是不同的，这种语义异构为文本解读带来了巨大张力，如果把握不准特定语义也就容易导致文本解读的失范。因此，语篇分析须从"篇"的高度确定语义，即使是一发，也一定要"牵"好，使之能动全身，借助语义窥见作者表达的规律性、内在解释、个性及篇际间的共性。也只有这样，才能更好地走进文本那独立而富有个性的言语世界。语蕴则是聚焦于文本里渗透出来的理性内涵。文本解读尤其要关注语言空白处，重视带有较强的陌生感之处，既要重视清晰，更要留意模糊，在虚实相交处发现潜藏的意义，这样就能在欲说还休的言语世界里调准弦外之音，把准言外之意，通过言语世界建构语言智慧。

三、语篇分析关注文本的信息结构

语篇信息理论是语言学家进行语篇分析的基础理论之一，这里的信息是指以语言为载体所传达的消息内容（广义的信息也包括言语形式）。语篇信息结构本指一种语义结构形式，并不受语法成分等级关系的制约，语篇信息结构具有特定的信息输入和输出通道。语篇是由信息网络构成的整体，包含旧信息和新信息，旧信息就是交际双方都已知的信息，在交际过程中可产生默契，甚至可以省略；新信息则是语篇的关键性信息，是话语的信息重心。语篇中新旧信息交替存在，形成了信息网络。如果能把准语篇信息网络，其信息所指和话语意图就会十分明晰。语篇分析视角下的文本解读就是要复原信息，即将静止的文本还原成鲜活的生命姿态，了解作者的本意和文本所呈现的意义。语篇中往往对主要信息反复强调，而对次要信息进行省略或简略处理。借助语篇分析进行语文教学中的文本解读就是要更关注文本的信息结构，快速搜索信息，忽略已知的次要信息，强化重要的新信息，揭示作者的信息密码，获取对阅读者有用的信息。

就文本解读而言，关注文本的信息结构不仅要关注文本的主旨，情感的变化，关注尽情挥洒的一面，还要关注含蓄韵致之处，了解作者有所控制心态下欲言又止之处，而且要关注文本的思维展开的层次、思维方法的选用和思维的艺术个性，进而清楚作者的思维品质，从而使解读者自身的思维获得发展与提升。思维发展与提升是语文学科的核心素养，在教学中要借助语篇的思维智慧引导学生积极地调动思维的能动性，通过语篇分析，体悟语篇精心营造的形象世界、情感世界和理性世界，使形象思维、直觉思维、逻辑思维和创造思维等获得发展，提升思维的深刻性、敏捷性、灵活性、批判性和独创性等品质。

文本是经验者以语言为载体，复活、复原、构筑的经验世界，文本的经验世界既有直接的，也有间接的，解读文本实际上就是通过激活作者的经验世界走近作者，观照作者自觉的审美意识、高雅的审美情趣、高尚的审美品位，了解作者的情感生活和精神世界。借助语篇分析关注文本的信息结构，既关注语篇的整体与局部，又关注语篇各部分意义上的发展与联系，重视语篇内部的语句连接、语义转换、文势起伏，完整地理解作者在经验呈现过程中的喜怒哀乐。文本解读不仅要理清作者自觉的审美体验过程，而且要在作者营造的艺术氛围中完成自己的审美体验。语篇分析关注文本的信息结构，就是要求借助信息结构对文本进行解构和重构，完成审美鉴赏和创造，在课堂的艺术化生活中获得心灵的陶冶和美的享受，在深度学习中不断提升自己的体验、分析、鉴赏、评价、创造等阅读能力，形成正确的审美观念。

文本是鲜明独特的文化自觉形态，肩负着重要的文化使命。从信息结构看，文本承载着作者的文化关怀、文化旨趣和文化原则，而文本解读过程就是文化活动过程，是文化自觉的深度实践活动，是使文本不断繁衍出新的文化意义，更好地实现文化增值的过程。语篇分析需要带着文化情怀进行文本解读，既要了解文本的文化背景，也要理解文本的文化视点，更要把准文本的文化张力，在解读中不断汲取优秀的文化养料，理解和包容多元文化，努力借鉴他者的价值，开阔文化视野，培养高度的文化自觉，逐步培养文化传承和理解素养。

语篇分析视角下的文本解读，须以培育学生的语文核心素养为重中之重。关注文本信息结构能更好地立足语言这一根基，走进思维、审美和文化的堂奥寻幽览胜，有效培育核心素养。

四、语篇分析彰显教学的对话性

语篇学是研究交际中语言形式与功能关系的科学，语篇研究属于语用学范畴。语文阅读教学须凸显语言的形式和功能关系，而这种关系就体现于文本自身的对话性，以及因为解读这样的对话而必然要进行的师生对话、生生对话及人与文（多为作者）的对话。可见，语文阅读教学必然是与文本展开对话的过程。高质量的阅读教学应该通过对文本的解读，展开学生、教师、教科书编者、文本之间的多重对话，通过多重对话从不同角度和层面发现作品意蕴，不断获得新的阅读体验，领悟文本的丰富内涵，进而养成学生独立思考、质疑探究的习惯。语文阅读教学应该追求过程的最优化，精彩的对话过程就是围绕文本积极进行思想碰撞和心灵交流的动态过程，就是获得生命成长和精神成长的过程。如果在阅读教学中强化语篇意识，重视从语篇分析的视角进行文本解读，则更易凸显教学的对话性。也许很多语文教师并未留意，许多优秀的教学实录就是优秀的对话语篇。

语文教学中的文本就是语篇，语篇的特质具有对话性，其功能导向于交际。语篇作为完整的对话系统呈现出两种形态，一是独白式的，二是对话式的，但都是双向的，而且其指向是明显的，就是完成交际。不要说口语特色明显的现代文本，就是中国古典文学中的经典也泾渭分明，如李密《陈情表》、魏征《谏太宗十思疏》中的"表""疏"，主客问答式的"赋"，诗歌中的"送别诗"一类等都很明显。对话是社会交往的一种基本方式，也是课堂教学的一种常态方式，因为教学是一种特殊的交往，故而对话也应是教学交往的一种基本能力，语文教学中围绕文本进行的课堂对话应该追求"我—你""我—它"之间活生生的精神相遇，既可以表征为彼此间的，也可以成为独白式的。文本解读只有真正进入对话状态，才能发现他者的价值，唤醒自我，才能学会发现，学会阅读，学会对话，完善人格，提升境界。

如何才能凸显教学的对话性？从语篇分析的机理看，主要应聚焦于三个维度——话题、话轮和话权。要使语文教学成为灵动的生成过程，就必须重视话题的延伸和转移，重视话轮的移交和获取，重视话权的掌控与授予。只有三者融为一体，相互支撑，相辅相成，才能顺利甚至精彩地达成教学对话。在课堂上，教师也是学习者，是与学生平等的对话者之一，但教师还需要承担导师的角色，组织好文本解读活动。教师如果能从语篇分析的视角积极暗示，就一定能引导学生走向深度阅读，体验深度学习。阅读课堂不仅要重视多重对话，更要考虑学习者阅读需求的多样性和阅读心理的独特性，创设良好的对话氛围，处理好文本意识与非文本意识、问题意识与非问题意识、生成意识与非生成意识之间的诸多复杂关系，使课堂对话形成良性循环，让对话步入开放自由又不逾矩的境界。通过对话过程求真、向善、爱美，在共生中共建，在共建中共享，分享彼此的观念，检验他人的知识，实现自己的理解，展示整个群体的批判精神、发现欲望和创造力。也就是说，阅读中的对话和交流，应指向每个学生的个体阅读，让对话成就课堂，成就学生。

语篇分析理论为语文教学中的文本解读打开了一扇明亮的窗，借语篇分析进行文本解读，会使语文阅读教学展现无穷的魅力。

（原文《语篇分析：语文教学文本解读的新视角》，作者冯为民，载于《中学语文教学参考》2019(Z1)，有改动。）

第三节　语篇分析的体裁之维

《义务教育语文课程标准（2022 年版）》指出，语文课程是一门学习语言文字运用的综合性、实践性课程。阅读教学的根本目的是培养学生的语言运用能力，而阅读教学则是主要凭借语篇的语言教学。由此可知，语篇是阅读教学的抓手和工具。麦卡锡和卡特认为："语言教学应帮助学生从语篇的角度来理解语言、学习语言和运用语言。"[①]因此，作为阅读教学基础的文本解读必然涉及语篇体裁。"语篇体裁"一词产生于 20 世纪 70 年代，随着篇章语言学的发展，不同学者对"体裁"的界定、划分也不同。悉尼学派马丁认为"体裁是指运用语言来行事的方式"[②]；ESP 流派的斯韦尔斯则认为"一种体裁包含着一种类别的许多交际事件，这些事件具有一组相同的交际目标"[③]。尽管界定"体裁"的角度和理论框架不同，但这些观点都认为交际目的和语篇体裁有着密切的联系，语篇体裁的根本宗旨就是研究交际目的和语言使用策略。不同交际目的所呈现的语篇体裁自有

---

① Michael McCarthy，Ronald Carter. 作为语篇的语言：对语言教学的启示[M]. 北京：北京大学出版社，2004：13.

② 丁建新. 体裁分析的传统与前沿[J]. 外语研究，2007(6)：13-18.

③ 丁建新. 体裁分析的传统与前沿[J]. 外语研究，2007(6)：13-18.

分别，不同语篇体裁蕴含和表达不同交际目的，同一语篇体裁则具有基本一致的图式结构。从语篇体裁的本质来说，各学派的上述观点是一致的。语篇体裁分析，不仅关注说话者在语篇中所表达的表层含义，还注重探讨语篇的宏观结构、交际目的和交际的情景，甚至还探究语篇形成的文化语境，以及语篇内部所蕴含的文化因素和社会习俗。

一、构建文本阅读的语篇图式

"交际目的决定了体裁的存在，形成了语篇的'图式结构'，影响着语篇的内容和风格的选择。"①也就是说，交际目的不同，与之相应的语篇体裁"图式结构"也会不同，随之所构建出的语篇结构模式也不相同。例如，为了能够清晰地叙述一件事，并在叙述的过程中传递观点，作出评价，完整的叙事语篇结构模式应包括点题、指向、进展、评议、结局、回应六个主要部分。要想清楚地阐明一个事理的内涵和外延，需要清楚事理说明文的语篇结构模式"引子 ＋ 事理内涵 ＋ 事理说明过程（各侧面的分析性说明、相关侧面的比较性说明）＋ 说明的归结"。语篇体裁不仅为我们提供了写作相应的语篇模式，也提供了解读文本的方向和路径。"于作者来说，体裁这一概念提供一种栖居之所，一种整理经验的矩阵，一种表达的空间。对于读者和批评家来说，体裁则提供阅读和阐释的交际系统。"②打个比方说，读者的大脑中好像有个转换器，能根据体裁的不同把不同的文本送到不同的解读器中进行加工，文学文本用 1 号解读器，广告文本用 2 号解读器，新闻文本用 3 号解读器……如果缺乏体裁知识，把一个文学文本送到 3 号解读器去加工，必然会导致误读。语篇体裁分析对特定文本的内部组织机制进行研读，使学习者从语篇的角度熟悉特定交际目的产生的文本的构建模式。教师通过分析语篇体裁，引导学生掌握不同类型语篇的交际目的和组织结构，获取作者传递信息的模式，使其对某一体裁的特征具有相对清晰的了解和记忆。学生再遇到类似体裁的文本，其记忆中的认知图式一旦被激活，就能够快速阅读并理解文本。

比如，《植树的牧羊人》是作者让·乔诺因参加征文比赛而虚构的一篇小说。这篇小说发表后，获得广泛好评，被翻译成十多种语言。作者是如何将一个虚构的故事写成一篇广受好评的小说的呢？如果我们按照前文叙事语篇的语篇体裁

---

① 常晨光，陈瑜敏．功能语境研究[M]．北京：外语教学与研究出版社，2011.

② 丁建新．体裁分析的传统与前沿[J]．外语研究，2007(6)：13-18.

去解读此文，就会发现这篇小说完全符合这一结构模式。文章第 1 段是“点题”部分，叙述者在此部分往往会在概括故事的基础上，表明自己的态度，也可能直接摆明自己的价值观。这部分的主要作用是激发读者的阅读兴趣，将读者带入故事情境，让读者相信故事的真实性。文中这一部分，叙述者“我”概括了故事主人公“慷慨无私”“不图回报”“难得的好人”等品质，用“想真正了解一个人，要长期观察他所做的事”表明叙述者判断一个人的价值标准，引导读者按照“我”的观点去阅读故事，用“我”的标准来衡量故事的主人公。这部分为整个故事奠定了价值基础。接着是文章的“指向”部分，叙述者在这部分往往交代故事发生的时间、地点、人物及有关背景。文中这部分记叙了“我”初到故事的发生地普罗旺斯时，这里一片荒凉，几乎全是废墟，房屋倒塌，泉眼干涸，狂风肆虐。“我”讲述了自己对这里的感受，并初次遇到了牧羊人。“进展”部分是“我”三次遇到牧羊人，以及看到这个地区的巨大变化。具体讲述了“我”与牧羊人三次相遇的情景。文章的“评议”部分是叙述者就故事的情节、人物、事件等方面所发表的评论。在这个故事中，“评议”部分贯穿于整个故事，“我”的心理活动和评价，即表明“我”在故事现场，增加了故事的真实性，增强了故事的感染力，同时也在阐明作者的态度和立场。“结局”部分是各种冲突的结果、人物退场等。这个故事中，昔日的荒凉之地在牧羊人坚持不懈地植树后，终于变成了生机勃勃、富足快乐的沃土。最后是“回应”部分，表达了“我”对牧羊人的赞美和敬佩之情。教师将这个结构图式教给学生，不仅可以让其明白故事的基本框架，还可以促进他们理解文本，乃至更好地解读类似文本。

二、体悟文本深层内涵

当前广大同仁已普遍养成文体意识。教师依据不同的文体特征进行相应的文本解读，我们称之为文体分析。文体分析包含两方面的内容。一是研究“是什么”的问题，主要从语言描写的角度去分析，抓住语音、词汇、语法等语篇内部的结构等，分析语篇的内部组织机制，总结出一套符合这个语篇的“自在”结构和逻辑程序。二是研究“为什么”的问题，分析特定语篇中的语言成分，研究语言得体性的原因和呈现过程，以达到鉴赏语篇的目的。当然，两者有着密切的关系，前者是后者的基础，后者是对语篇的语义进行的深层次挖掘。

然而，无论是回答“是什么”，还是回答“为什么”，两者都是围绕特定文本的内部结构展开研究，而往往忽略了这个语篇得以形成的情境语境。语篇体裁是一种有目的的社会行为，是说者为实现某一特定目的所实施的交际行为。因此，语篇体裁分析就涉及实现某一特定目的的交际行为的具体情境语境。体裁限定了某一特殊社会语域的三个情境变量——话语范围、话语基调和话语方式的结合方式。

以《出师表》为例，我们可以从“话语范围”“话语方式”和“话语基调”三个方面对文本进行探讨和研究。《出师表》的背景是三国鼎立，刘备托孤，蜀汉偏居一隅，且经常受到魏国的军事威胁。诸葛亮在此之前也曾出征北伐，意图牵制魏国兵力，加强蜀国的战斗力，并伺机一统天下，光复汉室，但因力量悬殊，未能成功。相反，由于魏国国力日渐强盛，蜀汉正面临被吞并的危机。“话语范围”是话语涉及的主题内容，《出师表》的主题内容是诸葛亮向刘禅阐明蜀汉当时的形势，针对刘禅的缺点提出明确的建议，并追述自己的身世与志向，概述君臣职责。“话语基调”是指发话者与接受者的关系，主要包括“地位”“接触”和“感情”。《出师表》的读者只有一个，就是蜀汉后主刘禅。从地位上看，诸葛亮和刘禅是臣与君的不平等地位，但同时诸葛亮又是刘备的托孤大臣，也是刘禅的亚父，因此两者又处于父与子的不平等地位，两人既是君臣关系，也是父子关系。从接触来看，诸葛亮和刘禅多为定期接触，也多是公务型接触，因此诸葛亮采取的“话语方式”是规劝。从感情上看，诸葛亮即将带兵出征，而刘禅昏聩无能易受奸佞之人挑唆。在此情境中，诸葛亮上表既为了劝谏刘禅有所作为，不要断送父业，也通过追忆先帝的厚恩来表明自己为蜀汉鞠躬尽瘁的心志。

语篇体裁分析要求文本解读者关注语篇形成的情境语境，并结合具体情境语境对语篇的深层内涵进行分析和挖掘。同时，语篇体裁分析还可以帮助文本解读者关注语篇形成的社会文化背景。

三、理解文本背后的文化语境

所谓语境，指的是语言运用的环境。语境把语言形式与情景联系起来，由此产生语境意义。语言的功能就是语言在情景中的作用，即意义。作为整个语言系统的社会环境的语境称为文化语境。语境为我们全方位地准确理解和传达语篇中字、词、句等各语言结构所表示的意义提供了一个依据。因此，文本解读者要关注语篇的文化语境。

例如，要想深刻理解吴伯箫的《灯笼》，就必须知道：中国古典文学中的灯烛意象，与原始先民歌颂光明的精神一脉相承，与原始先民礼赞光明的习俗紧密相连；从本质上来说，灯和烛就是光与火，是光的升华、火的再生；原始先民对太阳和光明的神圣崇拜之情，已深深嵌入中华民族心理结构深层，灯与烛在艺术世界里也就成为希望与获救的象征、吉庆热烈气氛的表征。《灯笼》中提及的唐明皇在东宫的灯楼、族姊远嫁的满街灯火，都是这种意象的呈现；作者在文中提到的回家看到挂在院子里的灯笼和游子看到的红灯高照所产生的情感，颇近于“寒灯映虚牖，暮雪掩闲扉”；同时，灯烛还代表着燃烧自己照亮世界的人生品格。一般而言，灯烛燃烧的背景是长夜，在漫漫长夜中，灯烛体现的是一种具有挑战意义的抗争精神。因此，《灯笼》最后，作者将情感上升为家国情怀中的抗争和反抗精神。灯烛在照亮的同时也在燃烧，但是对于漫漫长夜来说，灯烛又是孱弱的、无力的，因此它也具有悲剧意味。我们在文中很多处，都可以体会到这种淡淡的忧愁和凄凉的意味。

再如，要想理解《范进中举》和《孔乙己》中的人物形象，就必须了解科举文化，尤其是明清之时日益走向衰落的科举文化。要想更好地理解李可染的《山水画的意境》，就必须对中国传统美学有所了解。中国传统美学讲究物理世界和心理世界的融通，尤其是诗中之景，已不是原本的自然景物，而是从物理世界的景物转换成了作者的心中之景，被赋予了独具个性的情感。

“文学语篇分析采用语言学的方法诠释文学作品的主旨意义、审美价值、交际功能和语用目的，是连接语言学与文本解读的桥梁，能帮助我们深入领悟文学作品之真髓。”[①]随着语言学与语文教学的不断融合，尤其是语篇进入中学阅读教学和文本解读领域后，一线教师理应关注语篇体裁对于阅读教学的意义。

（原文《文本解读应关注语篇体裁》，作者董晓强，载于《语文教学通讯》2021(17)，有改动。）

第四节　语篇的三种结构模式

语篇的构成既不是句子的简单组合，也不是段落的随意排列，而是句子之间、段落之间在一定逻辑语义下的结构。韩礼德指出：“语篇是有结构的，这是一种语义结构而不是语法结构。语篇有自己的要素构成，这些要素随着语域的不

① 贡如云. 语文统编教材文学语篇交际之维透视[J]. 课程·教材·教法，2020，40(7)：45-50.

同而不同，如叙事、交易、说明等每一类语篇都有自己的构成要素及其组合方式。”[①]也就是说，形成语篇结构的过程就是产生意义的过程。在这一过程中，语言使用者通过具体的外在言语形式来表达和传递自己内在的情感和意图，表明语言与语言所处的文化及意识环境之间的关系，并因此形成特定的语篇结构。因此，从语篇结构的角度对文本解读的过程，就是理解文本意义的过程，就是学习作者如何建构言语的过程。从语文学科特点来定位，文本解读的对象应该是语言，尤其是语言的表达形式。在这个基础上，可以对文章的写作技巧和特点进行解读。文本解读不能脱离语文学科本质，要回归言语的运用，教学生体会文本语言的奥妙，教学生阅读文本的方法，提升学生的言语运用能力。因此，基于语篇结构的文本解读符合语文学科的本质要求，既有助于语文课堂教学效率的提升，也促进了学生语文核心素养的培养。

一、叙事模式

叙事模式是叙事篇章结构模式的简称。一个完整的叙事结构包括以下六个组成部分：摘要＋定位＋叠合事件＋评价＋解决＋结尾。[②]“摘要”就是叙事内容的简短概括，位于叙事开始部分。例如《植树的牧羊人》《阿长与〈山海经〉》《一棵小桃树》等文章的开头，就交代了故事主人公或者概括了叙述的主要内容。但并非所有叙事作品都会有这个部分。蒲松龄的《狼》讲述的是，晚归屠户被两只狼追赶，这两只狡猾的狼想前后夹击吃掉屠户，却最终双双毙命于屠户刀下的故事。文章开头写道“一屠晚归”，短短四字既交代了屠户回家的时间，也营造了故事发生的氛围。“担中肉尽，止有剩骨”交代了屠户遇狼的情况。如果将“一屠晚归”稍微改动为“一师晚归”或者“一屠午归”，将“担中肉尽，止有剩骨”改为“担中有肉”“担中肉尽，无剩骨”，就不会产生这个环环相扣的精彩故事。这 12 个字为下文屠户陷于窘境做了铺垫，也为后面一系列事件的展开埋下伏笔，是故事得以发生的基础。这就是叙事的“定位”部分，决定着故事的发展脉络和走向，有时也会照应故事的结尾。故事的“叠合事件”部分，是叙事内容的主体部分，由故事的各个主要事件构成，这些事件之间相互影响和照应，共同推进故事的发展。《狼》中的“叠合事件”包括屠户投骨头喂狼、屠户依靠积薪和狼对峙、两只狼企图前后夹击屠户和屠户杀死这两只狼四个事件。这四个事件环环相扣，既起到吸引读

① 韩礼德. 汉语语言研究[M]. 胡壮麟，黄国文，史宝辉，等，译. 北京：北京大学出版社，2007：348.

② 刘辰诞. 教学篇章语言学[M]. 上海：上海外语教育出版社，1999：134-135.

者的目的，也推动故事不断往前发展，由屠户开始的被动，到双方的相持，再到屠户的主动出击。整个故事紧张曲折，不断激发着读者的阅读兴趣和获得结局的阅读欲望。同时，这些事件中对动作、神态的细腻刻画，简洁生动的语言，塑造出一个由迁就退让到镇定勇敢、果敢警觉的屠户形象，同时也表现了两只狼的贪婪凶恶和狡诈阴险。

"叠合事件"后，就是"评价"部分，它既包括情节内角色的评价，也包括叙事者的评价。《狼》中"乃悟前狼假寐，盖以诱敌"，是屠户杀死两头狼后的惊悟，就是故事的"评价"。这句话与上文紧相呼应。文章最后是"解决"和"结尾"部分，解决指叙事者对情节、人物、事件等所给出的结果，结尾是故事世界和现实世界之间建构的一种联系。《狼》的作者用这个故事中的"禽兽"的结局，暗讽现实世界中狡诈奸猾之人的下场。读者在阅读过程中，通过结尾将故事迁移到现实，理解作者真正的写作意图。学生掌握叙事篇章结构模式，可以更好地理清故事的发展脉络，明白作者如何展开叙事，以更好地理解人物的形象塑造过程，加深对故事内涵的理解，从而提高阅读效率。

二、说明模式

说明文一般包括事理说明文和事物说明文两类。

事理说明类篇章功能结构的基本模式可以概括为：引子＋事理内涵＋事理说明过程（各侧面的分析性说明、相关侧面的比较性说明）＋说明的归结。[①] 事理说明文主要用来阐释事物之间的因果关系、讲解深奥的科学道理。事理说明的文章，往往采用逻辑顺序，具体表现为从现象到本质，从整体到局部，从概括到具体，从主要到次要，从简单到复杂，从原因到结果等。这些繁多和抽象的知识点，本身就给学生的学习带来很多困难，因此也就不可能达到让学生运用这些概念性的术语去解读文本的目的。

例如，陶世龙的《时间的脚印》内容庞杂，涉及的阅读面广，学生需要花费大量的时间去阅读和理解，尤其是梳理文章的脉络以及抓文章主线。而如果教师解读出一个相对规范的结构，告诉学生此类文章的行文结构和阅读方法，学生学会了这种方法，就可以这一篇为例，不断拓展阅读类似的语篇，也就能实现部编本教材从教读到自读、从课内到课外的阅读教学理念。

事理说明类篇章功能结构中"引子"的主要作用是引出说明对象，激发读者

① 郑贵友．汉语篇章语言学[M]．北京：外文出版社，2002：243．

探究和阅读的兴趣。事理说明文的主要功能是阐释道理，让读者明白隐含在事件或者事物中的原理。小说、诗歌、散文，用悬念、情节或优美的语言等吸引读者，事理说明文则依靠清晰的逻辑、严密的说明体系、准确的语言以及富有吸引力的开头部分，激发读者阅读的欲望。《时间的脚印》一文解析了岩石记录时间的"奇异功能"，开头是科普作家高士其的诗歌《时间伯伯》，将时间比作永远不停歇地行走着的旅行者，既将抽象的"时间"形象化，也引出了文章的说明对象。

文中的"时间"并不是我们平时所熟悉的概念，而是一个深奥的地质学概念。此文中的"事理内涵"指的就是对"时间的脚印"这一概念做出通俗易懂的解释和说明。"在大自然中保存着许多种时间的记录，那躺在山野里的岩石，就是其中重要的一种。""时间是看不见的，但是我们用水滴记下了逝去的时间。"文章列举了现实中岩石和铜壶滴漏能够记录时间的例子，既能让读者清晰感受到时间的流逝，也使得语言变得通俗畅晓。这部分的最后一句"岩石是怎样记下时间的呢?"引出之后的"事理说明过程"。

"事理说明过程"采用的主要是分析性说明。文章先写岩石如何成为沙砾、碎石，再写碎石和泥沙如何成为新的岩石。在这个循环过程中，岩石如何成为沙砾、碎石？是因为地壳的运动、气候的变化、生物的繁衍生息、风吹雨打、日曝霜寒，以及空气和水中的酸类腐蚀、水的冲击、风的吹刷等因素，这些因素的变化就是在时间的"主导"下进行的，是伴随着时间的脚步产生的，也记录着时间的沧桑变化。碎石和泥沙形成新的岩石，主要取决于沉淀、重压和胶结等要素。这些要素需要借助时间，它的变化过程就是"时间的脚印"。文章列举了大量的例子从不同角度、不同层面，既较全面地分析和说明了岩石是如何记录时间流逝的，也浅显易懂地解释了"时间"的内涵，说明了什么是"时间的脚印"。

文章最后对这一话题进行了归结，指出说明"时间的脚印"有很多，要读懂它们有难度，但它们可以增进我们对自然的了解，还"有助于我们去找寻地下的宝藏"，从而揭示了研究"时间的脚印"的意义。"说明归结"就是对说明对象的意义和价值的归结，激发读者的思考。

学会阅读，是阅读教学中要完成的一项重要任务，甚至可以说，是终极任务。所谓学会阅读，是指学生如何将书面的词语进行转换，使这种转换达到自动化。[①] 要想达到如此效果，学生必须经历一个不断建构阅读图式的过程。学生掌握了事理说明类篇章功能结构的基本模式，在类似语篇的反复阅读中，就会逐

① 理查德·迈耶．教育心理学的生机：学科学习与教学心理学[M]．姚梅林，译．南京：江苏教育出版社，2005：22.

渐形成此类文章的阅读图式，既有利于阅读能力的提升，也有利于事理说明文的写作。事物说明文的篇章结构：引子＋物品外观特征或内涵性特征说明＋物品沿革过程、种类说明＋物品各个方面或各种属性、功能的说明＋物品的总体评价。[①]

例如，《中国石拱桥》一文的作者就是按照这种说明模式对赵州桥和卢沟桥进行说明的。文章开头首先直接引出说明对象，概括介绍石拱桥的一般特点：桥洞成弧形；在世界桥梁史上出现得较早；不仅形式美，而且结构坚固。然后接着写赵州桥的位置、建造时间、具体的长度、宽度来介绍赵州桥的外观特征，还引用唐朝张嘉贞的话赞美赵州桥的设计施工特点、独创性以及其艺术价值。文章对卢沟桥的说明顺序与赵州桥的说明顺序基本相同，只不过在这部分的最后花了较多笔墨介绍卢沟桥的艺术价值与历史意义。

文章的最后部分是"物品的总体评价"，作者分三点解释了我国古代石拱桥取得如此辉煌成就的原因及新中国成立后我国拱桥的新发展。最后肯定了我国古代劳动人民的智慧，赞美了我国社会主义制度的优越性。

三、递归模式

递归是语篇结构中重要的机制，指相同结构成分的重复或层层嵌套。如果语篇否定某一反应，就意味着问题没有解决或新问题出现，为了使语篇完整合理，准确地表情达意，就必须对问题进行解决和评价；如果做出的评价又被否定，则意味着出现了新的问题需要解决和评价；如此循环下去，直到问题得到解决或彻底不能解决。这就形成反复出现"问题—反应—评价"结构模式的现象。

《庄子与惠子游于濠梁之上》讲述两位辩论高手在濠梁之上对人能否知鱼乐的话题展开辩论。文章的主体部分采用对话体的形式展开。从庄子的"是鱼之乐也"，引出惠子"安知鱼之乐"的人与鱼的关系，但是这个问题并没有解决，庄子又提出人与人的问题"子非我，安知我不知鱼之乐"，惠子"以子之矛攻子之盾"的技巧否定庄子，又引出庄子的寻本溯源。了解这篇文章的递归结构形式，才能更好地引导学生掌握庄子和惠子的辩论思路和思维轨迹，从而由他们对小问题的讨论得知其不同的哲学观点，进而体悟庄子的"齐物论"思想，学会以艺术的态度来观察和对待世界。

部编教材的阅读部分，各个部分共同构建一个从"教读课文"到"自读课文"

① 郑贵友. 汉语篇章语言学[M]. 北京：外文出版社，2002：245.

再到“课外阅读”的三位一体的阅读体系，即课内向课外的延伸。这个阅读体系就是不断建构学生“言语阅读图式”的过程。从语篇结构的角度来解读文本，就是让学生建构阅读图式的过程。这样可以更好地教会学生掌握阅读方法，提升自读能力，从而真正实现部编教材阅读教学的目的。甚至，从语篇学的视角审察语文，或能为现实的语用转向找到新的突破口，为文本解读提供一个新的解读方向，为语文教学做出应有的贡献。

（原文《语篇结构下的文本解读路径》，作者董晓强，载于《中学语文教学参考》2020(11)，有改动。）

第五节　语篇的偏离现象

自《普通高中语文课程标准(2017 年版 2020 年修订)》(以下简称《课程标准》)引入“语篇”概念以来，我们已经陆续看到不少语文语篇教学的研究成果，但从《课程标准》的定位及语文教学研究的趋势、倾向和转向看，对其关注度还不够，研究还有待深入。《课程标准》首次引入“语篇”，不只是对功能语言学成果的吸纳，更为语文教学指明了方向，语文教学不能脱离本体性视角，应以“语言”为基本立足点开展思维、审美、文化活动。“语篇”在语文教学中是极为关键的概念，把握“语篇”特质对语文教学有着极为重要的意义。语文教学只有抓住了“语言”这个根本，才能回归学科本体，找准“语言建构与运用”的通道，才能顺利发展和提升思维，才能促进审美鉴赏和创造，才能准确传承和理解文化，以实现语文教学的理想诉求。而“偏离”是语篇的重要特性，“偏离”对解开语篇密码至关重要，语篇偏离对语文教学具有重大意义——更容易发现教学的重点、突破教学的难点。

一、关注语篇偏离能彰显语文学科价值

1. 何为语篇

语篇本是系统功能语言学研究的对象，研究目的在于指导语篇分析。系统功能语言学强调语境的重要性，突出语言功能性和工具性的高度一致性，重视语

言的应用功能和社会功能。在功能语言学的研究视野中,语篇相当于一种交际行为,是指实际使用的语言单位,是交际过程中一系列句子或连续语段构成的语言整体。语篇以语境为基础,是以语言为物质基础进行编码后的产品,是借助语言展开和累积意义的持续而形成的。语篇属于意义单位,是体现整体性的语用成果,是大于句子的结构单位联结成的"篇章"。语篇既可以是书面的,也可以是口头的。从形式看,语篇是大于句子的语言单位;从功能看,语篇用于特定语境中的交际。语篇是鲜活的,语篇分析的要义就在于分析出语言与其使用环境、情景及使用者等的一系列关系。"偏离"是语篇的重要特性,语篇偏离是语篇分析不能绕开的一个概念,明了语篇偏离概念、特征及在语文学科教学中的价值,对开展语文教学至关重要。

2. 何为偏离

偏离是相较于常规而言的,既涉及语言自身,也关涉文本的价值取向和意义生成。偏离是交际者在特定语境中为了突出实现某种交际功能而对其相应的语域的典型特征所做的暂时的、故意的违背。偏离对语境有很强的依赖性,不只是语篇的语法概念,是语言学研究的对象,也是一个文体学概念,是文体学研究的对象。偏离不仅能展示语言个性,还能很好地展示文体的个性化风格。系统功能语言学认为,语篇的构建过程是交际者不断选择的过程,既需精心选择意义潜势,也需选择所要表达的意义的语言形式,而人们在言语活动中进行选择的依据主要是功能。偏离不仅能提供信息,而且能凸显或隐藏意义、主旨。偏离是突破常规的语言现象,为了突出语篇的主题意义,语言形式的偏离与意旨的表达密切相关。偏离更能发挥语篇的交际功能。交际是有目的、有意图的活动,语篇旨在传递说话人的意图,这里的"意图"既包含传递某种信息的意图,也包含向对方表明其传递这种信息意图的意图,前者属于信息意图,后者属于交际意图,显然交际意图才是需要凸显的意图,偏离实际上是作者有意为之、精心设计的特殊性表达,旨在表明作者自己的交际意图,凸显语篇的整体意义,因而偏离能够彰显交际者的心灵之窗。

3. 偏离的特征

偏离的显著特征就是偏离规范或有意突出。偏离规范就是违背话语交际的线性规则,是为达成自己的交际目的和意图而放弃语言系统中大量的潜在的常规选择项而采取的一种特殊选择,交际者在特定语境中选择特定的偏离形式的目的正在于取得突出的概念意义、人际意义和语篇意义。交际者之所以酷爱使用偏离,正是因为偏离能以最经济的手段突出或强调语篇义,以完成交际目的。偏离是一种表达艺术,能用一种新的、陌生形式增强语言的冲击力,这种艺术广为使用且效果极佳，正是利用了人们对背离语域的常规特征的一种期待。

语境是偏离得以实现交际目的的凭借，偏离对语境高度敏感，也正是有赖于这种敏感性，才对交际目的和效果产生了积极的影响。要把准交际者的信息意图和交际意图，就要以语境为背景，分析交际者选择偏离的表现形式，这对语文学科教学来说价值极高，更具重要意义。因为培养“语言的建构与运用”能力是语文学科的根基，需要依托语境准确理解语言的所指与能指，从而走近作者，读懂其思维特点、审美意趣和文化情怀，并掌握文体的独特风格。语文教学既要教“语言”，也要教“文体”，教学“语言”与教学“文体”互为表里，相辅相成，“语”是“篇”的“语”，“篇”是“语”累积成的“篇”，偏离正是因“语”的突变而改变了“篇”的走向，因“篇”的突变而改变阅读期待，取得出人意料又在情理之中的良好效果。

语文教学关注文本中基于词汇、句式等手段的语篇偏离现象，可以更好地理解文本的写作意图和交际目的，引导学生体验作者的写作过程，加深对文本表达方式的认识。语文教学重视分析语篇偏离，不仅能感受不同语境运用偏离的差异性，更好地培养语感，而且能积累丰富的阅读经验、表达技巧，从而提升阅读能力和表达能力。

二、关注语篇偏离能有效提高阅读能力

1. 如何阅读语篇

阅读教学需要充分发挥学生主体性、主动性，培养学生的语言建构与运用能力，发展和提升其思维能力，让他们学会审美鉴赏和创造，主动传承和理解文化，不断提高语文素养。语篇是阅读教学的重要资源，也是培养阅读能力的重要凭借。《课程标准》把“古今‘实用类’‘文学类’‘论述类’”等文本纳入“基本语篇类型”。那么，如何阅读语篇？就是要借助其语言去理解语篇的意义，揭示语篇的核心价值，获得有益的启迪。教学只有重视语篇优势，聚焦于语篇的核心价值，才能突出教学重点、突破教学难点。语篇偏离往往是语篇优势之所在，语篇的深层含义及其价值常常就隐藏在语篇偏离中，抓准语篇偏离就能发现语篇优势，深入语篇真实而极富艺术性的语境，避免理解文本的任意性，而且能激发学生的学习兴趣，积极参与对文本的认识、理解、评鉴活动，有效提高阅读能力。

阅读教学中的语篇只是“例子”，但这个例子非常重要。教学中我们不仅要引导学生读懂、读通、读深例子，更要善于引导学生从该语篇中发现带规律性的现象，完成自我建构，学会阅读。从语篇功能看，语境影响交际效果，语篇的特定

语境，即真实的交际情境，是“此时此地之语”，也是“此时此地之义”，重视语篇语言，通过对语篇言语呈现方式的感受、思索、评鉴，就能理解和掌握言语的语义，体验语篇的言语智慧，对整体把握语篇主旨十分重要。语篇偏离是作者在具体语境中的“特意为之”，教学中只要能依据这些语境，合理推论，就能发现偏离的用意所在，从而准确分析作者的交际意图。这对提高阅读效率无疑是大有裨益的。用好“偏离例子”的最佳策略有三：一是由“语”及“篇”，二是“篇”中窥“语”，三是“语”“篇”并举。

2. 如何阅读“基本类型篇”

《课程标准》所谓三种“基本语篇类型”实际上是语言学与文体学融合了的基本分类，这说明语篇不纯粹是语言问题，也涉及体裁，与文章学密切相关。阅读教学中既要关注某一语篇的表达偏离，也需要关注某一语篇对其体裁的偏离。每一类型语篇都有其文体结构优势，都具有区别于其他类型语篇的典型结构。就文体而言，作者总想以最佳的方式吸引读者，又想最个性化地表达自己的意图，落实到交际行动上就是借助对文体的某些突破，进行前景化处理，偏离就是实现前景化的方法之一，属于特殊的前景化。阅读教学中，多聚焦文体偏离，有助于深度解读文本和引导学生深度学习，更有利于加深学生对文体规定性与灵活性辩证统一的认知。阅读中理解文章结构，将思路集中于文章整体结构和框架之上很有必要，更重要的是能通过发现和理解作者的言语智慧和偏离艺术，准确理解文意，把准作者的写作意图，在阅读中学会阅读。如阅读《阿房宫赋》《赤壁赋》时再去读一读《登楼赋》（王粲）、《芜城赋》（鲍照），就会对“体物写志”的文体特征有更清晰的认知，也会对文学大家以文体偏离为手段，在体裁突破与创新方面所做的贡献赞叹不已，并掌握这一文体的发展脉络和艺术价值。

就阅读而言，阅读者多关注其语篇意义，这无可厚非，但阅读文本体裁多样，题材广泛，信息量大，要掌握其核心价值并不容易，学习者只有进入文本真实的交际语境，以整体语言作背景，并作为解读文意的根基，把准具体语境之脉，才会发现独特的交际性优势，潜入文本深处，在深度体验中收获文本所呈现的经验意义和人际意义，掌握学习的重点。只有基于语篇优势的阅读教学，才能真正领会文本的实际意图，最大限度地达成教学目标和学习目标，而语篇优势无论从语言视角还是从文章学视角看，都不可缺少对语篇偏离现象的关注，重视语篇偏离能让阅读化繁为简，化虚为实，化伪为真，发现真正的阅读价值。

如教学《兼爱》时，从墨子的思想体系看，“兼爱”是其内核，文中也揭示得很充分；如果走进文本，关注文本的偏离现象，就会对这一经典有不一样的发现。文中有三句话：“圣人以治天下为事者也，必知乱之所自起，焉能治之。”“圣人以治天下为事者也，不可不察乱之所自起。”“故圣人以治天下为事者，恶得不禁恶而劝爱！”这就是该语篇优势所在，说明墨子言说的对象是“圣人”，他是在与“圣人”交流，或在谈论有关“圣人”之事。重点阐述“以治天下为事”的圣人不可“不知乱”“不察乱”，拨乱致治的关键在正本清源，“禁恶而劝爱”。阅读时理清这一严谨的思辨逻辑，就读懂了文本结构，就会对“思辨性阅读与表达”有更深切的感悟。

阅读是一种复杂的个体心智活动，教学时要善于借助语篇偏离，调动起学生的积极思维和情感活动，在理解和体验中不断挖掘其文本的深沉意义，通过探寻“他人的世界”不断扩展自己的世界，获得对自己有益的意义，积累阅读经验，学会阅读不同类型的语篇。

三、关注语篇偏离能有效提升表达能力

表达能力是语文核心素养的直接反映，培养表达能力是语文教学的重要任务之一，表达能力强的人，其语文素养相对也会高。培养表达能力既要强化口语交际训练，也要加强系统的写作训练，口头表达和书面表达必须双管齐下，两者并进。无论口头表达还是书面表达，艺术化地设置语篇偏离都是至关重要的。

1. 强化三种意识

交际离不开特定情景，交际效果如何取决于置身情景中的表达能力，而语境会影响交际者的语用选择。培养表达能力需要强化三种意识：

一是语场意识，语场指的是言语交际过程中发生的事情，或者正谈论的事情，或正进行的活动、表达的经验等。表达者应根据特定情境语境进行言语交际，并尽力达成所要实现的交际目的和作用。

二是语旨意识，语旨指交际情境中的双方（讲话者与受话者）的身份、关系及意图。表达应明确关系及交际意图。

三是语式意识。语式指言语交际的渠道或媒介，如口语和书面语、正式语和非正式语等。表达要积极地根据交际需要，选择恰当的渠道或媒介，以发挥语言在具体环境中所起的作用。

语场、语旨和语式是交际情景语境的三个变项，三者的交织就构成了语域，能促成不同的情景类型，形成不同的语篇类型。如访谈，就必须知道所谓“访谈”，是以被访者为主的活动，访者则必须有针对性地发问，突出访谈主题，指向交际目的，也要让对方感受到双方关系、自己的角色定位，明白访谈需以非正式或口语为主，在此基础上才能完成“访谈”。

2. 偏离对表达的影响

在表达中,偏离对语境有很强的依赖性,其形式可以出现在语篇的语音、词汇、句法、语义、语篇结构、语体等各个层次。无论是何种偏离形式,都应该是“创造性地损坏”,使人们的心理期待受到破坏,产生新的理解期待,一旦脱离其特定的语境,其偏离的能指和所指就会大打折扣,会造成真实的“损坏”,无法实现自己的交际目的。偏离一旦与语境融为一体,听话者就会进行图式重组和变换方式,寻找出讲话者所要突出的交际目的。偏离必须保证交际双方能形成某种默契,也就是所谓的可及性,能让受话者明白讲话者的真实意图,且与讲话者的预设相吻合。

(1) 口语表达

在口语表达中,利用语音、语汇、语义、句式的偏离,可吸引听话者的注意力,并强化自己的交易意图,达成自己的交际目的。如采用仿拟偏离,将习以为常的谚语、格言、名句等适当地改头换面,就能造成新奇效果,借以达到特殊的表达效果。如仿拟“有志者事竟成”偏离为“只要你有信念,就会有方法,有出路”,就会给人以似曾相识又颇有新意的感觉,其交际效果也就会更好。如果要你去采访,那语篇应多为疑问句。

(2) 书面表达

在书面表达时,如果精于偏离设置,文章的陌生感就会得到强化,就会给人以耳目一新之感。但设置偏离一定要充分考虑语境,不同的语境其偏离要求是不同的,如“理无可恕,情有可原”与“情有可原,理无可恕”,“屡败屡战”与“屡战屡败”都可用于特定的语境,但所指是相距甚远的。不同的文体写作,其偏离重点是不同的:如诗歌中常有“不规范语言偏离”,其“不规范性”却产生了非同寻常的诗意;记叙文写作中运用倒叙、插叙、补叙等也是偏离之道,能给人以深刻的印象,如《祝福》的开头就采用了倒叙。如果忽视了匠心独运,偏离就不会取得预期效果,甚至会适得其反。

重视语篇偏离能有效培养学生的表达能力,不仅能让口语交际的效果更佳,也会有效地提升写作能力。语篇偏离对语文教学具有极其重要的学科教学价值,语文教学亟待对“语篇”进行系统化实践研究。《课程标准》要求通过阅读与鉴赏、表达与交流、梳理与探究等语文实践,积累言语经验,把握语文运用的规律,学会语文运用的方法,有效地提高语文能力,并在学习语言文字运用的过程中促进方法、习惯,以及情感、态度与价值观的综合发展。语文教学关注语篇偏离,既能有效提高学生的阅读能力,也能有效培养学生的表达能力。重视语篇偏离的研究,有助于培养学生的语文核心素养,也有助于推进语文教学的深度变革。

（原文《语篇偏离与语文教学》，作者戎仁堂，载于《中学语文教学参考》2022(31)，有改动。）

第六节 语篇衔接与语篇信息

20 世纪 50 年代起，语言学家的探讨重点逐渐从语言的内部结构转向语言的功能。此后，有关语篇学的文章和著作相继出版发行，语篇学渐渐成为语言学的显学。一般说来，语篇学就是研究语篇的语言学科。狭义的语篇指文章，广义的语篇则指一切言语或者言语产品。语篇学重点关注语言使用者如何通过具体的外在言语形式来表达和传递自己内在的情感和意图，同时还关注意识形态对语言的影响，以及语言与所处的文化之间的关系。从语篇学的角度进行文本解读，有助于提升语文教学的效率，提高学生言语构建的能力。例如，教会学生运用语篇衔接的几种关系来阅读文本，有助于他们加深对文本的理解。对语篇信息的解读，尤其是对主位推进变化模式的解读，可以让学生快速把握文本作者是怎样围绕一个主题展开叙述的，即作者是怎样开始的，中间部分涉及什么样的话题，是以何种方式引进了新的话题以及引进了什么样的话题，结尾又是怎样收束的，等等。

一、语篇衔接

衔接是表达小句间和小句以上单位的意义联系以及把语境与语篇联系起来的谋篇意义。衔接由韩礼德首次提出，后经过哈桑等学者的补充，成为语篇学的一个重要概念。语篇衔接能够清晰地显示出篇章内的句子和作为交际事件的篇章之间是如何建立起联系和关系的。韩礼德、哈桑等把语篇衔接分为指称、省略和替代以及词汇衔接几类。

（一）指称

指称不仅是一种语法手段，更表达一种语义上的关系。在篇章中，某一成分与它所指称的成分之间是相互释义的关系，共同构成一个类似的概念。在指称关系中，如果在一段话或语篇中一次又一次地提及同一个词、同一个人或同一个事物，就被称为回指，而在本身应该出现回指词的地方用零代词代替，则被称为零形回指。具体语篇中，指称与回指紧密联系在一起，回指所组成的指称链有助于读者掌握语篇中指称关系，这种连续性就构成了语篇的衔接与连贯，能更好地为突出主题服务。例如：

后生的胳膊、腿、全身，有力地搏击着，疾速地搏击着，大起大落地搏击着。（统编初中语文八年级下册第 3 课《安塞腰鼓》）

该语段中，作者采用零形回指，有利于聚焦话题中心，所有的信息都为“后生”服务，塑造了一群活跃、强盛的黄土高原的后生。学生通过对这一指称链的阅读，很容易在脑中勾勒出立体的黄土高原后生的形象，让人感受到一种原始的生命活力。

（二）省略和替代

省略，是篇章内部的句子或者小句中的一些基本结构成分缺省的现象。在文本中所缺省的内容，读者可以通过上下文语境找到具体的内容，这些被替代的内容为理解文本提供了依据。省略既能衔接上下语句，又能使行文简洁明了。替代，是在篇章中用某些词语代替上文中出现的语句的现象，是一种以简代繁的手法。替代也能衔接上下语句并使语言简洁：在阅读文本时，遇到有替代的句段，必须从上下文中寻找被替代的语句。省略和替代都能使语句既连接紧密又简洁明了，使上下文畅通无阻。更重要的是，省略和替代能够强化省略和替代后的内容。

例如，《老王》一文，开篇介绍了老王的职业、大概身世和经历。“老王常有失群落伍的惶恐，因为他是单干户。他靠着活命的只是一辆破旧的三轮车。有个哥哥，死了，有两个侄儿，‘没出息’，此外就没什么亲人。”这段话的开头用了“老王”，后面的“他”是“老王”的指称，最后一句话既没有用“老王”，也没有用指称和替代，而是运用了省略。如果运用替代会使句子累赘，则说明被省略项或结构项的信息量是不能强化的，因为这会降低没有省略部分的信息量，影响交际效果。因此，省略可以加强最后一句的表达效果，引起读者的注意，形成阅读焦点。这样读者就将阅读中心和焦点集中在“有个哥哥”一句上，从而产生老王亲人在世的想象，感到老王还有一个依靠，但是后文的“死了”，又将读者对老王的想象打破，在这一立一破中，使人了解老王凄惨的身世。

(三)词汇衔接

语篇衔接的另一个重要手段是词汇的衔接,即同现和复现。同现是在一段文本中出现的词汇集中指向同一个概念或主题的现象,这些词汇之间的关系常是反义的或互补的。复现指的是某个词以本词、近义词或以其他形式反复出现在语篇中,目的是衔接与连贯语句。

例如,统编初中语文七年级上册第 2 课《济南的冬天》。作者以洗练的文笔,生动形象地描绘了济南冬天独有的纯净而温馨的美。开篇以作者自身的经历,通过对比北平、伦敦和热带,突出了济南冬天温晴的奇迹,接着,浓墨重彩地描绘了冬天济南山和水的特点。对于刚升入初中的新生,在阅读中,如何整合篇章中济南冬天的整体及山、水的特点,是学生学习的难点。如果从词汇衔接的角度出发,我们就会发现,每段之间类似的词语会形成一个词汇上的重合,造就了语义上的衔接和连贯。例如,第 2 段出现了“暖和安适”,第 3 段出现了“小摇篮”“暖和”“温暖”“慈善”,第 4 段的“秀气”,第 5 段的“卧着”,第 6 段的“热气”,这些词可以提炼出一个意思——温晴。

这些复现词语的出现,既将语篇衔接成了一个完整的整体,又鲜明而集中地凸显了文章的主旨。学生在阅读中,抓住这些同现和复现的词语,就能够从整体上准确把握语篇的主旨。

二、语篇信息

语篇是用来表情达意的,解读语篇的基本任务就是传递、理解语篇的基本意义。为了更好地实现这一目的,在具体的语篇制作中,作者必须要注意信息与语句排列的关系。人的认知和表述,基本上遵循由已知到未知的顺序。在表述的过程中,一个句子或者段落总是先说已知信息,再说未知信息。布拉格学派的创建者马泰休斯从实义切分语句:一个句子从功能的角度可以划分两个语义组成部分——主位和述位。句子的第一个成分往往是主位,它的作用是用来说明语句的主题,是语句内容的起点,也是叙述的出发点、对象或基础;述位则是对主位的叙述、描述和说明,它是叙述的核心内容。人们以主位来表示说话的出发点,代表已知信息,是处于句子最左边的成分;而述位则表示主位以外的发话者所说的其他一切成分。由此可知,传达交际双方熟悉的内容即已知信息靠的是主位,传达受话者未知的内容即新信息是由述位来完成的。在阅读教学中,分析和探讨课文中句子“主位—述位”的划分,可以帮助学生了解作者的语义意图和组织语句的手段，更好地揣摩句子形式和内容的关系。

不论是口头的还是书面的话语展开过程，都是说话人或者作者不断地选择、更换句子的主位，使表述进程得以展开、发展下去的过程。语言表述得以发展、推进，凭借的是主位的不断更换。篇章内部的这种表述上的脉络规则可以用如下公式来表示：

语篇表述展开的过程＝语篇主位选择、确定、更换的过程。

其中，“语篇表述展开的过程”或者“语篇主位选择、确定、更换的过程”其实就是“主位推进”的过程。

表面上看来，语篇结构是多样复杂的，甚至是杂乱无章的，实际并非如此。语言学的学者们通过对不同的语料进行全面、综合的研究发现，各种不同类型的篇章在主位变化、推进的进程方面都有迹可循，甚至是形成规律的。通过对这些变化和推进过程的概括和总结，可以得出不同的主位推进、变化的基本模式，也就是“主位推进模式”。结合初中语文教学的特点，主要有以下几种主位推进的模式可在阅读教学中加以运用：

（一）平行模式

第一句的主位是全语段的出发点，它不但统领第一句，而且统领全篇。也就是说，第一句的主位是此语段所有语句的主位，余下的语句是述位，从不同的角度对这个主位加以揭示、阐发。这种模式的句子或者段落将主位的描述集中起来，构成一个全方位、综合性的展示图，进而更能突出作者的某种情感和意愿。对于读者来说，抓住这样的推进模式，可以有效地理解作者情感，明白作者要表达的意愿，达到对文本的正确理解。例如：

> 提起灯笼，就会想起三家村的犬吠，村中老头呵狗的声音；就会想起庞大的晃荡着的影子，夜行人咕咕噜噜的私语；想起祖父雪白的胡须，同洪亮大方的谈吐；坡野里想起跳跳的磷火，村边社戏台下想起闹嚷嚷的观众、花生篮、冰糖葫芦、台上的小丑、花脸、《司马懿探山》。（统编初中语文八年级下册第4课《灯笼》）

作者以灯笼为引子，展开对过往有关事情的回忆。从主述位关系方面分析，第一句话中的“灯笼”是主位，后面的“犬吠”“声音”等都是述位。作者采取平行的主述位推进模式，突出了“我”记忆中有关灯笼的事情很多，一下子接连不断地涌现出来，“灯笼”成为一种文化符号，代表着乡村艺术。

（二）链接模式

“链接模式”的基本含义是，前一句的述位或者前一句述位的一部分充当后一句的主位，后一句的主位又引出新的述位。类似于修辞学上的“顶针”。例如：

> 慢慢从砾石堆上走下来，慢慢沿冰河接近冰山。这一壁冰山像屏风，精雕细刻着各种图案。图案形态随意性很强，难说像什么。（统编初中语文八年级下册第18课《在长江源头各拉丹冬》）

作者从“砾石堆”开始描写，接着引出了“冰山”，从“冰山”写到“图案”。通过一系列的描写，作者向读者徐徐展开了一幅雪山壮丽景色图，读来给人身临其境之感。

> 北冥有鱼，其名为鲲。鲲之大，不知其几千里也；化而为鸟，其名为鹏。鹏之背，不知其几千里也；怒而飞，其翼若垂天之云。（统编初中语文八年级下册第21课《〈庄子〉二则》的《北冥有鱼》）

这部分从“鱼”写起，由“鱼”到“鲲”，又从“鲲”到“鹏”，采取主述位推进模式的链接式，连续紧密地展示大鹏的伟岸强大形象以及体内蕴蓄的无限力量。读来气势雄壮。

（三）集中模式

集中模式是指，第一句的主位、述位作了基本叙述以后，第二、第三分句分别以新的主位开始，各句不同的主位都集中归结为同一述位（或述位的一部分），例如：

> 听妇前致词：三男邺城戍。一男附书至，二男新战死。存者且偷生，死者长已矣！室中更无人，惟有乳下孙。有孙母未去，出入无完裙。老妪力虽衰，请从吏夜归。急应河阳役，犹得备晨炊。（统编初中语文八年级下册第24课《石壕吏》）

第一句的主位是征兵的官吏，述位是老妇的陈词。后面的六句，分别以“一男”“二男”“存者”“室中”“老妪”等新的主位开始推动语篇的发展，各句不同的主位都集中在第一句的述位上。在暴吏的威逼下，老妇想用一家人惨痛的牺牲和一家人悲惨的遭遇来打动征兵官吏，以此逃脱兵役，并为逾墙逃跑的老翁打掩护。在哀告无效的情况下，老妇只得挺身应兵役。这种“集中模式”的语篇表述，具有强烈的感情色彩，自然而然地引发了读者对暴吏凶恶狰狞的面目和老妪悲苦哀求的神情、动作的无穷想象，丰富了文本表达的内容。

语篇学主要是从社会功能的角度来研究语言现象的，所以在语文教学中有着广泛的用途。语篇学介入语文教学必能为文本解读开拓新的路径，打开教与学新的局面。

（原文《语篇学视域下的文本解读例析》，作者薛城，载于《教育研究与评论》(中学教育教学)2021(5)，有改动。）

第三章 基于语篇分析的阅读教学

第一节　基于语篇分析的文言文教学

《普通高中语文课程标准(2017 年版 2020 年修订)》(以下简称《课程标准》)实施以来，课堂教学改革的力度越来越大，现代教学理念的渗透和对传统教学的反思都有明显体现。课改的理想状态是落实课程理念，达成课标目标，这对一线教师而言，任重而道远。很多研究者正在积极探寻、实践，不断积累经验，努力实现培育学科核心素养、立德树人的课程理想。但现阶段一线教师仍需要深入学习、理解《课程标准》，把准《课程标准》“新”之所在，只有见微知著，才能在教学实践中既能做正确的事，又能正确地做事，还能做成事。如《课程标准》第一次引入了“语篇”概念，而实际教学中尚未引起研究者和一线教师应有的重视，对语篇视角下的文言文教学研究的更少。《课程标准》对文言文教学尤为重视，增加了文言文篇目，教学要求也更高。怎样才能让文言文教学更贴合课标理念，并根据其“语篇”特征，发挥其在“文化传承与理解”中的优势？这是当下需要面对和深度研究的问题。

一、语篇、语篇分析的内涵及语篇基本类型

《课程标准》引入“语篇”，标志着高中语文学科正式吸纳了该教学理论。由于《课程标准》对“语篇”没有作具体的阐释，一线教师对何谓“语篇”，何谓语篇分析、语篇与语篇分析是何关系、语篇基本类型的划分标准是什么等内容还不太了解，教学中普遍缺乏语篇意识。要将语篇教学理论真正转化为语文教学的利器，我们就要充分了解语篇和语篇分析的内涵及语篇基本类型。

1. 何谓“语篇”

“语篇”是功能语言学研究的范畴，在功能语言学的研究视野中，语篇相当于一种交际行为，是指实际使用的语言单位，是交际过程中一系列句子或连续语段构成的语言整体。后来，以语言应用成果——语篇为研究对象的则成了一门独立的语篇学。语篇学视域中的语篇，是以语境为基础、以语言为媒介进行编码后的产品，是借助语言展开和累积意义而形成的。语篇是人们运用语言的常见形

式，是大于句子的结构单位联结而成的"篇章"，既是表达意义的语言单位，也是语言的应用成果。

语篇既可以是书面的，也可以是口头的。从形式看，语篇是大于句子的语言单位；从功能看，语篇应用于特定语境中的交际。满足语篇交际的标准有：衔接、连贯、目的性、可接受性、信息性、情境性和篇际性等。随着对"语篇"研究的深入，人们越来越清醒地认识到，作为语义集合体的语篇，其功能远远超出了纯语言学范畴，具有更为广泛的价值和意义。语文教学中的阅读、写作、口语交际等无不与语篇紧密联系，仅用"文本"概念就显得过于偏狭了，教学文本其实就是语篇，是语言应用成果。文言文无疑也是语篇，同样具备自足的交际性，每一文言语篇的功能同样在于完成交际。

2. 何谓"语篇分析"

系统功能语言学研究语篇的目的在于指导语篇分析。"语篇分析"从整体出发分析语篇，既需分析语篇的微观层面，如语篇语言、语篇信息理解；也需分析语篇的宏观层面，如语篇体裁、风格、结构、语境、主题等。语篇是语义单位，是鲜活的生命存在。语篇分析的要义在于分析出语言与其使用环境、情境及使用者等之间的一系列关系。语篇分析的重点在构建完整语篇的关键要素上，语篇分析的目的是理解语篇，包含较低层次的理解和较高层次的理解，前者指对语篇的理解，后者指对语篇的评价欣赏。

具体而言，语篇产生于语境，语篇分析也依赖于语境。语篇分析要关注四个方面的基本内容：一是衔接，指语篇的有形网络，或称为"形连"，语篇的表层结构就是衔接的具体表现，如词汇、语法、句子与语段的连接。二是连贯，指语篇的无形网络，或称为"意连"或"连贯性"。连贯指的是语篇中语义的关联，不是语篇的表面结构，而是深层次的一种联系。语义连贯十分复杂，主要是通过逻辑推理来实现的，有时则取决于说话的前提或发话者与受话者双方的共有知识等。三是超句关系，指从结构层面和意思层面，不仅要重视句子与句子之间的连贯，也要重视语段与句子的关系。四是篇章结构分析，即语篇的内容非常丰富，其组织结构、思维方式等很有限，在语篇形成过程中，所遵循的思路具有一定的惯性，如实用类、思辨类等。阅读教学中的语篇分析，实际上就是语篇学视域下的文本解读，把握语篇的指向性。如：是谁在何时、何地、何种场合发生的交际行为？交际双方的关系如何？双方期待着什么？发话人的动机和目的是什么？听众的感受和反应如何？等等。语篇分析的着力点是：借助语形特征，把准语篇的言语智慧；根据语篇的信息结构，理解语篇的思想内容；明确交际目的，了解语篇的传情达意效果。

语篇是由“语”构成的“篇”，即“语之篇”，是行为主体以语言为媒介完成的一次交际活动的完整呈现。语篇是语篇分析的原点，语篇分析需由“语”而“篇”，“语”“篇”兼顾。

3. 语篇基本类型

“语篇”这个概念在《课程标准》中首次出现，“课程结构”的“设计依据”中表述为：“学习任务所涉及的语言学习素材与运用范例、语文实践的话题与情境、语体与文体等，覆盖历来语文课程所包含的古今‘实用类’‘文学类’‘论述类’，等基本语篇类型。”

语篇学的研究目的之一就是对语篇作出分类。语篇类型是语篇分类理论的研究核心之一，语篇类型相当复杂，分类也是见仁见智，甚至派生出“语篇类型学”这一新学科。

语篇是语言学研究的基点，所以对语篇的分类最早偏向于篇章语法划分取向，而一直忽略对话类篇章，具有明显的局限性。其后，篇章分类出现了功能转向。有的学者依据语言的表达、诉求和呈现三大功能将语篇分为表达类、信息类和施为类。表达类体现形式功能，信息类体现信息功能，施为类体现诉求功能。有的学者根据语篇的侧重点将其分为四类：表达语篇（侧重编码）、劝说语篇（侧重解码）、指示语篇（侧重现实）、文学语篇（侧重语言符号）。此外，还有五分法等。综合来看，虽然分法不同，但这些分类都指向语篇的行为类型，突出语篇的交际目的，可以说交际目的直接决定了语篇类型的选择。除了篇章分类之外，语篇体裁的分类也是研究的重点，影响最大的是根据语篇的语言特色及为写作教学指导增强条理性的五分法，即叙事类、描写类、说明类、议论类、诗歌类。当然，还有根据语篇的语境焦点和认知特点等差异进行划分的五分法。20 世纪 80 年代开始，有学者将语言定义为一种交际符号，具体语言符号是能指与所指间互动的产物，根据其形式与语义的多样性，如依据结构义所产生的差别，可使用四分法进行划分。还有学者从概念结构或表层结构探讨语篇体裁类型。但这些体裁分类标准多从语篇生成的主体视角进行划分，极少从认知现象来划分，很少顾及读者视角。

我国的语篇分类方法最传统的就是文体（文章）分类。20 世纪初，受西学东渐的影响，中国文化开始由传统转向现代，很多学者都在积极探索具有现代特色的文体分类方法。1935 年，叶圣陶、夏丏尊在合编的经典教材《国文百八课》中正式确立了记叙文、说明文、议论文的文章分类三原则，更明确地将语文教学的文体系统与表达方式高度统一，对我国语篇的现代分类产生了深远影响。其后，虽然出现了四分法，如记叙文、说明文、抒情文和议论文，再如记叙类、议论类、说明类、应用类，但仍能窥见“三原则”的影响力。我国的文章分类具有以实用为取向、由繁返简、粗略混合等特点。我国现代语篇分类虽起步较晚——20 世纪 80 年代后才从语言学界引进西方语篇类型、语篇体裁，但本土化特色很显著。《课程标准》将实用类、文学类、论述类明确为基本语篇类型，既突出了语篇的文章、表达、体裁等方面的独特“功能”，也暗示了教师教学需要具备语篇意识，一定要由“语”及“篇”，由“语”起步，落实于“篇”，即以“语言建构与运用”为根基，牵动“思维发展与提升”“审美鉴赏与创造”“文化传承与理解”。

“文言文”中的“文言”显然是语体特征，“文言文”中的后一“文”则是文章之意，沿用的是文章学概念，“文言文”是约定俗成的传统名称。虽然《课程标准》没有单列“文言文”，但“‘实用类’‘文学类’‘论述类’等基本语篇类型”中都包含文言文。用《课程标准》中的“基本语篇类型”来观照文言文，文言文属于“古”之语篇，其中不乏实用的、文学的、论述的基本语篇类型。文言语篇就是“言之文”，也即“语之篇”，是特殊语篇，虽然具有混合性，但可依据三类基本语篇给某一具体文言文确定语篇类型。每一文言语篇皆是试图实现某种交际功能的语言实体，是交际成果的记录，是鲜活的生命对话的独特姿态。

二、文言文教学现状、理想诉求与语篇意识

文言文是中华民族的传统文化瑰宝，蕴含丰富的思想精髓，凝聚着古代先贤的人生智慧，是中华文化的精神血脉，是极为珍贵的文化遗产和无可替代的优秀教学资源。高中语文一直很重视文言文教学，《课程标准》不仅增加了文言篇目，对教学也提出了更高要求。统编版教材选入的文言文都是文质兼美的名篇，教好这些文言文对于培养学生的语文核心素养，丰厚其文化底蕴，健全其人格等都具有深远意义。

1. 文言文教学现状

对于文言文教学，教师一般都很重视，学生也不敢怠慢，但教学内容和方法往往不尽如人意，可以说现状堪忧。

（1）文言训练学究化

文言文教学历来重视“言”的梳理和积累，这无疑十分重要也非常必要，但教什么、怎么教与学什么、如何学才是关键。在教学中，文言训练越来越趋向学究化，陷入艰深、枯燥的窘境。如教学文言实词、虚词时教师都喜欢条分缕析、不厌其详，近乎古汉语研究，远远超出了“浅易”的要求。对于相关内容，教师未必真的做过研究，教得枯燥乏味，学生并不知其所以然，学得望而生畏。学习效果更

是乏善可陈，一旦进入陌生语境，学生还是显得手足无措，严重影响阅读效果。

文言训练的学究化忽视随“文”释“言”，“言”不离“文”的“言之文”原则，造成对“言”的极度放大，学习者获得的是没有活力的古汉语知识，有的甚至形成了“肌肉记忆”，如一遇到语气词，就从陈述语气、疑问语气、祈使语气、感叹语气中找答案，根本不去涵泳，不去体味，导致学生无法领悟其运用的妙处，早已把“言之文”的“文”抛到九霄云外。

（2）文本讲解碎片化

文言文与当代中学生有着天然的时空距离，教学时有必要花时间扫清各种阅读障碍，提升阅读效果。如果缺乏整体意识，就会导致学习者的收获呈碎片化。

当下的文言文教学，注重整体认知的并不多，重视深度体验的更少，陷入了畸轻畸重的现实困境，技术化、碎片化的教学成了一种常态。比如“串讲”这一传统教学大多异化为文字学、文章学、文艺学的卖弄，缺乏整体框架内的统筹设计。有时为了迎合所谓的“生成”，教师毫不顾忌教学已偏离本课的核心价值和必须达成的学习目标，将本该完整理解的内容分割成许多小块，拆分成多个元素逐一讲解，且不关注部分与部分之间的联系，让学习者在碎片化的认知中获得片刻的快感。

（3）资源利用浅表化

每一篇文言文都是极为重要的教学资源，与之有关的文献资料、互文性文本等也都是重要的教学资源。但教师对资源的利用还基本停留在浅层次、低阶水平，缺乏对课文自身、文献资料、文本属性的深度认知，不能恰当地利用这些优质资源引导学生走向高阶思维，进而把握知识之间的有机联系，实现深度教学。

文言文教学中要重视“知人论世”，这是非常必要也很有意义的，因为“知人论世”能更准确地把握文本形成的历史文化背景，能引导学生更准确地走进文本世界，走进作者的心灵世界。但在实际教学中，教师把这类资源大多放在教学开始，学生的注意力被“故事”吸引，这样的方式，反而淡化了学生对文本的认知。有的作者为同一时间的同一活动或同一题材撰写了不同的文本，构成了互文间性，但教师在教学中大多未能充分挖掘其资源价值。如苏轼的黄州作品，有前后《赤壁赋》《念奴娇·赤壁怀古》，若三文互参将会使学生对作者 1082 年的生命感悟有更深层次的认知，但教学时教师往往不够重视，未能作整体观照。资源利用的浅表化，必然导致学习结果的浅表化。

2. 文言文教学的理想诉求

选入统编教材的文言文都具有课程性，既渗透着课程理念，也有着明确的教学指向，是经过教学化处理的特殊语篇。教学文言文就是教课程，就要有课程理念和课程视野。教材中的文言文都是历代的经典，有其独特的精神内涵、审美追求和文化价值。每一篇文言文都是特殊语境下的交际成果，有着特殊的语体特点、文体特质和传意功能，具有极高的文化传承与理解价值，发掘其具体价值，让学生学有所得、学以致用是教学应承担的重要责任。

按照《课程标准》的基本语篇类型看，文言文是特殊语篇。有的文言语篇类型清晰，如“记”是文学类语篇，“说”是论述类语篇，有的虽没有标志，但语篇类别也很明显，如《劝学》具有论述特征；有的文言语篇是混合型的，复杂而兼有多重类别，如“疏”“表”本属实用类，但兼有很浓的文学性和思辨性。从学习任务群视角看，文言语篇有的分散于“文学阅读与写作”“思辨性阅读与表达”“实用性阅读与交流”等学习任务群，有的集中于“中华传统文化经典研习”“中华传统文化专题研讨”等学习任务群。

文言语篇承载着学科本体知识，有丰富的文化内涵，传递着重要价值取向和思维方式，是“立德树人”和培育学生学科核心素养的重要载体。教学“文学类”文言语篇，教师需要引导学生“理解欣赏作品的语言表达，把握作品的内涵，理解作者的创作意图”，培养学生“从语言、构思、形象、意蕴、情感等多个角度欣赏作品，获得审美体验，认识作品的美学价值，发现作者独特的艺术创造”的能力。教学“实用类”文言语篇，教师需要引导学习者进入交际语境，深入理解作者的身份和话语意图，以“丰富学生的生活经历和情感体验，提高阅读与表达交流的水平”。教学“论述类”文言语篇，教师需要引导学生在“思”与“辨”上下足功夫，“把握作者的观点、态度和语言特点，理解作者阐述观点的方法和逻辑”，增强学习者“思维的逻辑性和深刻性，认清事物的本质，辨别是非、善恶、美丑，提高理性思维水平”。

文言语篇是“中华传统文化经典”，教师在教学时需要加强“研习”和“专题研讨”，引导学生在阅读中积累文言经验，增进对传统文化经典的理解，“培养民族审美趣味”，“提升对中华民族文化的认同感、自豪感，增强文化自信”。教师通过对专题的深入研讨，加强学生的理性思考，加深他们对传统文化经典核心思想理念和人文精神的认识、理解，“增强传承、弘扬中华优秀传统文化的自信心、责任感”。

不同类型的文言语篇或分属于不同学习任务群的文言语篇，可以为学习者提供更多个体认知和独特体验，也为教师丰富教学内容和组织多样的学习活动提供了丰富资源。教学要“去学究化”，让学习者在具体的文言训练中切实感受到中华文化的厚重感和独特的言语智慧；教学也要“去碎片化”，让学习者在阅读过程中学会阅读文言文，“体会中华文化的博大精深、源远流长，体会中华文化的核心思想理念和人文精神”;教学还要“去浅表化”,让学习者在对优质资源的探究比照下,走向深度学习,准确传承和理解传统文化。

3. 文言文教学需增强语篇意识

很显然,文言文教学出现困境的根源在于教师教学缺乏语篇意识,将“文言文”简化为“文”“言”,在具体讲“言”时又走向另一极端,趋向繁杂,面对真正的文言文之“文”时,又隔靴搔痒,资源成了摆设。这个问题如何解决呢?增强语篇意识是实现文言文教学理想诉求的关键路径。只有渗透语篇意识,根据文言文隶属的不同基本语篇类型和学习任务群进行顶层设计,才能走出文言文教学的困境,实现其理想诉求。

文言文是特殊语篇,教师教学文言文急需增强语篇意识,吸纳语篇分析理论的成果。语篇分析视角下的文言文教学不仅能有效改变扭曲的“学究化”“碎片化”“浅表化”之风,而且可以使文言文教学在传统和现代之间找准交会点,让学习者体验多模态语篇的意义和美感。

增强文言文教学的语篇意识,自觉关注文言语篇,让文言文教学更具本体性,既能凸显文言文自身的独特性,也能在学科的“语言建构与运用”等本体性追求中取得理想效果。教师应引导学生用文言语篇的思想,由“言”及“文”,因“言”明“文”,以“文”解“言”,“言”“文”相融,从而进入悟“道”的境界。这样的教学既可自觉地超越语言学的文言词语、句子、语法分析,也能超越文章学的文章分析和文艺学的文本分析,在解构和重构中深入体验文言文独特的言语智慧、典范的思维品质、高雅的审美情趣、可贵的文化关怀,从而充分发挥经典文言文在当下的教学意义,培育学生的学科核心素养。

增强语篇意识,我们就会走出文言训练的“学究化”,但其目标是通过对语篇言语呈现方式的感受、思索、评鉴,引导学生从“这一例”中发现带规律性的“类”现象,理解和掌握言语的语义,体验语篇的言语智慧,完成自我建构。同样是文本讲解,不仅要引导学生读懂、读通、读深“这一例”,更需要从语篇功能视角引导学生完整地理解语篇的特定语境,即真实的交际情境是如何体现“此时此地之语”“此时此地之义”的,是如何影响交际效果的,并通过活动设计或问题引领的方式,引导学生理解语篇主题与语言特点,分析语篇体裁与语篇结构,领会语篇意图与价值取向,将语言学习与意义探究融为一体。增强学生的文言语篇意识,就会使他们对文言语篇的语篇间性尤为重视,充分挖掘文言语篇资源,不断还原语篇情境,并充分利用好文献资源,以加深对文本的理解。

增强文言语篇意识,就要既重视“语”也重视“篇”。因此,面对每一文言语篇,既关注“语(言)”,也关注“篇(文)”,知道“语”是不能脱离“篇”的“语”,“篇”是

"语"的展开而完成的"篇",文言语篇是鲜活的生命对话的独特姿态。文言语篇中的"言"是"文"的载体,不识"言"就无从解"文",不识"文"就无以明"道"。言、文、道相辅相成,才能上出文言文的本色,上出语文的特质。

三、语篇分析可实现"言、文、道"三位一体教学

1. 语篇分析为文言文教学开辟新路径

语篇分析对文言文教学的意义非同一般。文言文是汉语言经过复杂编码而形成的,其语篇密码丰富而繁杂。汉字是表意的,汉字与汉字动态组合后的言语系统——文言文的表意就更具隐蔽性和丰富性,也为理解带来了很多选择性,作者直白地告诉读者的内容也许容易被了解,但那些作者故意隐藏的,有多重言外之意的内容则一般不易为人所知。作者的主观意图也许就只能由那些与自己产生共鸣的读者来解密,即司马迁所说的"传之其人"也。语言是不断演变的,其书写系统和传意方式都在不断发生微妙变化。文言文的语体和言说方式与现代文也有很大不同,自然给现代读者带来了一些阅读障碍,如果不进入语境和语域,就不能完整地把准语义,有时甚至会产生误读。借助语篇分析的极大优势,读者能够有效地还原情境,更便于真切地触摸语篇生成的初始交际状态,揭开其潜藏的秘密。阅读文言文的过程就是对语篇积极询问的过程,就是试图通过解析文言文的信息编码以获得语篇含义的过程,也是围绕文言语篇开展积极主动交流互动的过程。语篇分析视角下的文言文教学会对文言文进行有序解码,从而更容易揭开其隐藏着的独特文化密码。

语篇分析的独特方式为文言文教学提供了新路径。长期以来,文言文教学一直饱受诟病,主要是对"言"与"文"的关系认识不清,教学中常常顾此失彼。高品质文言文教学虽知道既重视"言",也重视"文",由"言"而"文",倡导"言""文"兼顾,却几乎忽视对文言文"道"这一核心的清晰探寻。对文言语篇而言,"言"以成"文","文"以载"道"。也就是说,没有"言","文"就失去了依托;没有"文","言"就失去了意蕴;没有"文","道"就失去了根基;没有"道","文"就失去了灵魂。因而,真正有品质的文言文教学应该既关注"言",也关注"文",更关注"道",否则教学就会走向碎片化和浅层化。语篇分析聚焦于"言之文"及其功能,会对文言语篇的"言、文、道"全面观照,并对其解码与评鉴。教学文言文时,教师会自然而然地做到"言""文""道"三者并重,从而把准文言文阅读的要脉,让学生进入特定文化语境去感受文言之美,感悟文化之美,获得有意义的生命体验。

2. 教学文言语篇需要由“言”而“文”，因“文”见“道”

语篇分析可以实现文言文“言、文、道”三位一体的教学。语篇分析强调从语篇的语形特点、信息结构、交际功能等角度介入，对具体语篇进行多视角分析。作为教学语篇的文言文，需要由“言”而“文”，因“文”见“道”，通过作者所架构的言语通道，让学生走进语篇，走近作者，完整深刻地理解文言语篇的思想内容、言语智慧、传意效果，发展和提升自身的思维，强化审美体验，增强文化自觉。

(1) 文言语篇教学应重视“释言”

“言、文、道”三位一体的教学与语篇分析的基本架构一致。文言文教学首先应重视“释言”。这里的“言”，既指字与词，也指构成文言语篇的符号系统，即言语形式。对于阅读文言文来说，如果不能准确地理解“言”，就不可能理解“文”，更遑论“道”了。在文言文教学中，只有解决了“释言”问题，才能顺利开展“解文”和“悟道”等后续的文言文阅读活动。语篇分析首先须关注“语形”，“语形”虽然与文言文传统教学所指的“言”有一定重合性，但不完全相同。语篇分析视角下所关注的“语形”比“言”的内涵丰富得多。语篇分析当然要尊重文言语篇“言”的基础性，但更应重视文言语篇中语形之“功能”，通过语篇的语形特征去窥见作者的言语智慧，了解作者的思维、审美特点及文化底蕴，并能在具体的交际情境中灵活运用。语形功能具有多元性，既是作者交际艺术的外在形态，也是作者思想智慧的内在体现。掌握了文言语篇的语形功能，就容易从整体上了解作者谋篇布局的特点，把准文脉、文情，更容易展开真实的对话与交流。如选自《左传》的《烛之武退秦师》，开篇说“晋侯、秦伯围郑”，对于“围郑”这一历史事件的主导者表述十分清楚，但烛之武一见到秦伯就说：“秦、晋围郑，郑既知亡矣。”竟有意将“晋秦”说成“秦晋”，足见烛之武的智慧过人之处。“秦晋”之言不仅暗暗地将秦穆公捧为主导晋的权力者，更是把秦穆公高抬为郑国命运的主宰者，“秦晋”之言正是烛之武在当时语境下颇具智慧之言，不但不会激怒秦穆公，而且会让秦穆公听后感到十分惬意。可见语形是一种有步骤、有目的的交际策略的表征。教师教学文言语篇时如能讲究以少胜多，并尽可能让学生理解文言语篇的“所指”和“能指”，就能为整体理解语篇的信息结构和传意效果打下坚实的基础。

(2) 文言语篇教学应重视“解文”

文言文教学的“解文”须建立在“释言”基础之上，解的是“言之文”。从语篇分析的视角看，教学语篇中的文言文在意义的完整性上与现代文高度一致，交际主体仍然在场，都有可确定的交际对象，是“我—他(我)”之间进行的一次有意义对话，字里行间呈现的是彼此的真诚倾诉。对于这样的语篇，如果能重视其语义功能和信息结构，就可以领会语篇的信息所指和话语意图，由“言”而“文”，把握语篇的整体内容，掌握语篇的思想主题，了解作者的价值取向，在与作者的对话与交流中，进入作者的内心世界。教师应引导学生通过对新旧信息的比较分析与品味，解开作者的信息密码，走向新的意义生成，提升思辨能力，去发现文言语篇的核心价值和当下意义。如《荀子·劝学》的首句是“君子曰：学不可以已”。文中还有一句“善假于物也”，教学时不只要对“君子”“善”进行准确释义，更重要的是要借助“君子曰”弄明白这是最为切题的“劝勉”，从而理解“劝学”之意，借助“善”进一步理解全文不是一般的“劝勉”学习，而是意在强调“学”而须“善”。只有“善学”，才会取得“至千里”“绝江河”的巨大成就。语篇分析对文言之“文（篇）”功能的多重揭示，须臾离不开“言”，否则，对“文”所作的语篇分析就一定是空洞抽象的。

（3）文言语篇教学还须重视“悟道”

“道”即文言语篇的核心价值，指向特定时代的价值观念、文化取向与审美风尚，是文言语篇的思想和艺术精华之所在。重视“道”的教学，才能更好地体现文言文教学传承与创新的文化使命。语篇分析很重视传意功能，重视文中清晰的自我身份、明确的交际对象和话语重心及主旨等，这与文言文教学中所追求的“道”是高度吻合的。对文言语篇而言，从“言”到“文”再到“道”，暗含着为何这样写的问题。文言语篇只有达到了语形、语义、传意的高度统一，才能达成语篇的理想交际效果。文言语篇的传意功能是极具艺术魅力的，需要通过解码与评鉴去发现、领悟。文言文教学让学生明道，这就更有利于学生了解优秀传统文化，从中汲取民族智慧，并自觉地用优秀传统文化滋润心田，丰富自己的精神家园。

文言语篇的传意效果取决于其“道”的深度和艺术性。“道”既是作者的写作用意所在，也是作者想要表达的核心内容。文言语篇的话语系统决定着传意张力的大小，其语境、语义和语蕴都渗透着“道”。如在“晋侯、秦伯围郑”教学中，教师应重点引导学生理解“围”字的含义，由“天子不合围，诸侯不掩群”明确古代田猎的规矩：天子打猎不应四面合围，诸侯打猎不应把成群的野兽全部杀光。田猎如此，国何以堪？两个大国合力包围一个小国、弱国，完全悖“礼”！接着，引导学生理解大兵压境，围而不打，意图何在？无非是想不战而屈人之兵，从心理上摧毁敌人，以达到自己不可告人的目的。这些都体现了《左传》的文化价值取向：重礼。

语篇分析视角下的文言文教学能更好地让学习者深切地体验到文言文中“言”的特点、“文”的规律和“道”的所在，实现“释言”“解文”和“悟道”三位一体教学。

四、语篇分析视角下文言文教学的实施路径

语篇分析对于文言文教学的价值和意义是巨大而深远的。面对语篇分析视角下的文言文教学，教师需要以文言文教学语篇为凭借，通过对文言文语篇的“言、文、道”进行解码、评鉴，引导学生进入深度学习，领悟作者的语言智慧、思维策略、审美境界、文化视野等，不断使他们积累阅读文言文的经验，增强他们阅读文言文的能力，培育学科核心素养。具体而言，面对具体的文言文语篇，语篇分析视角下的实施路径主要有：把准语篇类型特点，明确教学核心价值；创设真实教学情境，借助任务驱动学习；采用语篇三重分析法，丰富学生的阅读体验。

1. 把准语篇类型特点，明确教学核心价值

文言文语篇是以文言为载体完成的有显著历史印记的交际成果。不同的文言体裁有不同的交际目的，刘勰《文心雕龙·章表》云：“章以谢恩，奏以按劾，表以陈请，议以执异。”章、奏、表、议等的体裁分工非常明确。不过，文言文语篇的类型特点有的很明显，有的则不易判定。就一般情形来说，“赋”“辞”等是典型的文学类语篇，“表”“疏”等是典型的古代公文类（实用类）语篇，“说”“论”等是典型的论述类语篇。也有不少文言文语篇的类型归属具有不确定性，如“书”“记”等。它们虽趋向于实用，但有的文学性比较突出，有的论述性比较突出，这给教学带来了一定挑战。即使是人们已经相当熟悉的古代某文体，有时也有变体，如“赋”的特质是“铺采摛文，体物写志”，行文往往采用主客问答式，像欧阳修的《秋声赋》；也有不用主客问答式的，像杜牧的《阿房宫赋》。不同语篇体现不同的交际艺术，不同的交际艺术产生的交际效果也不同。

各类文言文语篇为文言文教学带来了许多便利，如为理解语篇内容提供了一般性规律，为认识文言文语篇行文特点提供了典型的范式，为学生积累阅读经验提供了很好的资源。教师在教学文言文时把准语篇类型，既有利于借助读一篇文言文而知一类文言文，也可以通过“篇际性”的特点，借他山之石来攻玉，教会学生掌握阅读文言文的特殊方法。教学过程中既要按类行事，引导学生发现规律，掌握规律，提高阅读效率；也要因篇而论，防止死搬硬套，引导学生发现“这一类”“这一篇”的共性与个性，根据不同的阅读要求和目的采用不同的阅读策略，让学生的学习有所获、有所得。

从《普通高中语文课程标准（2017 年版 2020 年修订）》中“学习任务群”的确定来看，文言文语篇归属“中华传统文化经典研习”和“中华传统文化专题研讨”，后者是在前者基础上的提升。但其他学习任务群也有不少涉及文言文语篇的，

如“语言积累、梳理与探究”中就提及“梳理文言词语在不同上下文中的词义和用法，把握古今汉语词义的异同”“做到对中华优秀传统文化作品的准确理解”。“文学阅读与写作”“思辨性阅读与表达”等学习任务群中所说的“古今中外”的“古”就包含文言文语篇。从《普通高中语文课程标准(2017年版2020年修订)》的要求来看，文言文语篇的教学核心价值在于：阅读经典，认识“中华传统文化的精深和丰富”，“体会其精神内涵、审美追求和文化价值”，理解经典“对中国文化发展的贡献”，积累经验，传承经典。这些核心价值是教学必须达成的目标，教学文言文语篇必须紧紧围绕这些核心价值展开，培养学生的民族审美趣味，增进他们对中华优秀传统文化的理解，使他们“增强文化自信，更好地继承和弘扬中华优秀传统文化”。

2. 创设真实教学情境，借助任务驱动学习

长期以来，文言文教学几乎是在枯燥、生硬、单一的境况中徘徊。原因之一是：教师教学中既罔顾文言文语篇自身的真实情境，又懒得创设引导学生进入学习状态的真实情境。在缺乏真实的“个人体验情境、社会生活情境和学科认知情境”中怎么能做到以境激学、以教促学呢？如果文言文教学能重视创设真实教学情境，营造良好的教学氛围，就有助于激活学生的学习热情。就文言文语篇的交际功能而言，情境是不可或缺的交际场，故情境自然成了语篇分析的重要基点。语篇分析的目的之一在于还原作者的交际过程，通过对具体语篇所呈现的交际情境，深入语篇内部去把握各交际对象的身份及具体交际行为，理清语篇的行文思路，认识语篇的结构特点，了解语篇的话语意图。只要专心致志地阅读文言文语篇，就很容易体会文言文语篇中具体而真切的交际情境，如司马迁《鸿门宴》的开头就是鲜活的场景：“沛公军霸上，未得与项羽相见。沛公左司马曹无伤使人言于项羽曰：‘沛公欲王关中，使子婴为相，珍宝尽有之。’项羽大怒曰：‘旦日飨士卒，为击破沛公军！’”再如李密《陈情表》中“诏书切峻，责臣逋慢；郡县逼迫，催臣上道；州司临门，急于星火。臣欲奉诏奔驰，则刘病日笃，欲苟顺私情，则告诉不许。臣之进退，实为狼狈”等语句，完整地呈现了李密“进退狼狈”的真实情境。文言文语篇所展示的情境虽然大都与现代生活有距离，但采用语篇分析则能引导学生很快进入语篇自身所呈现的交际情境，从而顺利走进文言文，进入真实的阅读状态。

当然，教师还要善于营造真实的教学情境，以便学生快速进入文本。如教学选自《孟子》的《齐桓晋文之事》，就可以创设这样的情境：某辞书出版社要出版古代文化方面的词典，现正在征集词条，邀请你根据文本内容为“王道”和“霸道”两个词语撰写词条。借由这个任务，学生会很自然地进入文本情境，主动阅读，理

解内容。可惜，在现实教学中很多语文课都生硬地插入诸如“作者简介”“写作背景”等，且美其名曰“知人论世”。其实教学要充分利用学生已知的学习资源，巧妙介入，让学生自然进入学习情境。如教学《赤壁赋》，教师还要喋喋不休地介绍作者和写作背景吗？学生初中已学过《记承天寺夜游》，记作者被贬黄州的一个生活片段，若能调动学生的阅读经验，就能很好地展示《赤壁赋》的写作背景：两文写作时间前后相距一年多，这就构成了难得的“篇际性”，彼此呼应，能很好地激活学生的真实个人体验情境和学科认知情境。教师发掘和运用的教学情境既不能空穴来风，也不能画蛇添足，一定要坚持必要、适当、谨慎等原则。只有发掘符合学生需求的学科认知、个人体验、社会生活等真实的教学情境，才能更好地调动学生的行为参与、情感参与和认知参与的积极性，使他们主动而自觉地投入学习活动，让学习真实发生。

文言文教学要发挥学生学习的积极性和主动性，就得让其明白“我需要做什么”和“怎样正确地做”，使学生在具体的文言文语篇场域中独自开展或合作开展实践活动。因而语篇分析视角下文言文教学必须借助任务驱动学习，让学生在任务驱动下达成学习目标。如教学《赤壁赋》可设计这样的任务：找出文中的三个宾语前置句（何为其然也、而今安在哉、而又何羡乎），联系上下文，比较各句末尾语气词所表达的情感差异，讨论交流苏轼在文中所流露出的情感轨迹，从语形入手，进而解文、悟道。在具体任务驱动下，学生能学有抓手，学有所获，能享受探索发现的学习过程。同时，教学的过程不应唯完成任务而教，而是借助完成特定的学习任务让学生学会阅读，学会表达，学会学习。

3. 采用语篇三重分析法，丰富学生阅读体验

文言文教学语篇是开展教学活动的最为重要的信息源，教学时既要善于挖掘语篇自身有价值有意义的内容，又要考虑教学的需要性和可行性；所教既是该教的，也是能教的；学生所学既是必学的，也是可学的。语篇分析视角下的文言文教学一定要以语言为根基，搞清楚谁写的、写给谁看（交际双方的身份），如何写的（衔接手段、逻辑联系、表达艺术等），写了什么（信息内容）以及写得怎样（表达效果）。要解决这些问题，不能浮于表面或不着边际，需要脚踏实地、落实到位。教学时可采用语篇三重分析法，从而让教学更精准、更有深度、更有品质，不断丰富学生的阅读体验，启发学生进行深度学习，确保教与学的高度契合，取得良好的教学效果。

第一重分析，讲懂“语”，让学生感受语篇的言语智慧。教学文言文语篇必须从语言出发，通过语境读懂语义，主动积累、梳理和整合，逐步掌握古代汉语的特点及运用规律，“沟通古今词义的发展关系”“避免用现代意义理解古义”，丰富语

言实践，形成个体的言语经验，并运用于具体的交际情境中。教学时，尤其要引导学生读懂关键之“语”，准确理解其所指和能指，这样才能更好地走进文本的言语世界，准确领悟作者的言语智慧。如教学《烛之武退秦师》时，若能对那些事关历史事件走向和人物形象的“言”格外重视，往往能起到“牵一发而动全身”的作用，收到事半功倍之效。上文已提及几处，这里再举一例。“执事”本指身边的办事人员，但这里并不是对执事说话，而是以卑微代指尊贵，是对秦君（秦穆公）的恭敬之称，显得气氛和谐而又文雅有致，表现出的是烛之武的有礼有节、不卑不亢。

第二重分析，讲透“篇”，让学生理解语篇的主要内容。文言文教学要强化“篇”意识，而且力求讲透“篇”。讲透“篇”的关键是不能面面俱到、细大不捐，而要瞄准“篇”的警策之处，即“居要”之“片言”。教学过程中要以“居要”之“片言”为载体，深入作者所构筑的交际场域，深刻理解语篇的信息意图，了解作者的情感生活和精神世界，透彻理解语篇主旨，把握作者的理性人格。如教学韩愈的《师说》，若能在“篇”的意识下对“古之学者必有师”和“圣人无常师”重点解码，我们就会发现“必有师”和“无常师”正是“篇”的警策之处，综合这两句不难发现文章的核心观点是“学必有师而无常师”，也就容易理解韩愈深情呐喊之要义所在，作者不仅是“古道”之捍卫者，也是“从师”之说的承前启后者。

第三重分析，讲通“语篇”，让学生体悟语篇的传道艺术。教学文言文，既要重视从“语”的视角窥“篇”之一斑，也须从“篇”的高度理解“语”之智慧，更需要对“语篇”的衔接性、信息度、可接受性等进行整体观照，让学生多视角体验语篇独特的言语世界、经验世界、情感世界及理性世界，从而完整地理解文言文语篇的语言、思维、审美和文化特质，由“这一语篇”通向“这类语篇”，并在体悟中获得精神成长。语篇既是一个自足的交际系统，也存在大量的篇际性。教师讲通具体“语篇”，学生不仅能更真切地体悟“语篇”的“道”之所在，而且会深切体悟到作者传“道”之高妙，因此受益终身。如借助陶渊明《归去来兮辞（并序）》中的“归”，学生可以读懂诗人艰难而审慎的重大抉择，读透由“归心”到最终的“心归”，读通作者受伤的痛苦的“心”在孔子、屈原等先贤的影响下，变得“悟、觉、审”，并追随先贤，走向高境界的这一路径。

《普通高中语文课程标准（2017 年版 2020 年修订）》引入“语篇”概念具有深远的课程与教学论价值，对改造被急功近利环境所扭曲的文言文教学具有深刻的现实意义。汲取语篇分析成果并灵活运用于文言文教学，不仅能使文言文的课程性特质更为明晰，更好地开发和利用好文言文这一优质资源，而且能充分激发学生学习文言文的潜能，很好地传承和理解中华传统文化经典，有效培育学生的学科核心素养。

（原文《语篇分析视角下的文言文教学》，作者刘宏业，载于《中学语文教学参考》2024(17、21、25)，有改动。）

第二节　基于语篇分析的游记散文教学

在言语交际的过程中，为了更好地让受话者接受和明白言语者的意图和情感，言语者必须对自己的话语进行有效的组织，使其符合言语的表达规律，这就是话语生成或建构的过程。也就是说，语篇建构过程存在着一些可并置、可缀联、可套接的组构单位。语篇分析研究的对象是交际中的语言，它涉及的是语言与其使用情境之间的关系，并通过这种关系来体会言语者表达的情感和意义。游记散文作为语篇，具有语篇的基本特征，也符合语篇的基本规律。因此，游记散文阅读教学可从语篇的角度去把握。

一、语篇衔接

语篇学范围内的"衔接"一词最早是由韩礼德提出的，衔接是一个语义概念，是"表达小句间和小句以上单位意义联系和把语境与语篇联系起来的谋篇意义"①。衔接主要包括替代、省略和指称关系等。其中，省略和替代是两种重要的衔接手段。省略，语篇中某些句子中一些基本的结构成分存在缺省，但是所缺省的部分可以通过上下文找到相照应的项目，为读者理解和补充这些缺省部分提供理解上的参考或依据。替代就是语篇中上下文中的某些内容用词语来替代的情况。替代既可以使语言简洁，也可以使两个相关的篇章局部相互衔接：要理解含有替代形式的语句的意义，就必须从上下文中寻找被替代的语句。省略和替代最基本的功能特征就是语言表述过程经济和简洁，但是，任何省略和替代都必须保证言语交际过程的畅通无阻。

运用衔接理论来分析语篇，我们可以很清楚地了解作者的写作思路和写

① 胡壮麟. 新编语篇的衔接与连贯[M]. 上海：华东师范大学出版社，2018：18.

作意图。例如,梁衡的《壶口瀑布》就可以从衔接的角度来分析移步换景和定点观察。如果将文章第3段中的省略和替代补充完整,我们可以看到如下文字:

> 第二次我专选了个枯水季节。春寒刚过,山还未青,谷底显得异常开阔。我们从从容容地下到沟底,这时(沟底)的黄河像是一张极大的石床,(石床)上面铺了一层软软的细沙,(细砂)踏上去坚实而又松软。我一直走到河心,原来河心还有一条河,(河)是突然凹下去的一条深沟,当地人叫(深沟)"龙槽",槽头入水处深不可测,这便是"壶口"。

这段文字描写了作者第二次去看壶口瀑布的场景。作者按照"沟底—石床—细沙—河心—深沟—龙槽—槽头"的顺序边观察边行走,是按照移步换景的行踪来描写的。补充后的句子显示了文本的"最初"面目,清晰地恢复了作者的行文思路。同时,也为学生的想象提供了很好的"支架"。从文段中,也可以感受到作者想要近距离接触和观察壶口瀑布,领略、欣赏、感受大自然中层出不穷的美景的审美情怀,这是作者抒发情感的基础。

二、词汇重复

作为语篇的重要组成方式之一,词汇重复可以分为两大类:同现和复现。同现是指在一段语篇中很多词语共同围绕着同一个概念或主题展开的现象,这些词汇之间的关系常是反义的或互补的。复现指的是某一词以原词、在语义上相近的词或其他形式重复出现在语篇中,使句子达到衔接与连贯。例如,《登勃朗峰》中"在逗留高地、向山下的阿冉提村进发之前……仿佛身披霓裳羽衣的纯洁天使"部分,作者以充满动感的笔调,具体而形象地表现出峰巅云彩在阳光和山风中的变换无穷,令人读之神往。之所以会给读者这样的阅读感受和体验,词汇重复技巧的运用,起着很重要的作用。在这段中,出现了"色彩斑斓""五光十色""粉红嫩绿"这些色彩融合、五颜六色的词汇,激发了读者的想象,使描写的静态景色给人以色彩繁多的印象;而"相互辉映""相互交融""无穷变换""纷至沓来"等具有动态的词汇的重复,使读者脑中的静态景物动起来,具有了动态美。静态和动态景色的融合,在读者脑中形成了变幻无穷的阅读体验。

三、话题链

心理学研究表明，方位模式是两个或更多对象（或对象的不同部分）和大脑中的形式之间的相对位置关系。在观察认知对象的过程中，我们必须始终根据选定的参考点确定我们想要观察和识别的方向，从而建立相应的、稳定的空间关系。以这种方式构建的主题链被称为“链式主题链”。因此，在构建话语的过程中，表达必须遵循这种基本的认知模式。

例如，阿来的《一滴水经过丽江》讲述和描写了“一滴水”的经历。从空间和时间的维度，以“一滴水”的视角描写了丽江的地理环境、自然风光、历史发展、当代风貌、文物古迹、地方风俗和人民的生活状态等。但是，如果我们仔细阅读，认真梳理作者的写作思路，就会发现文中的空间维度是主线。

第一部分是从上而下的空间顺序，从雪峰直入地下。这一部分标志空间维度的词语有“玉龙雪上顶上”“缓缓向下流动”“扑向山下”“经过”“奔流到了丽江坝放牧着牛羊的草甸上”。从“顶上”到“扑向山下”再到“奔流到草甸”，这就是一个从上到下的空间主题链。在这个主题链之下，所有的描写都是从上到下的：“一路上，经过了许多高大挺拔的树。名叫松与杉。还有更多的树开满鲜花，叫作杜鹃，叫作山茶。经过马帮来往的驿道，经过纳西族村庄里的人们，他们都在说：丽江坝，丽江坝。那真是一个山间美丽的大盆地。”从“树”往下到“鲜花”，再往下到“丽江坝”，形成一个动态的流动视角，读者也跟着这滴水，去感受和欣赏一路的美丽景色和丽江的沧桑历史。

第二部分则采用水平移动的空间顺序。从“闸口—大水车—玉河—小桥—小店—玉器店—院子—书画店—水壶”，最后回到河里，这是一条完整而清晰的路径。在这条路径上，丽江的风土人情和当代风貌一一展现出来。尤其是“我经过叮叮当当敲打着银器的小店……经过售卖纳西族东巴象形文字的字画店”。采用了指称聚焦的语篇技巧，以空间的变化，将银器、翡翠、老者、音乐和文字等富有诗性和丽江意味的意象连缀起来，如流水般流畅而灵动。这些意象的组合，使得文字具有了灵性，给读者留下丰富的想象空间。

如果把阿来的小说比作崇高厚重的巍巍昆仑，那么他的散文就是涓涓流淌的溪流，以其清澈和纯净，洗涤着人类疲惫的灵魂，带给人非凡寻常的审美感受。从空间主题链结构的角度看，本文并不只是作者在单纯地向人们诉说丽江古城的历史、现在和未来，以及远离尘世喧嚣的那份伊甸园式的审美感受，更是在用富有层次和方位的语言，展示了这种审美情趣和审美感受。

四、文化语境

作为整个语言系统的社会环境的语境称为文化语境。语境为我们全方位地准确理解和传达语篇中字、词、句等各语言结构所表示的意义提供了依据。语篇所具有的含义主要是依赖于语境才产生的，在特定的语境中往往形成特定的语篇模式、语篇结构和语篇语言。在不同的社会文化环境中，人们制造、使用的语篇会有所不同，因为不同语篇建构的是不同的个人经验和社会文化现实。因此，语篇分析要从语境入手，这对于正确理解语篇具有重要意义。

例如，《在长江源头各拉丹冬》一文中出现了“巨人”“雕塑感”“尊容”“圣地”“奇美令人眩晕”“琼瑶仙境”等词语。作者笔下的各种景物具有雄伟、圣洁、瑰奇的特点。随着行踪和景物的变化，作者“所感”也发生着变化。远眺雪山时，感到雄伟和神秘；张望冰峰和冰河，感叹造物主的创造力；身处冰窟时，感慨自然永恒的存在和漫长的变化；倾听水声时，想象即将演绎出的长江故事，所有这些都是展示作者对藏北这片土地浓郁的、近似宗教崇拜的情感。

之所以会产生这样的情感和充满这种情感的文字，是因为作者马丽华对自然充满了敬畏和敬仰。从 1976 年“被一种很单纯的热情、理想、信念所鼓舞”而进入西藏工作，这片土地和这片土地上的文化已经成为她生命的一部分。“而藏北之于我，也绝非一个牧区地名，一个地理概念，一群生活在那里的人，应该是一种意识和境界。精神生活中的某些什么，是否长存在那地方了。”因此，《在长江源头各拉丹冬》一文，是作者在这样的文化语境中产出的作品，无论是简笔勾勒，还是详细描写，都会让读者感受到各拉丹冬雪山的变化多端的美。同时，马丽华作为一名“苦难美至上主义者”，也使得文中出现反复叙写身体痛苦并不断加重的语言。其实这是她在表达对自然的敬畏。

游记是一种比较常见的文学体裁，统编本语文教材八年级下册安排了游记单元，既体现“文体学习”的主线，也有助于学生通过集中学习，了解记叙文这一文体。但是编者有着更深的用意，“将这样几篇游记文章组合在一起，有助于展示游记自由多样的特点，打破语文教学中对游记的一些刻板印象”①。另外，我们在写景散文和游记的教学中经常强调“融情于景”“写景抒情”，这当然是正确的，但是如果仅仅强调这一点，无疑是弱化了游记散文的文体特征。因此，我们要在保证基本的知识点和能力点教学的基础上，进行基于语篇的分析。基于语

① 曾祥芹. 阅读技法系统[M]. 郑州：大象出版社，1992：135.

篇分析的文本解读有可能为游记散文教学提供一条新的道路,有效促进学生阅读素养的提升。

(原文《语篇分析视角下的游记散文文本解读》,作者薛城、黄伟,载于《语文建设》2019(17),有改动。)

第三节 基于语篇分析的说明文教学

学生大都不喜欢学说明文。在他们眼里,说明文少有曲折的情节、优美的语言、动人的情感,只有枯燥的说明内容和抽象的说明顺序。而教师在说明文教学时,大都是传递一些纯知识性的内容,如说明内容、说明方法、说明顺序。其语言品味也多是抓住一些具有限制性、程度性、范围性的词语,例如“大约”“差不多”“很”“几乎”等。这些词语好像与人的情感联系不大,不能让学生动情、动意。教学设计也是固定模式,机械式、条目式、试题式、应答式等。其实,这是说明文教学的误区——仅仅把说明文当作获取信息的阅读材料。

为了对说明文教学进行纠偏,我们不妨再来了解一下说明文的概念界定:说明文是一种以说明为主要表达方式的文章体裁。对客观事物做出说明或对抽象事理进行阐释,使人们对事物的形态、构造、性质、种类、成因、功能、关系,或对事理的概念、特点、来源、演变、异同等能有科学的认识。在这段文字中我们需要关注两个词语——“表达”和“认识”。为了让读者对被说明事物有科学的认识,必须要有符合读者认知的表达,其本质上就是作者、文本与读者之间的交际行为。

从语篇的角度来说,所有文本教学均指向交际。朱光潜先生认为,文学语言也是社会交往的工具,文学具有社会性。语文课程是一门学习语言文字运用的综合性、实践性课程。说明文教学也要树立综合实践意识,充分利用课文中的教学资源,设计有利于培养学生语文核心素养的实践活动,如语言积累、分析欣赏、写作实践等。说明文以帮助读者准确认识事物为宗旨,为了达成这个目标,就必须有好的语言表达;语言具有符号固着职能、概括职能以及交流职能,以交流职能为主导,三者构成一个对立统一的职能系统。而人类社会的存在本身就意味着交往,交往的纽带就是语言,所以交际职能是语言的生命力之所在。

我们认为,说明文教学应该基于交际。学生在交际的情境中学习说明文,不仅能引发学习兴趣，还可以让枯燥的说明文教学变得精彩、有趣、有味。这样的教学在彰显语文趣味的同时，也能让学生在语言的实践中提升语言建构、表达能力以及审美能力，为当下的生活服务，为未来的生活做好准备。下面笔者以《苏州园林》为例，谈谈如何基于交际表达训练来进行教学设计。

一、信息获取与精练表达

设计目的：引导学生阅读课文，训练学生整体感知、抓住特征、信息提取及语言表达的能力。

问题情境：现代旅游有一种很火的形式——主题旅游。假如你是苏州园林的导游，要接待一批“苏州园林主题游”的游客。请根据文中苏州园林的特征，用简洁的语言向游客做一简介，既让游客对苏州园林的特点有一个初步（整体）的印象，又让游客在你的介绍下很快对苏州园林产生兴趣。

提示：1. 速读课文，明确苏州园林的总体特征。2. 认识一种事物，首先要明确该事物与其他事物的不同之处，也就是事物的特征。把握事物特征常见的方法是找准中心句，或者关键句。请同学们在阅读的基础上找到苏州园林与众不同的特征。3. 面对游客，既要准确表达信息，又要拉近与游客的距离。

资料补充（目的是扩展学生对苏州园林的知识，丰富他们的语言表达）：江南园林甲天下，苏州园林甲江南；《苏州园林》是叶圣陶先生为一本苏州园林图片册写的序，这篇序为我们打开了苏州园林的神秘之门；苏州园林是众多园林中的经典，是各地园林的标本。苏州古典园林所蕴藏的哲学、历史、人文内涵是江南人文历史传统、地方风俗的一种象征和浓缩，展现了中国文化的精华，在世界造园史上具有独特的历史地位和重大的艺术价值。以拙政园、留园为代表的苏州古典园林被誉为“咫尺之内再造乾坤”，是中华园林文化的翘楚和骄傲。

评价：如果学生能基本上抓住以下核心内容表达，则为优秀：1. 务必使游览者无论站在哪个点上，眼前总是一幅完美的图画。2. 苏州园林讲究亭台轩榭的布局，讲究假山池沼的配合，讲究花草树木的映衬，讲究近景远景的层次。3. 一切都要为构成完美的图画而存在，唯愿游览者得到“如在画图中”的美感。4. 苏州园林处处是美术画。除此核心内容外，适当加入教师补充或者自己了解的材料。

例：各位游客，欢迎来到苏州园林。苏州园林是众多园林中的经典，是我国各地园林的标本。它在世界园林史上有独特的历史地位和艺术价值。走进苏州园林，无论哪个角落，你的眼前绝对是一副完美的图画，可谓“咫尺之内，再造乾坤”。园中的亭台轩榭布局精巧，假山池沼配合完美，花草树木相互映衬，远景近景层次错落。走进园林，您就如在画中……千年等一回，不要错过这一回，请各位游客随我走进园林吧。

二、寻脉溯理与精美表达

设计目的：推进阅读深入，继续训练学生抓说明事物特征的能力，欣赏说明顺序、巧妙布局，训练学生的逻辑表达能力。

问题情境：你所在的班级准备组织一次苏州园林“春日寻美”主题春游活动，如果你对苏州园林很了解，请为班级同学设计一个苏州园林寻美路线，并推荐几处赏美佳处。

提示：1. 文中七个具体特征就是七处寻美佳处，这七处景点，你准备按照什么顺序设计，说出理由。2. 推荐赏美处要使用两个以上的四字短语，并且出现“图画美”三个字。3. 可以适当使用说明方法。

评价：学生能说清晰由主到次的说明顺序以及每个主题的特征，并能围绕这个特征展开表达，则为优秀。

例 1(文本分析)：按照亭台轩榭、假山池沼、花草树木、花墙廊子的顺序设计。因为这与第二段“讲究亭台轩榭的布局，讲究假山池沼的配合，讲究花草树木的映衬，讲究近景远景的层次”相照应，结构严谨，体现总分的逻辑顺序。亭台轩榭是园林中的主要建筑，分布范围广，所以放在第一个介绍；假山和池沼在园林景色中主要起联通作用，协调环境，增加自然生趣；花草树木、花墙廊子主要起装饰作用，与主要建筑紧密配合，点缀风景。

例 2：苏州园林的亭台轩榭的布局很美，美就美在它与古代宫殿的布局特点逆道而行，绝不讲究对称，更加新奇有趣，朴素大方。中国大部分传统建筑也很美，但是那是一种图案美，而苏州园林的亭台轩榭是不对称的图画美。真令人大开眼界，叹为观止。

苏州园林的假山池沼很美，美就美在它的小桥流水，重峦叠嶂，山水间的精巧配合和匠师们的胸中丘壑。假山和池沼高低屈曲、任其自然，是一种参差错落的不雷同的艺术图画美。真令人仿若画中行。

……

苏州园林体现的是“诗意的栖居”美。“诗意”不只是小桥流水，也不只是林荣竹茂，亦不为奇石异花，它体现在光与影的变化，图案的精美异常与工匠的真诚匠心，而最能体现这种诗意的无疑是这令人“走火入魔”的窗。苏州园林的门和窗很美，美就美在其高超的镂空技术，真令人望而生叹。门与窗的图案绝不庸俗且别具匠心，阳光穿过镂空雕刻的窗口，洒落在地板上，光与影交错变化，引人驻足。

苏州园林的色彩也很美，美就美在灰白映衬、灰绿相间，花开时节，更给人花明耀眼之感。不像北京园林喜欢使用彩绘，这是一种简洁朴素的图画美。

三、细微聚焦与精准表达

设计目的：引导学生欣赏说明文语言，训练学生习得准确而生动表达的能力。以文章第五段为例，引导学生通过文字对比，把握举例子、打比方、摹状貌等说明方法，并体会说明语言的精准、生动。

问题情境：下面是一位同学针对苏州园林“如何栽种和修剪树木”设计的一段解说词。请仔细阅读，并与原文第五段内容进行比较，你认为哪段文字更适合作为解说词？为什么？

提示：从结构、语言、说明方法的角度比较改写片段与文章第五段：

（改写）苏州园林栽种和修剪树木也着眼在画意。高树与低树高低错落。落叶树与常绿树相隔，花时不同的多种花树间隔，这就一年四季不让人感到单调。没有修剪整齐的松柏和道旁树：因为依据中国画的审美观点看，这是不足取的。有几个园里有古老的藤萝，它们的枝干就是一幅好画。

（原文）苏州园林栽种和修剪树木也着眼在画意。高树与低树俯仰生姿。落叶树与常绿树相间，花时不同的多种花树相间，这就一年四季不感到寂寞。没有修剪得像宝塔那样的松柏，没有阅兵式似的道旁树：因为依据中国画的审美观点看，这是不足取的。有几个园里有古老的藤萝，盘曲嶙峋的枝干就是一幅好画。开花的时候满眼的珠光宝气，使游览者只感到无限的繁华和欢悦，可是没法说出来。

例：文中的文字运用了举例子、打比方、摹状貌的说明方法，语言生动，展现出了苏州园林的诗情画意。“高树与低树俯仰生姿”形象地写出树木的高低错落，准确且富有动感，以及设计者的别具匠心。花时不同的花树相间、落叶树与常绿树相间，它们相互映衬，一年四季不乏生机，描绘了苏州园林独特的生机勃勃之美。造型奇特的古老藤萝，珠光宝气的藤萝花，二者辉映，一片繁华，真令人心旷神怡，流连忘返。这一段还运用了总分结构，第一句总领全段，简洁明了，交代说明对象。最后一句，表达了作者对苏州园林的喜爱。

《义务教育语文课程标准(2022 年版)》指出，语言文字是人类最重要的交际工具和信息载体。语文课程是一门学习语言文字运用的综合性、实践性课程。在此思想指导下，本篇教学设计抓住《苏州园林》一文中的主要信息，强调其交际功能，在交际的情境中加强对学生语言的训练，彰显语文学习的综合性和实践性。实践证明，这一设计很受学生欢迎。教学中，教师只有优化教学观念，采用适宜的教学策略，才能提高教学效率，实现其应有的教学价值。

（原文《基于语言交际的说明文教学》，作者张增光，载于《中学语文教学参考》2021(17)，有改动。）

第四节　基于语篇分析的议论文教学

实用类语篇似乎是不用解读的。这可能跟这类语篇不追求“陌生化”“前景化”有关，它跟文学类语篇是不一样的，它不具有“召唤结构”，没有那么多的“意蕴”可言；同时，实用类语篇具有鲜明的交际属性和实用功能，所以，大都不需要进行“一千个读者便有一千个哈姆雷特”式的解读。

但事实并非如此。如《纪念白求恩》(下称《纪》文)是一篇纪念性实用类语篇，有一定的论述意味，但还算不上是一篇真正意义上的议论文，因为议论文的论证需要十分严密的逻辑，而本文更偏向于论述与说明。① 对于这样一个语篇，如果用传统的“论点”“论据”“论证”的架构来解读的话，缺乏足够的解释力度。即便是一篇典型的议论文，用同一架构来解读也有较为明显的同质化和低效化

① 刘锦华. 著名学者孙绍振教授莅临我校做文本解读讲座[EB/OL]. (2017-12-12)[2018-07-12]. https://www.sohu.com/a/203926526_674559.

的倾向。

我们认为，任何语篇都寄托了作者的某种目的、思想、情感，都遵循了某种思维，是具有某种“语义功能”“成篇功能”和“交际功能”的。[①] 它融通了作者、读者和语境，有明确指向和鲜明意图。因此，对于实用类语篇，不妨从语篇学的角度，并适当借用叙事学的相关观点，从“意图”“语境”“思维”“修辞”四个层面展开。

一、话语诉求：意图性解读

《纪》文主题通常被解读为“作者对白求恩同志逝世表示沉痛悼念，高度赞扬了白求恩的国际主义精神，号召全党学习白求恩毫无自私自利之心的共产主义精神”[②]。这个解读有指向话语诉求的一面：号召全党学习白求恩的精神。也有指向语篇主旨的一面：悼念白求恩、赞扬白求恩的精神。但总体来说较为笼统，尤其是话语诉求虽有指向，但仅仅表述为学习白求恩的精神是远远不够的。

至于“把课文看成是对白求恩一生的总结”这一解读，问题就更明显了。诚然，白求恩的确具有三个方面的品质：“国际主义精神”的“公”德、毫不利己专门利人的“私”德和“医术高明，精益求精”的“技”艺。[③] 然而，这只是白求恩本身的品质，是语篇主题的一个部分，基本不指向话语诉求，也不指向交际意图。实际上，任何语篇的写作，都具有某种话语诉求，即为达成某种交际功能而具有十分明确的目的、意图，尤其是实用类语篇。所以，仅仅共时性、静态地解读语篇主旨，显然无法从真正意义上理解语篇内涵。那么，这个语篇的话语“意图”是什么呢？

1. 榜样教育意图

白求恩是加拿大共产党员，为了我国的解放事业而献出了生命，他的国际主义精神、共产主义精神和毫不利己专门利人的精神永远值得人们学习，作为一篇纪念性语篇，沉痛悼念白求恩同志是本文首要的写作意图，这一点毋庸置疑。不过，作为一篇纪念性的语篇，纪念本身不是目的的“终止”，而是更深层次的“开启”。那么，作者想“开启”什么呢？

1939 年 2 月 20 日，毛泽东在写给张闻天的信中，首次提出“为人民服务”的

① 贡如云. 语文课程亟待引进语篇知识[J]. 中学语文教学，2018(3)：8-11.

② 人民教育出版社课程教材研究所中学语文课程教材研究开发中心. 义务教育教科书教师教学用书. 语文七年级. 上册[M]. 北京：人民教育出版社，2016：167.

③ 人民教育出版社课程教材研究所中学语文课程教材研究开发中心. 义务教育教科书教师教学用书. 语文七年级. 上册[M]. 北京：人民教育出版社，2016：168.

概念。这标志着“毛泽东关于为人民服务的伦理道德思想已经初步形成，但这种纯粹的理论形态还不能为全体党员和广大干部战士所理解”①，需要一个形象、一个典范产生广泛的示范效应。这是理论研究的需要。与此同时，处于民主革命时期的中国“面临实现民族独立和人民解放两大重任，斗争相当复杂，条件非常艰苦，为了明确使命、坚定信仰、鼓舞斗志”②，也需要为全党、全国人民树立光辉的榜样。这是革命实践的需要。

正因为“为人民服务”的理论研究和革命实践的需要，这便使得沉痛悼念白求恩，并不是目的的“终止”，而是更深层次的“开启”。作者想树立榜样，“开启”一股清新的党风，一股纯粹的党风。事实上，这篇文章的确起到了这样的作用。当时，许多党员干部多遍阅读《纪》文，并把白求恩作为自身的对照。甚至有人还把《纪》文抄到笔记本上，时常拿出来读一遍。白求恩的光辉形象的确对广大党政干部产生了深远的影响，而且这样的影响一直延伸到今天。

2. 明晰理论意图

白求恩援助中国抗战，不仅仅是个人行为，更是实践了列宁主义路线的国际主义行为。然而，当时人们对于这种理论的认识不是太深透，仍持有一种狭隘的封闭的思想，甚至认为革命是“自家”的事情，并不完全认同“资本主义国家的无产阶级要拥护殖民地半殖民地人民的解放斗争，殖民地半殖民地的无产阶级要拥护资本主义国家的无产阶级的解放斗争，世界革命才能胜利”的观点。人们的这种模糊认识、狭隘思想是要不得的，因为“我们中国人民是处在历史上灾难最深重的时候，是需要人们援助最迫切的时候”（毛泽东语）。③

于是，毛泽东才结合白求恩的事迹极力强调“我们要和一切资本主义国家的无产阶级联合起来”，才能打倒帝国主义，解放我们的民族和人民，解放世界的民族和人民。于是，毛泽东才在《纪》文中旗帜鲜明地强调自己的理论意图：“这就是我们的国际主义，这就是我们用以反对狭隘民族主义和狭隘爱国主义的国际主义。”

3. 行为纠偏意图

《纪》文还有明显的行为纠偏意图。《纪》文的第三自然段提到：见异思迁的人和鄙薄技术工作以为不足道、以为无出路的人，这是指当年在延安，有一些人

① 王京跃. 白求恩精神的现代意义——写在毛泽东《纪念白求恩》一文发表70周年之际[J]. 马克思主义研究，2009(12)：102-106.

② 颜柯，宋智敏. 毛泽东榜样教育：标准、方式与启迪——从《纪念白求恩》到“向雷锋同志学习”[J]. 湘潭大学学报(哲学社会科学版)，2016，40(3)：5-9.

③ 吉任.《纪念白求恩》的历史底蕴及其现实意义[J]. 社会科学，1996(9)：53-55+80.

只看重军事工作、党政工作，认为做这些工作，才有出路，有前途，而对于技术工作则看不上眼。”毛泽东针对这些人存在的错误，告诫他们每一个人只要立足本职工作，就是为革命、为党、为人民作出贡献，就是有“足道”的，有“出路”的。

这个行为纠偏的意图，在第二自然段中也有明显的表现。毛泽东告诫那些“对工作不负责任，拈轻怕重”的人，那些对人民“冷冷清清，漠不关心，麻木不仁”的人，要学习白求恩同志毫不利己专门利人的精神，学习他“对工作的极端的负责任，对同志对人民的极端的热忱”的精神。

二、话语受控：语境性解读

“写作不是作者一己的‘独语’，而是和读者、环境、语境的一种对话。写作的语境性决定着写什么和怎么写。”①因此，写作并不是完全“自由”的，它受控于“作者”“读者”“环境”等多种因素。正因为此，解读一个语篇就不得不充分考虑各种受控因素。就《纪》文而言，论述其写作环境方面的论文已有不少，这里便不再细述。我们只关注“作者”和“读者”。

（一）“隐含作者”解码

美国叙事学家韦恩·布思认为，任何一个文本都有两个“作者”：“真实作者”和“隐含作者”。它们之间的区别是：“真实作者”是“处于日常生活中的这个人（可涉及此人的整个生平）”；“隐含作者”是“对于创作过程中的人（以特定的立场来写作的人）”。② 就《纪》文而言，对该文的“真实作者”——毛泽东本人的研究，多以毛泽东本人的经历和相关史料为依据，这方面积存的文献很多，而且很充分，这里不再赘言。但是对以语篇为依托的“隐含作者”的研究几乎没有。

那么，如何解码《纪》文的“隐含作者”呢？布思认为，就“编码”而言，“隐含作者”就是“处于特定创作状态、采取特定方式来写作作品的人”③。这个定义倒是很明确，问题是究竟处于什么样的“创作状态”，采取了什么样的“特定方式”呢？这就有点儿难办了。相关文献对于这方面的记录很少，无法解读出“隐含作者”的“创作状态”和“特定方式”。

---

① 马正平．高等写作学引论[M]．2版．北京：中国人民大学出版社，2011：88.

② 申丹，王丽亚．西方叙事学：经典与后经典[M]．北京：北京大学出版社，2010：71.

③ 申丹，王丽亚．西方叙事学：经典与后经典[M]．北京：北京大学出版社，2010：172.

不过，如果从语篇“解码”的角度切入就不一样了。布思认为，就“解码”而言，“隐含作者”是“读者从整个文本中推导建构出来的作者的形象”①。这便好办多了。我们不妨作如下解读：

1. 满含感佩之情的“隐含作者”

很多研究者认为，只有诗歌、散文、小说等文学性作品中的语言才有张力美，并且，读者只有透过文学语言的张力美才能感悟到作品的丰富意蕴。其实并非如此。许多实用类的语篇，如《纪》文中就有不少语言含有张力美，而且读者可以透过这些饱含着独特情感和深刻寓意的词语，同样感受到作品的丰富意蕴和“隐含作者”的形象。

请看《纪》文第一段的片段：

> 白求恩同志是加拿大共产党员，五十多岁了，为了帮助中国的抗日战争，受加拿大共产党和美国共产党的派遣，不远万里，来到中国。

这段话，有两处地方要特别注意：“五十多岁了”和“不远万里”。这里的“五十多岁”可能有误，因为白求恩牺牲时尚不足五十岁，这里不作细究，但就语言本身的表现形式而言，“五十多岁了”跟“五十多岁”是有较大区别的。试比较下面两句话：

句 1：白求恩同志是加拿大共产党员，五十多岁，为了帮助中国的抗日战争，受加拿大共产党和美国共产党的派遣，不远万里，来到中国。

句 2：白求恩同志是加拿大共产党员，五十多岁了，为了帮助中国的抗日战争，受加拿大共产党和美国共产党的派遣，不远万里，来到中国。

很显然，句 1 是一种冷静的具有解说性质的陈述性语言。它只是告诉人们这样一个事实：谁？多少年龄？干了什么事？而句 2 却是一种满含情感的带有抒情性质的语言。它不但告诉人们是谁在什么年龄干了什么事，更强调白求恩来到中国支援抗战时，年龄已经很大了，然而他还是义无反顾地来了。这个“了”看似简单，却让我们看到一个满含敬佩和感激之情的“隐含作者”的形象。同样道理，“不远万里”一词中，也“隐藏着白求恩来中国的艰难”，表现了“隐含作者”对“国际主义英雄的赞叹”之情。②

2. 满含歉疚之意的“隐含作者”

再看《纪》文的最后一段：

---

① 申丹，王丽亚. 西方叙事学：经典与后经典[M]. 北京：北京大学出版社，2010：172.

② 肖萍，李生宝. 叙中含情，理字立骨——对毛泽东《纪念白求恩》的简单阐释与思考[J]. 语文教学与研究，2018(3)：23-27.

> 我和白求恩同志只见过一面，后来他给我来过许多信。可是因为忙，仅回过他一封信，还不知他收到没有。对于他的死，我是很悲痛的。

这段话表面看来很简单，但简单的叙述中却含着丰富的情感。请关注“只”和“仅”这两个词。“只”表现出毛泽东很是惋惜、遗憾跟白求恩仅仅见过一次面。要知道，当年白求恩刚刚来到延安时，虽然已是深夜，毛泽东不但接见了他，而且一谈便是三个多小时。可见毛泽东对白求恩是多么的赞赏与肯定。然而，就是这样的一位国际主义战士，他只见他一面，就永远失去了再见一面的机会。

而更为关键是，白求恩给他写了许多的信，他仅回过一封信。这里的“仅”字含有一种深深的歉疚之意。然而，就连这唯一的一封回信，在那个烽火连天的战争年代，根本无法确知白求恩是否收到了。所以，“对于他的死，我是很悲痛的”一句，原文是“对于他的死，我是很歉疚的”①也就不奇怪了。这里的“只”“仅”虽然简单，却让我们透过文字看见了一个满含歉疚之意的“隐含作者”的形象。

3. 满含劝诫之心的“隐含作者”

表现“隐含作者”劝诫之心的语言太多了。如第二段，劝诫那些“对工作不负责任、拈轻怕重”的人和对人民“冷冷清清、漠不关心、麻木不仁”的人，要学习白求恩同志毫不利己专门利人的精神。第三段劝诫那些“见异思迁”的人和“鄙薄技术工作以为不足道、以为无出路的人”，要学习白求恩对技术精益求精的精神。第一段更是旗帜鲜明地反对那些“狭隘民族主义和狭隘爱国主义”的人。这些都充分表现了一个满含劝诫之心的“隐含作者”的形象。

（二）“隐含读者”解码

布思认为，任何一个文本都有两个“读者”：“真实读者”和“隐含读者”。所谓“真实读者”不难理解，就是真实阅读文本的读者；而“隐含读者”则是“作者心目中的理想读者，或者说是文本预设的读者”②。

“真实读者”是无法把控的，从理论上来讲，只要愿意，任何人都可以成为“真实读者”，这便使得“真实读者”十分的宽泛。本文旨在讨论指向更为明确的由语篇预设的“隐含读者”，因为这对理解语篇很有帮助。就《纪》文而言，“隐含读者”的情况可能要复杂一些，不过，仍然可能梳理出四类“隐含读者”：

---

① 李红梅，王思遥．《纪念白求恩》版本考证[J]．出版发行研究，2015(6)：100-102.

② 申丹，王丽亚．西方叙事学：经典与后经典[M]．北京：北京大学出版社，2010：77.

1. “真本”的“隐含读者”

1940 年，八路军政治部、卫生部策划出版《诺尔曼·白求恩纪念册》，特邀毛泽东、朱德等人撰写首发纪念文章。毛泽东于 1939 年 12 月 21 日在杨家岭写下的《学习白求恩》一文，在此纪念册中第一次刊发。因为这一版本的《纪》文保持了作者最初的思想和文风，所以学术界称之为“真本”。

此时，距离白求恩牺牲的 1939 年 11 月 12 日不远，延安各界都在纪念白求恩，并以白求恩精神观照自己、激励自己。毛泽东写作此文的最初构想，可以用 1939 年 12 月 1 日他亲笔撰写的挽词来概括：“学习白求恩同志的国际精神，学习他的牺牲精神、责任心与工作热忱。”

那么，让谁来学习这种精神呢？《纪》文中多次提到“每一个中国共产党员都要学习这种精神”“每一个共产党员，一定要学习白求恩同志的这种真正共产主义的精神”。很显然，“真本”的“隐含读者”是每一个共产党员，尤其是延安地区的共产党员。

2. “善本”的“隐含读者”

1952 年 4 月，《学习白求恩》改名为《纪念白求恩》，入选《毛泽东选集》第二卷。这一版本相较于“真本”有不少改动，改动之后，标点更合理了，语言更准确了。学术界把 1952 年的版本称为“善本”。

“善本”相比较于“真本”，有这样几个显著的变化：

首先是出版的时间距离白求恩牺牲的时间较远。因此，“善本”的出版，在纪念白求恩的同时，更多地倾向于学习他的精神。

其次，革命形势不一样了。“真本”出版时，正值中国革命最为艰难的时候，中国共产党还暂时以延安为革命中心，虽说学习“真本”的“隐含读者”是全国每一个共产党员，实际上，由于革命尚未成功，学习对象仍然以延安为中心，涉及面还不太广。而“善本”出版时，中国革命已经胜利，从地域上来说，“善本”的“隐含读者”更广泛，是全国的党员。

最后，由于时代的变化和思维方式的改变，毛泽东对“真本”的文字进行了数处修改，使之更加完善，更加地适应时代特征。《纪》文入选《毛泽东选集》后，成为毛泽东思想的一个重要的组成部分。因此《纪》文的“隐含读者”由全国党员扩展成全国人民。

3. “定本”的“隐含读者”

1991 年，中共中央文献研究室开始修订《毛泽东选集》，《纪》文被编入第二卷。这次修订，只是针对排版、字体、注释作了少量的修改。这一版本，我们姑且称之为“定本”。所不同的是，这次修订者不是毛泽东本人，而是编者，但由于编者依然遵循毛泽东思想进行修订，且“隐含作者”并不随着“真实作者”的离世而消失，所以，我们仍然认为《纪》文是有“隐含读者”的。不过，需要注意的是，此时的“隐含读者”虽然仍然是全国人民，但系统地整理和准确呈现毛泽东思想是其基本目的，这跟上两个版本单纯地纪念白求恩和学习白求恩的精神是不一样的。

4. “教本”的“隐含读者”

2016 年《纪》文再次入选统编版语文教材七年级上册，因为这一版本主要用于教学，我们称之为“教本”。

跟“定本”一样，“教本”的“隐含读者”依然是存在的，那就是使用这册教材的教师与学生。需要注意的是，“教本”更多地体现着教材编者的意图，体现了新教材“用经典篇目，通过语言学习与运用，最终达到立德树人的核心价值追求”的教育思想。①

三、话语展开：思维性解读

任何语篇都是思维的结果，从“渲染”和“对比”两个维度切入，可以解读《纪》文话语展开的过程。

（一）纪念与学习：在渲染思维中

《纪》文的结构特点，通常被解读为“先叙后议”。这是对《纪》文的表层结构的解读，其解读结果是一种静态的陈述性知识，因为并没有深入到写作思维层面，意义实在有限。

任何表层结构的背后都有着某种对应的写作思维作为其强有力的支撑。“先叙后议”的表层结构背后，支撑它的便是“渲染思维”。以第一段为例，这个“先叙后议”的构段概述了白求恩的事迹，号召每一个共产党员学习他的国际主义精神。具体说来，可分为三个层次的渲染：

第一层（1～4 句）：号召每个共产党员学习白求恩的国际主义精神；

第二层（5～7 句）：号召中国共产党党员实践白求恩实践了的列宁主义路线（这里的列宁主义指的就是国际主义）；

第三层（8～9 句）：剖析我们应该如何学习国际主义精神。

① 于保东，印凤. 从学习语言到立德树人的典范——《纪念白求恩》再次入选人教版语文教材的教学价值探究[J]. 语文教学通讯，2017(2)：56-58.

这三层各自的语言表述有很大的差异，但是都表现了相同的主题信息——学习白求恩的国际主义精神，所以这三个层次构成了渲染关系。

再具体到每一层进行分析，我们发现，它们都有更小层次的渲染结构：

第一层中，第1、2两句说明了白求恩作为一个外国人不远万里来到中国，帮助中国进行抗日战争的国际主义精神值得学习。第3、4两句则是在论理中告诉每一个共产党员要学习他的国际主义精神。

第二层中，第5、6两句根据列宁主义的观点阐述白求恩同志的国际主义精神；第7句号召共产党员实践这一路线，即学习白求恩的国际主义精神。

第三层中，第8句论述如何学习白求恩的国际主义精神，第9句论述反对狭隘的民族主义和狭隘爱国主义的国际主义。

同样道理，其他各段的“先叙后议”都是运用了渲染思维展开的。

（二）纪念与学习：在对比思维中

通常来说，“对比思维”“对比修辞格”与“对比写作手法”有相通之处，但也有细微的区别。“对比修辞格”是从修辞手法的角度来说的，“对比写作手法”是从写作技巧的角度来说的，而“对比思维”则是一种材料指向意图的语篇制作的思维模型。通常我们说到《纪》文第二、三两段的“对比”，是就写作手法而言的，而实际上，这里的“对比”更多的是运用了“对比思维”来组成材料，指向意图，以增强语篇的感染力、说明力。

这篇文章的三处对比是：

对比①：白求恩“对工作的极端的负责任”与不少的人“对工作不负责任”；

——这是从对工作的态度的角度进行对比。

对比②：白求恩“对同志对人民的极端的热忱”与不少的人“对同志对人民不是满腔热忱”的四种表现；

——这是从对同志对人民的态度的角度进行对比。

对比③：白求恩“对技术精益求精”与不少人“见异思迁”“鄙薄技术工作以为不足为道、以为无出路”；

——这是从对工作的要求的角度进行对比。

很明显，对比①和对比②虽然对比的角度不同，但都指向第二段的写作意图：突显白求恩“毫不利己专门利人”的精神；对比③则指向第三段的写作意图：突显白求恩“对技术精益求精”的精神。这三处对比都运用了“对比思维”，都是为了凸显意图而选择材料，都是为了增强语篇的感染力、说服力、说明力。

四、话语传达：修辞性解读

写作行为虽然“充满了认识性、思维性”，然而本质却在于“将这个认识写给别人看”，在于与读者进行交际(交流)，因此“对行文措辞进行修饰限制以增强表现力从而征服读者”的修辞性才是写作行为的根本，[①]这便决定了语篇解读必须关注语篇的天然属性——“交际性”“修辞性”。

(一) 语体解码

语体“最初源于语言学，属于修辞学范畴，指人们在各种社会活动领域，针对不同对象、不同环境，使用语言进行交际时所形成的常用词汇、句式结构、修辞手段等一系列运用语言的特点”[②]。由此可见，“语体”是一种交际用语，它是修辞性言语传达的关键，是实用类语篇解读的一个十分重要维度。《纪》文在语体上有这样几个特点：

1. 书面语体与口语语体相结合

《纪》文颇为注重使用合适的成语：如描写白求恩精神的“毫不利己”“专门利人”“精益求精”；描写白求恩逝世的“以身殉职”；批评“不少的人”的“拈轻怕重”“冷冷清清”“漠不关心”“麻木不仁”；批评不安心本职工作的人的“见异思迁”等。与此同时，又使用了许多口语化的语言，如“出了一点力就觉得了不起，喜欢自吹，生怕人家不知道”等。成语的鲜明色彩、整齐音节与口语的亲切自然相结合，使得文章的风格灵活而多变，易于与读者进行交流。

2. 谈话语体与庄重语体相结合

《纪》文注重不同的表达内容使用不同的语体，向读者恰当地表达作者的感情。如在谈到白求恩同志不顾自己，不远万里来中国支援抗战时，这里的“五十多岁了”用的是谈话语体；而在谈到白求恩牺牲时，使用的“不幸以身殉职”就是庄重语体。

3. 得体称呼

称呼不是小事，在不同时间、场合，针对不同的谈话对象，使用不同的称呼，不仅得体、准确、严密，更是交际的需要。《纪》文中使用了多种不同称呼，如：面对“从前线回来的人”时直呼其名——白求恩，这是因为从前线回来的人虽然多

---

① 马正平．高等写作学引论[M]．2版．北京：中国人民大学出版社，2011：88.

② 崔正升．写作语体的界定及其分类[J]．写作，2017(11)：25-28.

是军人，其实是有许多差别的，他们各种身份都有，人员复杂，无法针对性地称呼，只能直呼其名。面对受过白求恩治疗和看过他工作的人，称呼白求恩为“白求恩医生”。面对每一个共产党员时，称白求恩为“白求恩同志”，这是因为每一个共产党员都要学习白求恩表现出来的真正的共产主义精神，对党内人员当然称“白求恩同志”要更合适些。

（二）信息度解码

实用类语篇大都追求“清楚明白”的表达，似乎没有“言外之意”，对实用类语篇进行信息度解码仿佛没有太多的必要。其实，并不完全是这样。事实上，即便是那种严谨而精确的科技说明类语篇，多少也是有“言外之意”的——追求科学精神。其他的实用类语篇因交际性使然，有“言外之意”也是必然的。

《纪》文写作于 1939 年的 12 月 21 日，正值中华民族生死存亡的关头，毛泽东本人也说过：“我们中国人民，是处在历史上灾难最深重的时候，是需要人们援助最迫切的时候。”此时，写作《纪》文，除了纪念白求恩，学习白求恩的国际主义精神外，毛泽东还在向外界传递着这样一个“言外之意”：“中国共产党人要善于争取国际援助以及向世界表明我们欢迎和愿意接受世界人民在道义上和物质上给予支持。”①

（三）变化意识解码

分析作者在行文上是否采用变化手法进行写作，就是变化意识解码。没人喜欢听一成不变的演讲，也没人愿意看千篇一律的文章。只要是交际（交流），就必须要有变化意识，否则很容易引起视觉、听觉疲劳，甚至引起思维疲劳。

就《纪》文而言，主要采用了如下的变化手法：

1. 长短结合

长短句结合，其实是一种言语节奏的把控，其目的是运用不同长度的言语表达，从时间维度上形成节奏感，从而用参差错落的语言表达来吸引读者的注意。如“这就是我们的国际主义，这就是我们用以反对狭隘民族主义和狭隘爱国主义的国际主义”。前句是短句，干净利落，后句是长句，是对前句的进一步的阐释。两者结合，“急”“缓”相叠，节奏鲜明，让人印象深刻。

2. 整散结合

整句形式整齐，音节和谐，使读者（听者）赏心悦目；散句则利于叙述与抒情。

---

① 吉仁.《纪念白求恩》的历史底蕴及其现实意义[J]. 社会科学，1996(9)：53-55+80.

两者结合，易于形成一种变化的美感，有利于交际（交流）。

《纪》文中的整散结合如：我们“要和日本的、英国的、美国的、德国的、意大利的以及一切资本主义国家的无产阶级联合起来，才能打倒帝国主义，解放我们的民族和人民，解放世界的民族和人民”。这段话中前半段是散句，而后半段是整句。

3. 短句连用

《纪》文中的短句连用如：“一个人能力有大小，但只要有这点精神，就是一个高尚的人，一个纯粹的人，一个有道德的人，一个脱离了低级趣味的人，一个有益于人民的人。”该句使用排比修辞，产生了一种语势上的强化以及语意上的连贯与肯定。

（四）交际效果解码

探究作者的写作目的是否达到了，传意效果如何，这是一种交际效果解码。这个维度的解码虽然无法从语篇中找到直接答案，但结合历史语境知识，我们还是可以对实用类语篇的实际效果进行解码。就《纪》文而言，它在中国产生过极大的影响，在很长一段时间内家喻户晓。特别是《纪》文诞生的那些年里，许多人以白求恩的精神对照自己，每日“三省吾身”式地记诵《纪》文，《纪》文中的经典名句成了人们的座右铭，这些都是《纪》文的交际效果的真实写照。

综上所述，实用性语篇具有“语义功能”“成篇功能”“交际功能”，因此运用语篇学理论，适当借用叙事学的相关观点，从“话语诉求”“话语受控”“话语展开”和“话语传达”四个维度对其进行解读是可行的，也是有效的。

（原文《从语篇学的角度解读实用类文本——以〈纪念白求恩〉为例》，作者王清，载于《语文教学通讯》2019(32)，有改动。）

第四章 诗歌语篇分析

第一节 《琵琶行》交际特征分析

本质上讲，统编版教材中的三类语篇（实用类语篇、论述类语篇、文学类语篇）都是作者试图达成交际意图的产物。其中，实用类语篇和论述类语篇传意较为直接和外显，文学类语篇则要相对含蓄一些。《琵琶行》是典型的文学类语篇，以讲究修辞的雅言传递诗人的交际意图，注重情感的交互和心灵的沟通。以下从意向性、可接受性、信息度三个方面解码《琵琶行》的交际特征。

一、《琵琶行》的意向性

意向性是指生成语篇的目的或意图。作者创造语篇、建构文本总是为了实现某种交际功能，达成某种传意目的，而读者解码语篇、解构文本的过程本身也是尝试推断作者创作意向、评价文本的意动功能的过程。作者、读者、语篇三者之间达成对话关系。斯威尔斯认为：体裁是具有共同交际目的的一组交际事件。① 因此，作者的写作意向与语篇体裁之间有着密切的联系。“歌行体”是兼具叙事性和抒情性的古诗体裁，《琵琶行》叙“歌以赠之”之事，抒“天涯沦落”之情。

（一）叙“歌以赠之”之事

《琵琶行》是一首叙事诗，诗人选择这一诗歌体式与叙事内容有关。开头“浔阳江头夜送客”，寥寥七字便阐明了地点、时间和人物，揭开了故事的序幕。随着“忽闻水上琵琶声”，本文的另一个主人公——琵琶女，也就登场了。明代胡震亨《唐音癸签·体凡》有言：“衍其事而歌之曰行。”②“行”是可歌可唱、笔法自然的诗篇，《琵琶行》记叙的便是“歌以赠之”的故事。首先，“歌以赠之”最直接的交际对象是能歌善曲的琵琶女。序言部分直接指出“予出官二年，恬然自安，感斯人

① 贡如云. 高中语文统编教材选文的语篇特征考察[J]. 课程·教材·教法，2021，41(12)：69-74.
② 胡震亨. 唐音癸签[M]. 上海：上海古籍出版社，1981：2.

言，是夕始觉有迁谪意。因为长句，歌以赠之，凡六百一十六言，命曰《琵琶行》”。白居易被贬江州的第二年，送客江边，因一曲琵琶声，与琵琶女相识相知，激发了诗人的创作激情，于是写下六百多言的长篇，赠以琵琶女。诗文最后也写道：“今夜闻君琵琶语，如听仙乐耳暂明。莫辞更坐弹一曲，为君翻作《琵琶行》。”凄切哀婉的“琵琶语”感动了主客，也凝住了时空，一段琵琶女的故事和一首脍炙人口的诗篇自此流传下来。其次，“歌以赠之”的对象是那远在京都的君王。宋代胡仔《苕溪渔隐丛话》云：“乐天既退闲，放浪物外，若真能脱屣轩冕者，然荣辱得失之际，铢铢较量，而自矜其达，每诗未尝不着此意。是岂真能忘之者哉？亦力胜之耳。”[①]如果真的旷达到不怀念过往，放浪到不希望再被重用，白居易又怎会如此委婉含蓄地借琵琶女之事来表达自己的郁闷与悲伤呢？感伤诗的背后包含着几多辛酸、几多无奈。此外，“歌以赠之”的对象还有千千万万同琵琶女和自己一样不得志的沦落之人。一曲琵琶结束，满座皆掩面而泣，当琵琶女自述“曲罢曾教善才服，妆成每被秋娘妒。五陵年少争缠头，一曲红绡不知数”。又有多少人想到了自己的过往呢？琵琶女年轻貌美之时在京都饱受追捧，白居易也曾有“一日看尽长安花”的黄金岁月，不过此时都已化作过眼云烟，往日的荣耀反而加重了今日的感伤，因此“座中泣下谁最多”，感同身受的江州司马才自言“泪湿青衫”。既然“相逢何必曾相识”，《琵琶行》的相赠对象又何尝不是那些同琵琶女和白居易一样的同病相怜之人呢？

（二）抒“天涯沦落”之情

《琵琶行》也是一首抒情诗，诗人选择这一诗歌体式与情感内容有关。该诗以送客离别之情为序曲，写了诗人和琵琶女的相遇、相知，笔随兴致，复杂的情感最终凝聚在“同是天涯沦落人，相逢何必曾相识”一句慨叹当中。

明代徐师曾《诗体明辨》云：“放情长言，杂而无方者曰‘歌’，步骤驰骋，疏而不滞者曰‘行’，兼之者曰‘歌行’。”[②]“歌行体”是体格自由的诗篇，适合自由地表达情感，《琵琶行》字字含情，句句关情。首先，诗人借一曲琵琶、一段往事表达了对琵琶女的怜悯与同情。“别有幽愁暗恨生，此时无声胜有声”，感情随着音乐从无声到凄厉悲凉，又陡然在高潮处戛然而止，写尽了琵琶女的半生愁怨。“夜深忽梦少年事，梦啼妆泪红阑干”，看遍风光无限也经历人事皆非，只悄然在睡梦中泪纵妆残，写尽了琵琶女的满腹辛酸。一曲一言之间，诗人心领神会，深深叹息。

① 胡仔. 苕溪渔隐丛话：前集[M]. 北京：人民文学出版社，1962：123.

② 廖仲安，刘国盈. 中国古典文学辞典[M]. 北京：北京出版社，1989：939.

其次，诗人借诗、序的微妙差异暗暗表达了自己迁谪的痛苦与哀怨之情。序中“感斯人言，是夕始觉有迁谪意”，悲伤的迁谪之感仿佛是在今夜听闻琵琶女的身世之后才涌上心头，但诗中“终岁”“旦暮”“往往”等时间词却透露了诗人的真实心声，原来“谪居卧病浔阳城”的日子并不像表面看起来的那样恬静舒适。读诗后反观其序，在闪烁其辞间，更能感受到诗人内心的失落。最后，所有的怜悯同情、痛苦哀怨都凝聚在“同是天涯沦落人，相逢何必曾相识”一句的直接抒情中。一个“同”字超越了时空的界限，将千百年来无数失意之人集合起来，千千万万同病相怜之人发出“相逢何必曾相识”的感慨和共鸣。诗人直面内心、直抒胸臆，道出了人人都可能产生，却难以言明的“天涯沦落”之恨。语篇体裁制约着语篇的内容形式，影响语篇的情感表达。从意向性来看，诗人选择兼具叙事性和抒情性的“歌行”体式，叙述“歌以赠之”之事，抒发“天涯沦落”之情。诗人与能歌善曲的琵琶女对话，写下了自己的怜悯与同情；诗人与远在京都的唐宪宗对话，表达了自己迁谪的痛苦与哀怨；诗人与同病相怜的沦落客对话，道出了超越时空的感慨和共鸣。

二、《琵琶行》的可接受性

可接受性是指语篇的创生意图被读者理解或接受，这是衡量语篇质量的重要标准。只有作者生成的语篇符合读者的接受心理和审美需求，读者才会乐意参与对话，才能实现情感的沟通与交互，最终达成交际意图。《庄子·渔父》曰：“真者，精诚之至也。不精不诚，不能动人。”清代黄周星在评价乐天诗的时候也说道：“乐天之妙，妙在全不用才学，一味以本色真切出之，所以感人最深。”千百年来，《琵琶行》能够为世人津津乐道，很大程度上也正是因为白居易的至诚至真，读者与他塑造的艺术形象共鸣、与他抒发的普遍情感共鸣。

（一）与艺术形象共鸣

长久以来，学界围绕《琵琶行》所记情节真实与否争论不休，但正如王汝弼所言：“是否果有长安倡女事，可置勿论。但诗中所写，则宛然一典型人物，具有艺术真实性，可贵在此，而不在是否真人真事也。”[①]《琵琶行》或许并非完全是真人真事，但是却创造了极其高妙的艺术典型，并以其强烈的艺术感染力而被世人称颂不绝。

---

① 王汝弼．白居易选集[M]．上海：上海古籍出版社，1980：181.

《琵琶行》塑造了被侮辱、被损害的典型歌女形象。作为昔日的长安名伎，琵琶女容貌俏丽、受人追捧，长安城美丽超群的秋娘都嫉妒她的容颜，京城的富家子弟争着抢着来为她献彩。而作为今日的浔阳商妇，琵琶女容貌不再，门前冷落，只能委身于"重利轻别离"的商人，独守空船，孤独寂寞。一方面，白居易通过神态、动作写琵琶女。比如写琵琶女的矛盾心理，一出场，"犹抱琵琶半遮面"的动作便表示了她的犹豫不决；一曲完毕，"沉吟放拨插弦中"的神态又表现了她的欲说还休；随后，"整顿衣裳起敛容"的动作和表情则揭露了她挣扎过后，准备倾吐衷肠的心理。诗人细致的描绘、高超的语言使读者对琵琶女的心理活动感同身受。另一方面，白居易通过特定背景写琵琶女。比如诗歌开头交代故事发生的地点"浔阳江头"、时间"夜"、事件"送客"，又选取了两种秋景"枫叶""荻花"来点染环境，把琵琶女置于萧瑟的清秋景象中，给人真切感，使读者易于接受。除此之外，白居易还通过典型场面写琵琶女。比如"五陵年少争缠头"四句极力渲染琵琶女往日的豪华排场，与后来的"门前冷落车马稀"形成鲜明的对比，从炽热到凄凉的巨大落差极易感染读者。

琵琶女的遭遇有其特殊性，但是她身上表现出的不幸却是普遍的。她的命运从一开始就注定是不幸的，色艺双全、勤学苦练不过只是一时荣华的基础，等到年老色衰、人老珠黄自然而然就坠入了深渊。在这一形象面前，读者怎能不有所感触呢？更何况诗人也袒露了自我，主宾俱化，专一而更专一，感慨复加感慨。由此，透过典型人物的灵魂和命运，产生了一种刻骨的艺术感染，契合了读者的接受心理，使人终生难忘。

（二）与普遍情感共鸣

《长恨歌》《琵琶行》堪称白诗"双璧"，《长恨歌》中帝妃的爱情故事自带历史光环，本就引人入胜，相比之下，《琵琶行》所写的不过是普通人的故事罢了。那么，白居易是如何使普通人的故事比肩皇家秘辛，超越历代文人的同题之作，使读者在心灵上产生巨大震颤呢？笔者认为，主要原因便是《琵琶行》在抒发情感上高人一筹。

白居易借音乐抒发个人情感。音乐是诗人和琵琶女的"第一语言"，如果没有音乐就不会有这段相遇相知的故事，也不会有让人感动至深的表达。写不尽之意，见于言外，没有什么比音乐更适合传达言外之意的了，音乐是传达内心曲折感情的最好艺术。琵琶女的情感起伏便蕴藏于音乐节奏的变化之中：弹奏《霓裳羽衣曲》和《六幺》时，或急或缓、或高或低、或粗或细、或滑或涩，余音袅袅，回味无穷；之后又在"此时无声胜有声"的短暂停歇中积蓄力量，产生延宕的效果；

“银瓶乍破”“铁骑突出”再次把音乐推向高潮，却在到达高潮时又戛然而止。读者在这变化万千的音乐节奏中，可以触摸到琵琶女的感伤和回荡起伏的心潮。用有形的文字写无形的音乐和情感，足见白居易功力之深。

白居易还将个人情感升级为能引起共鸣的普遍情感。共鸣往往要求欣赏对象所蕴含的情感契合欣赏者的内心，就《琵琶行》而言，诗人欣赏琵琶女、世人欣赏白居易都因为在情感上有所共鸣。首先，是诗人与琵琶女的共鸣。诗人听完琵琶曲和琵琶女的身世，发出了“同是天涯沦落人”的感叹；琵琶女听完诗人的倾诉，弦转急下，“凄凄不似向前声”；最后，诗人听懂了琵琶女借音乐传递的情意，泪湿沾巾，你来我往的互动将“天涯沦落”的情感推向高潮。其次，是世人与白居易的共鸣。白居易体察到不同社会地位、不同人生经历的人都有可能经历人生的起伏，在特定情境下产生同病相怜的悲鸣。所以，他将对琵琶女的同情与怜悯、文人学士迁谪的悲苦与感伤故事化、音乐化、情感化，演化为哀叹不幸命运的普遍主题，发出“同是天涯沦落人，相逢何必曾相识”的浩叹，引发后世无数偃蹇困顿者的共鸣。

语篇生产影响语篇的可接受性，语篇的可接受性又反作用于语篇生产。因此，作者为了传递交际意图，会自觉地将潜在读者的心理程序纳入创作的考量过程，以拉近与读者的距离。《琵琶行》是一首具有典型对象意识的诗篇，白居易在运思的过程中，充分考虑到诗歌的可接受性，以生动的人物形象和强烈的情感潜势打动人心。

三、《琵琶行》的信息度

信息度是指语篇中常规信息和偏离信息的配置程度，是语篇信息处理的重要概念。对于读者而言，信息度过高，会导致信息过载进而影响交际效果；信息度过低，则会导致阅读乏味进而影响阅读兴趣。所以，高明的语篇生产者往往会根据语篇的意向性和读者的可接受性，调配“新”“旧”信息，以合理控制信息度。《琵琶行》一文叙事和抒情兼备，以常规语言为叙事基础，适当借助偏离常规的抒情表达，构成了前景化的表达效果。作为脍炙人口的名篇，本文的常规信息一目了然，此处不予赘述，主要从语词、韵律、句式三个方面对该诗偏离常规的特殊表达进行分析。

（一）语词的偏离

白居易在《琵琶行》中用不同的语词来指代同一个意思。如开篇“主人下马客在船，举酒欲饮无管弦”一句，“管”指管乐，“弦”指弦乐，此处采用借代的手法，以“管弦”来统称音乐，不仅含蓄地表达了宴饮之时“无音乐不尽兴”的想法，也为后文“忽闻琵琶声”做好了铺垫。又如诗人自述身世时说道“终岁不闻丝竹声”，这里“丝竹”与上文的“管弦”同义，“丝”是弦乐，“竹”是管乐，用来统称音乐，既避免了与“浔阳地僻无音乐”重复，又暗示了白居易内心难以言喻的苦闷。除此之外，该诗还用“京都声”“山歌”“村笛”“仙乐”等词表示音乐，不仅规避了语词的单一，还能窥见诗人隐藏其中的爱憎喜恶。白居易在《琵琶行》中还用一个人来指代一类人。如“曲罢曾教善才服，妆成每被秋娘妒”一句中“秋娘”本是唐代的一位歌舞名伎，这里用来泛指所有善歌貌美的歌伎，侧面彰显了琵琶女年轻时在容貌和才艺上的突出，也暗暗揭示了“秋娘”们共同的命运。篇末“江州司马青衫湿”一句则完全相反，白居易用一类人的名称来特指一个人，“江州司马”是一官职，这里白居易用来表示自己，既包含了浓浓地自嘲，也表明了迁谪之人共同的情感。语词的偏离不仅丰富了诗句的形式和内容，还内蕴了诗人的情感。诗人对琵琶女的怜悯与同情，诗人自己迁谪的苦闷与无奈，诗人对“天涯沦落人”的呼喊与召唤都藏匿其中，等待着读者的挖掘与对话。

（二）韵律的偏离

《琵琶行》被称为“千古第一音乐诗”。白居易不仅灵活地使用语词，还巧妙地处理诗歌的韵律，将叠词、联绵词、押韵等表现形式运用到诗歌当中，使诗歌韵律多变却又朗朗上口。首先是叠词的使用。白居易使用叠词描写客观之景，如“瑟瑟”写秋之萧瑟，“茫茫”写夜之凄寒，化静为动，将送别的心境淋漓尽致地描绘出来；白居易还使用叠词描绘无形的音乐，如“续续”“嘈嘈”“切切”“凄凄”等词，或绵长、或粗重、或轻盈、或凄婉，将琵琶女高超的弹奏技巧用文字表现出来，赋予诗歌语言以音乐美。其次是联绵词的使用。如“间关莺语花底滑”一句，“间关”是叠韵联绵词，“莺语”是双声联绵词，“花底滑”中“花”和“滑”间隔双声，双叠相间，音韵和谐，轻快婉转，表现出相对平和的情绪。此外，诗人还灵活地运用押韵。不仅同句押韵，如“弦弦掩抑声声思”，用“抑”和“思”两个仄声韵加重伤感的情绪表达；还邻句押韵，如“大弦嘈嘈如急雨，小弦切切如私语”，用“雨”和“语”两个声韵相同的同音字表达悲郁沧桑的心绪。由此可见，韵律的偏离使整首诗歌的音韵更加和谐，音调更加顿挫，句式更加有节奏感，语言的音乐美充分展现在读者面前。不仅如此，白居易不刻意用韵，他依情用韵，情感的此消彼长和韵律的波动起伏始终保持一致，使得诗歌的情感也充分暴露在读者面前。

（三）句式的偏离

《琵琶行》的句式错综变化。首先，诗句既平行又错综。如音乐描写的名句，“大弦嘈嘈如急雨，小弦切切如私语。嘈嘈切切错杂弹，大珠小珠落玉盘”前两句在句法上对称平行，三四句开始打破对称句式，采用具有连贯性的“流水”句式；之后“间关莺语花底滑，幽咽泉流冰下难。冰泉冷涩弦凝绝，凝绝不通声暂歇”也类比上面四句，前两句对称，紧接着就打破对称的平衡，采用顶真的手法使句式前后连贯却又略带错综。统一却不单调的句式既能表现诗人细腻的情绪变化，又能传达诗人的交际意图，引起读者的对话与共鸣。其次，诗歌兼用骈句和散句。如琵琶女自述身世的诗句，“沦落”前的生活多以骈句来写，如“曲罢曾教善才服，妆成每被秋娘妒。五陵年少争缠头，一曲红绡不知数。钿头银篦击节碎，血色罗裙翻酒污”六句，句子之间语词对称，突出了语言的节奏感，同时契合了欢乐的语境。“沦落”后的生活则多用散句来写，如“门前冷落鞍马稀，老大嫁作商人妇。商人重利轻别离，前月浮梁买茶去。去来江口守空船，绕船月明江水寒”，略带错综的句式使语速放缓，同时婉转纡徐的语气与琵琶女此时伤感、悲戚的心境相契合。

语篇生产者往往借助“偏离”的信息结构来调整语篇的信息度。“偏离”是一种反常规的语言表达，不仅是表现形式上的“生新”，也是美学意义上的“开新”，是作者为了达成交际意图进行的有效配置。因此，分析语篇的“偏离信息”，可以帮助读者理解语篇的主题意义，感受语篇的艺术价值。白居易在《琵琶行》中借助语词、韵律和句式的偏离引起读者的惊异与审美，加强了语篇的交际效果。

（摘自阮莹莹的南京师范大学硕士学位论文《语篇分析视域下的〈琵琶行〉阅读教学研究》，2023，有改动。）

第二节　《鹊桥仙》语篇分析

《鹊桥仙（纤云弄巧）》是宋代词人秦观的名篇。中国传统文学作品中不乏以牛郎织女这一神话故事展现人间悲欢离合的佳作，如《古诗十九首》里的《迢迢牵牛星》，曹丕的《燕歌行》，杜牧的《秋夕》等。与秦观同时期的欧阳修、苏轼、柳永、李清照等人也曾借此吟咏，虽遣词造句卓然不群，却未跳出“欢娱苦短”之窠臼。相形之下，《鹊桥仙(纤云弄巧)》在婉约清丽之外自有豪气，堪称命意高妙，独出机杼。对于这样一篇词作，借鉴语篇理论探究其语言文字运用技巧，体悟文字背后所承载的语义功能、篇章内在的审美意蕴以及现实情境的交际功能，或许更为契合教材编者的意图，能使学生获得经典的审美体验和人生体悟。

一、解码语篇内涵，把握词作特质

根据巴赫金的话语理论，所谓语篇解码主要是针对话语的理解而言的。这种解码包括四个过程：一是对词语生理和心理上的感知；二是对词句概念意义的认知；三是对语境意义的认知；四是积极能动的对话。① 因此，学生可通过多篇文章的比较阅读，解码语篇的多层内涵，把握词作特质。

例如，柳永的《二郎神(炎光谢)》中的“应是星娥嗟久阻，叙旧约、飙轮欲驾”，词中的织女慨叹光阴，思君情切，“飙轮”越银河。同样，秦观《鹊桥仙(纤云弄巧)》中“飞星传恨”的“飞”字，表面上写“星”的流速之快，实际上是写牛郎织女渴盼相见的急切心情。但紧接着的“银汉迢迢暗度”，轻描淡写的一个“暗”字，却“此时无声胜有声”，天下几许深情尽在不言中。衣带飘逸，脚步轻缓，喜鹊压音，银河静谧，天地间一片寂然，静待相逢。如果说柳永笔下的织女个性率真，风风火火御风驾车，很有凡间女子的烟火气，是人间版的织女；那秦观笔下的则是仙境版的，他们纤云做衣，星汉传情，是神仙眷侣。② 所以，通过对语篇中词语的多重解码，我们感受到词语所引起的生理和心理的不同体验，秦观笔下的急切和柳永笔下的“飙轮”是如此不同，秦观的含蓄婉约并非用词晦涩难解，而是将情感蕴藏在场景刻画或人物的举手投足中，需要读者细心体察。再如，南宋范成大写牛郎织女的离愁别恨，“相逢草草，争如休见，重搅别离心绪。新欢不抵旧愁多，倒添了、新愁归去。”范成大以愁写愁，而《鹊桥仙(纤云弄巧)》中却不着一“愁”字，尽是“柔情似水”的缱绻依恋，如梦似幻，不忍别离，恰似柳永《雨铃霖(寒蝉凄切)》中“留恋处，兰舟催发，执手相看泪眼，竟无语凝噎”，相见时难别亦难，别是一番滋味。

因此，通过对比阅读，多层解码《鹊桥仙(纤云弄巧)》的语篇内涵，我们可以

---

① 贡如云. 语篇解码说：语文阅读教学本质论略[J]. 中小学课堂教学研究，2020(10)：3-6.

② 田静，徐惊尘.《鹊桥仙》教学实录及点评[J]. 语文建设，2011(12)：17-21.

发现该词由愁苦切入,然后转为相逢的喜悦,再到离别的不舍,这就使得该词作在含蓄婉约中带着一种力量。可见,含蓄、委婉、深沉正是秦观词的特质。三分诗七分读,古诗词诵读就是要因声求气,将这种愁乐交织的情感读出来。

二、聚焦语篇情境,触摸词人心理

在语篇分析中,语义侧重于情境意义的解读,涉及语篇思想、内容、题材、文化背景、价值取向等要素。秦观词文辞和情感都很出众,评论家蔡伯世这样评价:"子瞻辞胜乎情,耆卿情胜乎辞。辞情相称者,惟少游而已。"明人沈际飞评:"(世人咏)七夕,往往以双星会少离多为恨,而此词……化腐朽为神奇!"历代咏叹牛郎织女的作品非常多,何以这首词却具有化腐朽为神奇的力量?

迢迢牵牛星,皎皎河汉女。纤纤擢素手,札札弄机杼。终日不成章,泣涕零如雨。河汉清且浅,相去复几许。盈盈一水间,脉脉不得语。[《古诗十九首(迢迢牵牛星)》]

云阶月地一相过,未抵经年别恨多。[杜牧《七夕》]

几许欢情与离恨,年年并在此宵中。[白居易《七夕》]

乞巧楼空,影娥池冷,佳节只供愁叹。[纳兰容若《鹊桥仙·七夕》]

通过阅读历代吟咏牛郎织女的诗词,我们可以聚焦背后诗人的文化心理。历代咏叹七夕的文人墨客多悲吟寻恨,秦观却多了一份豁达洒脱。那秦观的词又何以呈现这样的特点?

秦观是豪放派代表词人苏轼的学生,却另立门户成为婉约派的代表。史书记载:秦观善诗赋策论,与黄庭坚、晁补之、张耒合称"苏门四学士";尤工词,为北宋婉约派重要作家。秦观的词在婉约清丽之外自有一份豪气,正是由其独特的人生经历、思想境界、个性气质凝聚而成的,其中包含着婉约、愁乐、豁达的复杂组合。我们在诵读的过程中要尽可能地去触摸这种多元的气质,赏析由这多元的气质汇聚而成的这首穿越时空的词作。

三、建构语篇认知,引发审美实践

所谓语篇,是以语言为物质基础而进行编码后的产品,是大于句子的结构单位联结成的"篇章"。它是借助语言展开而持续累积意义的成果,是对完成的言语交际行为的完整记录，是自足的意义单位。[①] 诗词是特殊的语篇形式，其功能不仅在于对生命的独特发现和表达，而且在于完成交际行为。

语篇分析重视语篇情境，而且自始至终都重视及时还原语篇情境。语篇分析的目的在于还原作者的创作过程，解释如何理解和构造各种连贯的语篇。阅读教学中的语篇分析须着眼于整体，沿着语篇呈现的情境把握作者的创作思路，解读语篇的内涵，并引发审美实践。《鹊桥仙》的主题仍是离愁。离愁，自古就有，所以人们总是努力地冲淡、消解它。人们以明月传递相思，以佳酿忘却离愁，甚至不惜以殉情这种决绝的方式来实现长相守，却忘记了离愁源于爱。冲淡由爱带来的这种愁，最好还是使用爱。在秦观看来，真正的爱情是可以超越时空的，比死更永恒。

语篇学中有关语用的理论指向实践和训练范畴的语言文字运用，能为语用功能的培养提供有效的理论支持。在适切的教学情境中，学生能够充分释放思维的活力，挖掘思维的潜力，进行有深度的思维体验，促使知识不断向真实生活情境迁移，并在这一过程中不断调适、建构和反思语文学习任务，提升语文核心素养。郑桂华老师指出：学生是核心素养的学习活动主体，他们通过积极的语言实践活动，达到文化自信、语言运用、思维能力、审美创造四个方面的综合提升，形成社会生活的正确价值观、必备品格和关键能力。[②]

为了实现高品质的中国古典诗歌诵读教学，我们需要从单纯追求工具理性上升到对价值理性的追求，实现文言、文章、文学和文化融合，从而真正彰显古典文学的独特价值。[③] 因此，在《鹊桥仙（纤云弄巧）》的教学中，教师可以从文化角度研读语篇的深层智慧，引导学生联系社会现实思考"两情若是久长时，又岂在朝朝暮暮"这一跨越时空的审美价值，以对话式探究和活动为基础，通过对语言的深度建构与运用，让学生感受词人命意的高妙，理解词作的精神价值和文化内涵，实现文化理解与传承。

综上所述，本文基于语篇视角，从"解码语篇内涵，把握词作特质；聚焦语篇情景，触摸词人心理；建构语篇认知，引发审美实践"三个方面对《鹊桥仙（纤云弄巧）》进行语篇分析和教学研究。在具体的教学实践中，笔者融入类比群文阅读和对比群文阅读两种方法，借助若干助读材料达成对该语篇的个性化

① 冯为民．深度学习与语篇分析[J]．语文教学通讯，2020(10)：12-16.

② 郑桂华．2022 年版语文课程标准中课程目标的价值追求[J]．中学语文教学，2022(5)：8-13.

③ 刘宏业．语篇分析：从工具理性到价值理性[J]．中学语文教学，2022(2)：26-33.

解读和深度理解，以期为统编版教材中的古诗文诵读教学寻求新的教学视角，帮助学生增强语言文字的品鉴与运用能力，提高中华传统文化经典的传承与创生能力。

（原文《辞情兼胜 经典永恒——语篇学视域下〈鹊桥仙(纤云弄巧)〉教学研究》，作者李燕，载于《中学语文教学参考》2022(34)，有改动。）

第五章 小说语篇分析

第一节 《狼》语篇张力分析

蒲松龄《聊斋志异》里的《狼》语言极为精练，但依然具备细节完整的内容美。笔者对网上收集的十六篇教后记进行综合分析后，发现在教学中经常出现以下问题：狼之黠仅体现在假寐诱敌吗？屠夫之惧之窘是为了铺垫吗？等等。而且，教学中学生还每每流露出对狼分工合作的赞赏，认为作者的批判是刻意为之的败笔。对此，教师们感到难以解答。究其根本，源于《狼》文字浅显，我们一般使用文章学的分析方法，注重分析事件的要素和情节，易使阅读体验流于表面，难以体验其精妙所在。

若借助语篇学理论，我们或许能弥补阅读欣赏和课堂教学中的部分遗憾。语篇分析的重要任务是深入文本中发现问题，强调文本内部语言的丰富性；重视文本的"衔接"与"连贯"方法，尤其指向文本的逻辑性。在此基础上全面观照文本，领略文本的巨大张力。这也是学生必须掌握的阅读方法。

一、精练文辞以强化氛围张力

对文章开头"一屠晚归，担中肉尽，止有剩骨。途中两狼，缀行甚远"的理解，读者往往停留在交代时间、地点、人物、环境等要素方面，却忽略了特殊的文字结构所产生的独特叙事节奏和所形成的紧张氛围张力。正如苏珊·朗格在《艺术问题》一书中说："节奏的本质并不在于周期性，而是在于连续进行的事件所具有的机能性。周期性尽管很重要，但它毕竟还只能称作是节奏活动的一种特殊的范例。只有这样去理解节奏，我们才能够解释，为什么那些没有重复同一个动作的活动（例如：一个乒乓球运动员的击球运动，一只盘旋飞行的飞鸟的运动或是一个现代舞蹈演员的运动），同样也能展示出明显的节奏性。"①

篇章语言学认为，叙述节奏受制和服务于叙事意图。蒲松龄在文本的开头即制造对立双方的矛盾，在矛盾双方的冲突中把读者带入一种"悬而未决"的心

① 苏珊·朗格. 艺术问题[M]. 滕守尧，朱疆源，译. 北京：中国社会科学出版社，1983：49.

理状态。也就是说，让读者保持对于事件发展的好奇心。要保持这种状态，作者需要提供足够多的信息。但是在文章起始部分，需要做的恰恰相反：应当尽力增加叙事要素的隐藏意义，同时减少信息和叙事要素呈现的密集程度，从而增加文本的氛围张力。[①]

于是我们看到：《狼》的开头一段由五个四字句构成，是一种典型的稳定型语言节奏，与短篇小说所包孕的较为单纯的表现内容相对应。同时，虽然呈现的叙事要素乍一看就是时间、地点、人物、环境等，但揆诸后文，就能看出“屠刀”这一扭转局面的关键要素出现的合理性，这就是“屠户”这一身份的隐藏意义。

语篇分析理论指出，氛围张力的强与弱，还来自时间感。叙事时间长，氛围张力就弱，反之则强。在此处，蒲松龄舍弃了句子之间的连缀词语，甚至没有使用虚词，只是平淡地叙事。这种写法，强化了句子之间的意义连接，消弭了时间感，使稳定性的外部叙事节奏悄悄转化成紧凑型的内部语义节奏，氛围张力明显提升。

紧凑型节奏和强大的氛围张力来自多个事件或动作密集铺陈，短时间内事态迅速变化。一般说来，这种节奏类型在句子外部存在重音变多、停顿渐显、语调转曲的变化趋势，语义方面也有一个由张渐弛的变化过程。具体分析《狼》开头的这几个四字句，可以得出以下结论：①连接明快，把有转折、多层次的事情紧密结合在一起，造成一种简洁的叙述节奏，将矛盾立刻呈现在读者面前。②完全相同的句子叠合成一个近乎凝固的语义句法平面，在读者心中堆砌出主客体相遇的紧张心理碰撞。③这一组四字句，每句的第三个字或为上声或为去声，其声促而沉，“沉则响发而断，飞则声扬不还”[②]，这种声音节奏出现在均等的语言片断中，形成一个相对稳定紧促的音节链，使读者的阅读节奏等距重复，紧张心理得以强化。④每个句子两字一顿，形成单调的顿挫，构置出重复的语义类聚，强化了氛围张力。

我们通过分析本段叙事外部节奏，也就是句式的长短整散、声音的高下顿挫、韵律的抑扬变化、文字的掩映配合等交替变化，不难推导出作者刻意强化氛围张力的匠心所在，即在作家几近于平淡的描述和极少的文字中制造了矛盾，让读者也能感受到屠户中途遇狼的紧张，感受到如冰般的冷意直透心胸。这个文章开头还引发出极大的表现力和可能性：从情感上说，读者肯定希望屠户取得胜利，现实却是两只狼追逐一个人，力量对比悬殊，这就营造出了失衡感，强化了紧

① 申丹．“隐性进程”与双重叙事动力[J]．外国文学，2022(1)：62-81.

② 周振甫．文心雕龙今译：附词语简释[M]．北京：中华书局，1986：300.

张氛围。

二、增强文势以强化情节张力

篇章语言学认为，各层次的语言单位之间呈现某种程度的结构或者语义上的连接，使语义连贯，便于读者接受和理解。但在汉语中，这些连接有时很特殊，看似没有连接的语篇内容，其语义却是连贯融洽的。这种不需要外部连接表现的融贯，得益于文势的流注贯通。何为文势？文势就是语篇中文气随着语言的组合排列而运动，运行到某个语言单位的尽头，产生了语义的汇聚势能，使表达效果得以最大化。在此过程中，言语的结构和搭配、语气和修辞的相得益彰、语音顿挫和语意的强化配合形成水乳交融之态。①

《狼》在叙述两狼出现时先用“缀行甚远”。缀，即跟随。行，缓步而前。也就是说，两狼最初跟随屠户并没显现出很明显的攻击倾向。但在屠户“投以骨”之后，“一狼得骨止，一狼仍从”。从，其甲骨文字形像二人相随。由本义“随行”“相随”“跟随”引申为“顺从”“听从”，又引申为“追赶”。此时狼察觉屠户的紧张心理，便步履加快，对屠户的心理压迫也随之加强。屠户的“剩骨”扔完之后，“两狼之并驱如故”。驱，追逐。也就是说，两狼的追赶，从最初的远远跟随，到渐渐迫近的紧密跟踪，发展到急速的追赶压迫，使屠户的心理从“惧”到“大窘”，几乎达到不战而屈人之兵的效果。狼之“黠”由此可见一斑。

狼之“黠”造成的文势跌宕还可以从两个时间副词“少时”“久之”窥见。双方对峙局面刚刚形成，两狼立刻调整了策略，一狼诱敌，一狼“径去”不知所踪。诱敌之狼演技“炸裂”，“犬坐于前”，绝不是简单的动作描述，此处由屠户作为观察视角，当面之敌由“眈眈相向”之恶狼变为懒坐于地之“良犬”，读者的紧张心理也不免松懈，可见迷惑之成功；“隧入”表现了偷袭的狼也极为狡猾，时虽“久之”，其挖洞才“半入”；隔一草垛，屠户竟然不觉，必须“转视积薪后”才发现行踪，可见其动作轻微，小心翼翼；而前狼已毙，屠户到达身后，仍挖洞不止，可见其聚精会神。屠户和读者不免擦一把冷汗，因此，才引发作者“狼亦黠矣”的感慨。蒲松龄精于炼字，仅通过几个词语的小小变化，就暗暗调整了语篇的内在叙述节奏，映射了事态发展的波澜曲折，同时也影响着读者阅读时的情绪节奏，强化了文本的情节张力。

---

① 钱谷融．论节奏[J]．文艺理论研究，1994(6)：5-9．

三、隐性叙述以强化形象张力

英国哲学家、日常语言哲学中牛津学派主要代表之一奥斯汀的言语行为理论指出，语篇即是在特定交际语境下发生“言有所述，言有所为”，追求“言有所果”的言语事件。[①] 如果我们把《狼》这个故事当作屠户和狼二者之间发生的言语事件，梳理其交际过程可能会有新的发现。

这篇小说的脉络是一个简单的双线并行结构，下面试从屠户和狼两个叙述视角分析情节的走向。

从屠户角度看：

起因：晚归遇狼。——时间和环境暗示了不利的冲突背景。

经过：投以骨。……弛担持刀——惧，大窘。显示为弱势一方。

结局：数刀毙之……亦毙之——取得胜利。

从二狼角度分析，发展过程如下：

起因：缀行甚远——尾随屠户，产生冲突。

经过：仍从，并驱——占据优势。

结局：不敢前，假寐，意将隧入——失败。

根据这个结构分析，屠户取得最后胜利有很大的偶然因素。如果不是二狼放弃了主动进攻，其是否能逃脱厄运尚未可知。因此，如果仅仅将屠户的“暴起”一搏视为敢于斗争、巧于斗争，似乎有些牵强。笔者认为从作者采用的隐性叙事进程入手，屠户形象尚可继续挖掘。

在不少作品中，情节发展和隐性叙事进程呈现矛盾，以产生强大的张力关系，使语篇的主题意义、人物形象复杂化立体化，与显性情节和谐互补或者剧烈颠覆。申丹教授指出，当语篇存在双重叙事动力时，若是仅仅关注情节发展，无论从多少角度切入，都难免对语篇的主题意义、人物形象产生片面理解。[②] 作者在叙述屠户的行为、刻画其形象时，显性形象为“惧”“窘”，乃至“奔倚其下”，持刀御狼，都给读者以紧张害怕的感觉。但在本文中，屠户遇到狼之后的一系列动作行为其实都极堪玩味，可以视作隐性叙事情节。下面我们尝试从屠户的动作分析其隐性形象。

屠户中途遇狼，很害怕，“投以骨”，此处隐性意义产生在“投”字。屠户此时

---

① 丁金国．构建汉语语篇学的基础和原则[J]．烟台大学学报(哲学社会科学版)，2019，32(4)：110-120.

② 申丹．“隐性进程”与双重叙事动力[J]．外国文学，2022(1)：62-81.

将骨头远远抛出，显然是为了拖延敌人。从下文“一狼得骨止，一狼仍从”看，屠户扔的只有一根骨头，大概还希望二狼相争的局面出现。二狼并驱，危险越来越近的时候，屠户发现了“积薪”，便“奔倚其下”，然后“弛担持刀”。由此可以看出，屠户在一路逃跑的时候，也是挑着担子的。那么问题来了：丢掉担子，不是跑得更快吗？此时强调“奔倚其下”是否意味着屠户发现“麦场”之前一直是挑着担子走而不是跑？他这么做，用意为何呢？

我们还原一下当时的场景，就可以分析得出以下结论：屠户挑担走而不是跑，是为了麻痹二狼，不让它们从自己的行为中看出胆怯。发现掩体之后，直奔积薪跑去，显然是为了避免狼抢占先机，出现“前后受其敌”的不利情形。因为一路上并没有暴露自己“大窘”的心理，当他“弛担持刀”时，才对狼产生了极大的心理威胁，使“狼不敢前”，导致狼放弃了自己的优势，即扑击之速、爪牙之利，而选择了诱敌之策，造成其失误之一，终于使斗争的天平倾斜过来；而诱敌之狼选择“犬坐于前”，是放弃了面对屠户攻击的机动性，此为失误之二，由此才有了屠户“暴起”毙狼的可能。由“暴起”的动作，我们不难想象屠户动作的迅捷无匹、气势的一往无前，更可以领略屠户此时破釜沉舟、殊死一搏的勇气。屠户的斗争策略选取适宜，还可以从杀死“后狼”的动作看出来。狼“止露尻尾”，屠户选择的却是“断其股”。刀砍臀部自上而下一挥即可，但砍断大腿却须弯腰斜劈，之所以采取稍微别扭的动作，盖因断腿之后狼立刻就会丧失攻击能力，而臀部肉多，一刀之下未必能取得决定性胜利。只有注意到了这些，才能说屠户是勇于斗争、巧于斗争的形象。

用这个结构同样可以分析出：若二狼果决进击，屠户虽有刀在手，也未必能全身而退；诱敌之狼若保持随时可以攻击的姿态，屠户是否敢于暴起也未可知。蒲松龄发出“禽兽之变诈几何哉”的讥嘲自是有理有据的。

在语篇阅读中，注意到隐性叙事进程，除了能关注叙事者提供的显性信息，更能分析出隐匿在叙事冰山之下的真正意图，从而分析推理出更真实的表达意图。

基于以上分析，我们基本可以回答本文开头罗列的学生疑问。同时看得出，相对于传统的文本解读，借助语篇学的叙事节奏、衔接连贯、隐性叙事等理论，可以更有效地开掘出文本观照的整体性，分析出文本的内部结构，梳理出更为真实立体的人物形象，体味更深厚的情感传达，这些就是文本分析的核心范畴——充盈的内在张力。①

---

① 朱斌．文学张力：形成机制的探寻[J]．江西科技师范大学学报，2013(3)：102-106.

语文教学实践中，文本分析经常被默认为文学文本分析，但语文阅读并不等同于文学阅读。适当地将语篇分析理论引入阅读教学，探索语文阅读的新路径，对语篇的宏观结构与微观结构以及意义功能、交际功能等进行分析，以培养学生的自学方法意识、发展文本解读和语篇生成等语用能力，是值得同仁们重视的新课题。

（原文《语篇学视域下的〈狼〉文本张力形成分析》，作者丁长永，载于《中学语文教学》2023(10)，有改动。）

第二节 《孔乙己》话语分析

《孔乙己》是鲁迅的第二篇白话小说，对其主题和教学内容的选择，不同时代的不同专家之间存在很多分歧。但是，作为选入教材的文章，肯定要适合中学生学习，选择让学生明白语言奥秘的知识点进行教学，在这一点上，不同的学者表达了一致的认识。同时，这也是我们进行文本解读的出发点。传统的叙事理论关注的是语篇的情节发展、人物分析和主题思想等，这是说明性的分析，重点关注的是“故事是什么”“人物形象如何”“表达了什么情感”等陈述性知识点。而语篇分析视角下的文本解读将重点放在对叙事技巧的研究方面，是解释性的分析，如叙述者、叙述视角、会话含义等。也就是说，要具体分析作者为什么这样叙事，为什么采用这种方式而不是另外一种方式叙述，作者又是如何来传情达意的。因此，从语篇分析的角度来解读《孔乙己》，我们会发现更多学生应该学习和值得学习的语文知识以及语言运用技巧。

一、叙述视角的选择

叙述视角也称叙述聚焦，是指叙述语言中对故事内容进行观察和讲述的特定角度。从不同的角度去观察或者叙述同样的事件，会呈现出不同的结果和意义。作者在选择叙述视角时，并不是任意为之，而是根据文本特点、所要传达的情感和读者进行慎重的思考和选择。“在小说中，视角的选择和诗歌的形式的选择一样是至关重要的——其选择的有效性也应该与某种技巧对某些效果的实现是否合适相一致。”[①]也就是说，作者要通过叙事将信息传达给读者，那么由谁来叙述、怎样来叙述才能使作家的创作意图——审美的、主题的和社会意义的——最大化地传达给读者，就成为首要的考虑。因此，从叙述视角的角度去分析小说，可以窥察到作者的构思轨迹和行文意图。

《孔乙己》中，作者为什么选择小伙计的视角来叙述故事，来重点讲述孔乙己的人生遭遇？这并不是随意设置、任意更改的，而是作者深思熟虑的结果。不同的学者和专家对这一问题有着不同的见解，例如，孙绍振先生认为鲁迅选中小伙计作为叙述者的原因有两个：第一，让孔乙己的命运只在小伙计有限的视角里展开，这样就可以省略许多直接、正面的描写；第二，营造复杂的错位的情致。钱理群则从“叙述者”“隐含作者”“小说人物”的角度分析，得出由小伙计叙述，可以形成小说三个层次的“被看/看”结构。这些观点给了我们很好的启示和解读思路。但是，作者为什么用整个第2段来集中叙述有关“我”的经历和性格特点？起初“我”因为没能力胜任照顾长衫主顾的高级一点的工作，只能在外面做些照顾短衣主顾的简单事情，后来，“我”又因为不够灵活也不能从事这种简单的活计，最后只能专职从事温酒这种不需要太多机灵和圆滑的工作。从故事的叙事完整性来说，这部分只保留“我从十二岁起，便在镇口的咸亨酒店里当伙计”“专管温酒的一种无聊职务”两句就可以，删掉其他部分并不影响整篇文章的叙事效果，可作者为什么要在这里“浪费”笔墨呢？如果我们仔细阅读这段文字，就会发现本段有很多直接描写“我”的句子，如“太傻”“羼水也很为难”“我干不了这事”“专管温酒的一种无聊职务”，这些都在指向“我”的人物形象。显然，作者意在向读者展示一位憨厚、老实的小孩子形象。

布斯将叙述者区分为“可靠的叙述者”和“不可靠叙述者”，并认为“叙述者的道德品质就是进行评判的重要依据”[②]。因此，视角就具有道德品质揭示与价值判断的功能。读者在对这两种视角进行识别和解读的时候，对可靠的叙述者应采取顺应的态度，而对不可靠的叙述者则需在充分理解作者真实意图之后，逆向推出有关叙述者的品性以及作者通过他所要表达的观念。

创作小说的目的之一就是激发读者思考，引发读者对社会现实和内在人性的关照和思索。但是，小说首先应该让读者相信，故事的叙述者讲述的是一个真实的故事，是值得信任的，是和现实相关的。当然，这种真实不一定是现实的真实，不一定和人类生存的社会现实一模一样。这种真实更多地是一种情感和逻

---

① 彭漪，柴同文．功能语篇分析研究[M]．北京：外语教学与研究出版社，2010：78.

② 戴凡，吕黛蓉．功能文体理论研究[M]．北京：外语教学与研究出版社，2013：194.

辑的真实。读者只有认可这个故事的真实性，才能在自己脑海中建构故事所要表达的主旨和情感。《孔乙己》中，鲁迅通过小伙计憨厚老实的形象来告诉读者，故事的叙述者是一个可靠的叙述者，他所叙述的故事都是真实的，故事中的人物和事件都值得信任。读者在阅读时，面对这样一个真实的故事，就会将自己的情感和思想投入其中，对故事中人物的遭遇和情感产生共鸣、引发共情。

同时，“在故事内人物的叙事视角中，叙述者的价值观以及作者对这种价值观的判断就在这个(视角的)选择中表现出来”。[①] 作者借助叙述者的口吻和语气来表达和突出写作意图和写作情感。例如，《孔乙己》第 5 段记述了别人的议论和“我”对孔乙己的评价，交代了孔乙己的生活经历。在当时的社会，“读书”是一件被人尊重的事情，读书人在社会上有一定地位，更重要的是，孔乙己还能写得一手好字。这既令人羡慕，还有一个更直接的好处——可以做些与写字有关的工作来养活自己，维持基本的生活。但是孔乙己没有运用好自己的能力，而是“好喝懒做”，甚至“坐不到几天，便连人和书籍纸张笔砚，一齐失踪”。这样的人，自然不会受到别人的尊重，也不会被雇佣，最终去做“偷窃的事”，被别人嘲笑，最终害了自己。孔乙己的这些经历，是“我”在背地里听别人的议论得知的。但是“我”在叙述他的这段经历时，并不是完完全全、一字不落地转述别人的评价，而是在叙述中加入了“我”的情感，如“但终于没有进学”“可惜他又有一样坏脾气”，这两句中的“但”“可惜”，正是“我”对孔乙己本可以过上体面生活却最终只能讨饭谋生的结局的遗憾，也是作者“哀其不幸，怒其不争”的愤怒和悲哀等情绪的体现。

这一教学内容的选择，可为小说教学打开一个新的视角，引导学生通过小说叙述语言来对故事内容进行观察和品读，把故事放在具体的语境中，从而找到不同于一般阅读者所看到的结果和意义，真正理解语篇建构的奥秘，进而形成自己建构语篇的能力。学生学会了通过叙述视角来理解作品，再读其他叙述作品，就能够理解作者安排叙述者的匠心。

二、对话语气中的深意

在韩礼德的系统功能语法中，主语和限定成分密切联系、相互结合，构成了语气成分。一个语言交际场域必然涉及说话者和听话者，即使是一个人的独白，也有隐含的听话者存在，两者的关系及言语角色会通过语气呈现出来。在交际

---

① 戴凡，吕黛蓉. 功能文体理论研究[M]. 北京：外语教学与研究出版社，2013：197.

过程中，说话者可以随时改变他的“言语角色”，如陈述自己的见解、提问、下命令、做指示、表达惊讶或恐惧、表示怀疑等。言语角色多种多样，但是韩礼德认为最根本的言语角色只有两个——给予或者求取；而最基本的交流内容也有两个，一种是资讯，另一种是实物或服务（见表 5-1）。

表 5-1　人际言语功能

	a. 实物或服务	b. 资讯
1. 给予	提议：你要不要喝茶？	陈述：他给我一杯茶。
2. 求取	命令：请给我一杯茶！	提问：他给你什么了？

当说话者选择了其中一种角色时，便同时赋予听话者做出相应反应的角色，即听话者或接受（否决）提议，或执行（拒绝）命令，或者肯定（否定）陈述，或回答（回避）提问。

不同的语气可以实现不同的交际意义，因此对语气的分析能够较好地揭示对话者与参与者的关系。根据韩礼德的理论，李淑静、胡壮麟认为，汉语语气形式可分为陈述、疑问、祈使、感叹四大类。一般来说，人们传达资讯往往用陈述语气，希望获得资讯往往用疑问语气，传达命令用祈使语气，抒发情感用感叹语气，表达提议则兼用疑问、祈使两种语气。

《孔乙已》一文中有多处其他人和孔乙己的对话。对其统计分析后，我们会发现，其他人与孔乙己对话时，主要使用具有感叹语气和疑问语气的句子。这些句子中的语气充分展示出了对话者内心深处对孔乙己的态度。例如，“孔乙己，你脸上又添上新伤疤了！”“你一定又偷了人家的东西了！”“孔乙己，你又偷了东西了！”这些全部都是具有强烈肯定语气的感叹句。“什么清白？我前天亲眼见你偷了何家的书，吊着打”一句虽然是问句，但是同样具有强烈的肯定语气。这种语气代表着说话者不容置疑的态度，尽管说别人偷东西是要讲究真凭实据的，是很慎重的事情，但这些“短衣帮”酒客们，却用如此肯定的态度，随意说孔乙己偷窃。可以看出这些人在内心深处认为自己比孔乙己要“高一等”，有优越感，正是这种优越感让他们认为自己可以任意说一个“低一等”的人。尤其是句中“一定”“又”的使用，这些情态词语揭示了人们对孔乙己的鄙视和嘲笑，也是对凌弱怕强的人类天性通病的揭露。在这些“短衣帮”酒客们的眼里，穷困潦倒、读书不成功的人都是弱者，都应该被嘲笑和戏谑。看着这些比自己更弱的人受害受辱是这些人的乐趣。

“在语气系统中，提问的一致式（congruent form）是疑问语气，当运用祈使语气或陈述语气实施提问的言语功能时，就会出现隐喻式（metaphorical form），即语气隐喻。"①同样，命令通常是由祈使或陈述语气来表达的，但疑问语气也可以表达命令或者肯定的言语功能，而且用疑问语气来表达陈述功能，会有更加肯定的语气。孔乙己是一个读书人却没能考取任何功名，是他最痛的伤疤，这种疼痛给他带来的冲击要远远超过身体的创伤所带来的痛苦。但是人们在提及这件事情的时候，却用了疑问的语气，如"孔乙己，你当真认识字么?""你怎的连半个秀才也捞不到呢?"孔乙己读过书、能识字，是来咸亨酒店的"短衣帮"都知道的事情，他没有考中秀才也是他们都知道的，但是他们提起这件事情用的都是疑问语气，这种语气不是在提问，不是希望孔乙己来回答，而是表达一种强烈的肯定。孔乙己对没有中秀才的事讳莫如深，可是"短衣帮"酒客们偏偏喜欢谈论它，以此来让孔乙己难堪、出洋相，从而获得快乐。在他们看来，孔乙己就是失败者，所以用带有隐喻式的语气与孔乙己进行对话。同样，这些也揭示出"短衣帮"酒客们恃强凌弱的本性。

语篇学关注语言形式与意义的关系，据此，选择对话语气这一教学内容，便于学生在阅读小说时有意识地分析和了解所学语言的本质及其运用过程。通过分析对话，我们可以看出，小说中人物所说话的内容固然重要，但更重要的是说这些话的目的。学生如果学会了分析对话中的语气，就可以更好地理解作品中人物的心情与心态。

三、会话背后的情感

"从会话的角度对语篇进行分析可以更好地理解语篇的结构与功能之间的关系、交际意图与交际效果之间的关系。"②为了会话的顺利进行，会话双方要遵守一定的原则，即合作原则。合作原则包括四个范畴，每个范畴又包括准则和次准则。

"会话中的遵从策略反映了说话者与听话者之间的某种社会关系。"③也即是说在交际过程中，交际双方如果遵守各项准则，双方的会话过程、含义就会是明白的。相反，如果违背或者是故意违背其中一项准则，则可能使得话语在字面意思之外附加了一层隐含的意义。既然会话含义是隐含的，那么听话者想要明确这种隐含的意义，就必须参照特定的交际情境，透过话语的表面意义，去探寻隐藏在字面意义之下的意义。

① 彭漪，柴同文. 功能语篇分析研究[M]. 北京：外语教学与研究出版社，2010:78.

② 杜金榜. 语篇分析教程[M]. 武汉：武汉大学出版社，2013:35.

③ 杜金榜. 语篇分析教程[M]. 武汉：武汉大学出版社，2013:36.

《孔乙己》中有多处提到孔乙己能够给大家带来快乐，如“孔乙己是这样的使人快活”“引得众人都哄笑起来：店内外充满了快活的空气”“在这时候，众人也都哄笑起来：店内外充满了快活的空气”“而且掌柜见了孔乙己，也每每这样问他，引人发笑”“不一会，他喝完酒，便又在旁人的说笑声中，坐着用这手慢慢走去了”等等。在大家眼里，孔乙己是被嘲笑的对象，是引发开心的笑料。孔乙己给大家带来的欢乐让他们忘却了现实的痛苦，给他们麻木的生活增添了一点亮色。也许，只有在取笑孔乙己时，他们才能感觉到久违的轻松。但是当孔乙己遭受生命的威胁时，他们又是什么反应呢？我们来看掌柜的和一名“短衣帮”酒客的对话：

> 一个喝酒的人说道：“他怎么会来？……他打折了腿了。”
>
> 掌柜说：“哦！”
>
> “他总仍旧是偷。这一回，是自己发昏，竟偷到丁举人家里去了。他家的东西，偷得的么？”
>
> “后来怎么样？”
>
> “怎么样？先写服辩，后来是打，打了大半夜，再打折了腿。”
>
> “后来呢？”
>
> “后来打折了腿了。”
>
> “打折了怎样呢？”
>
> “怎样？……谁晓得？许是死了。”
>
> 掌柜也不再问，仍然慢慢的算他的账。

上述对话中，当掌柜得知孔乙己最近不来的原因是被打断了腿后，他只说了句：“哦！”这个随口的一答，足见其没有把孔乙己的遭遇放在心上。至于孔乙己被打断腿后是如何生活的，有没有医治等情况，更不是他所关心的。在后来的对话中，掌柜不停地追问“后来呢”“怎么样”，并不是关心孔乙己的情况，而是关心事情的结果，当他知道事情的结果后，就“不再问”。而讲述这个消息的酒客，在听到掌柜的追问后，有两次是重复他的问题——“怎么样？”“怎样？”酒客在明明听到他人问题的情况下重复问题，这就破坏了会话的合作原则，使得对话的流畅度减弱。这种对话人有意对合作原则的破坏，是其内心情感和心理的反映。同时，“如果听者不耐烦或想插言帮助，就会出现话语的重叠”[①]。酒客对掌柜问题的重复，既是对掌柜追问的不耐烦和反感，也表明他对孔乙己的遭遇毫不同情。

① 杜金榜．语篇分析教程[M]．武汉：武汉大学出版社，2013：27.

再后来，当掌柜和“短衣帮”看到孔乙己坐在蒲包上用手行走时，他们还是没有顾及孔乙己的悲惨处境，依然像过去一样嘲笑甚至讥笑他。可见，他们对给他们带来欢乐的孔乙己的生死毫不关心，对其悲惨处境无动于衷，对其可怜境遇冷漠麻木。

语篇还特别关注话语的使用和语境的关系。小说的本质特征是叙述和虚构，作者的创作目的隐含在文字背后。教师引导学生从语篇的角度来体味话语使用者之间的相互关系，以及话语与文化和意识形态之间的关系，十分有利于学生正确、深刻地理解作品，准确地抓住会话背后的含义及语篇结构的目的。

文本阅读教学由于受应试的影响，套路化越来越严重。教学的套路化不仅反映在教学内容的套路化上，还反映在教学方法的套路化上。语篇分析作为一种新的视角，可以为文本解读提供借鉴和新思路，为文本提供新的教学内容，进而促进教学方法的变革，帮助学生在理解语篇结构的基础之上，提高阅读能力，最终实现“阅读教学就是教学阅读”的目的。

（原文《语篇分析视角下教学内容的选择——以解读〈孔乙己〉为例》，作者薛城，载于《语文教学通讯》2021(14)，有改动。）

第三节 《祝福》前景化分析

近年来，为解决语文阅读教学中目标不切实、不精准，内容不清晰、不精当，评价没跟进、不到位等问题，我们构建了三层六级进阶教学理论，它为文本教学解读及语文阅读教学提供了一个简便易行的操作框架。该框架中，释义是基础，解码是关键，评鉴则是终极目标。但是恰如歌德论文艺所揭示的那样：“材料是每个人面前可以见到的，意蕴只有在实践中须和它打交道的人才能找到，而形式对于多数人却是一个秘密。”[①]所以对文本“形式”进行解码，探明其技艺机理和智慧匠心，既是阅读教学的重点，也是难点所在，语文教师专业发展很大程度上就系于解码能力的养成上。文本解码的知识主要来源于语文课程的基础学科，

① 朱光潜. 西方美学史[M]. 北京：商务印书馆，2011：466.

如语言学、文艺学、文章学、阅读学、写作学等，但与语文课程关联的边缘学科、横断学科及其相关的文本解码操作性知识，我们却关注甚少。前景化，作为文学鉴赏与文学创作的基本方法，它是文体学这一横断学科重要的解码工具，能为经典文本艺术密码或形式秘密的解锁提供有效通道。本文试以鲁迅启蒙转型期的小说《祝福》为例，探讨如何运用该理论对文学经典作品进行文本解码。

一、何为前景化

前景化这一概念出自绘画理论。20 世纪初，格式塔心理学家鲁宾等人对视觉艺术进行了研究，他们发现，人们对绘画作品进行感知时会自动区分出主体（前景）和背景，所谓前景，它是相对于背景而言的。从美术创作的角度而言，成熟的画家会有意识地将要表现的艺术形象作为前景在背景中凸显出来。后来文学领域的学者们借鉴了这一概念并展开了系统全面的研究，从而对文学批评乃至文学创作产生了重大影响，“前景化”遂成为文体学、语篇学等学科的重要术语。所谓文体学，它是指介于语言学、文艺学、文章学、美学、心理学等学科之间的一门交叉学科，它侧重研究文体的特征、本质、规律、功能以及与此相关的语言形式。单一的学科和视角只能认识体裁的某一侧面和局部，无法从不同维度和层次上去透视体裁的内在本质和深层涵义，而文体学打破了学科之间的传统疆域，实现了学科间的相互交叉和渗透，并使其面貌焕然一新。

文体学领域的前景化理论滥觞于俄国的形式主义，后者的代表人物是什克洛夫斯基，什氏曾提出文学领域著名的“陌生化”理论。之后布拉格学派代表人物穆卡洛夫斯基、雅各布森等人对该理论做了进一步阐发，并开创与构建了自己的前景化理论。穆卡洛夫斯基首次使用了文体学领域的“前景化”概念，他认为，前景化是自动化的对立面，前景化的目的就是打破语言的自动化和陈俗化。雅各布森则提出了语言运用的等价原则，也即是“平行原则”。再后来，英国的韩礼德、利奇和肖特等人从文体学的角度对前景化理论进行了深入研究。韩礼德主张，前景化是指“有动因的突出”。利奇指出，前景化的策略有两种，一是语言偏离，二是排比/对称结构。而利奇和肖特又进一步对偏离和突出进行了区分。至此，前景化理论走向完备与成熟。综上，前景化是一种文体审美效果和语言审美形式，文学语言或诗学语言的功能就在于最大限度的前景化。

20 世纪 40 年代，我国比较文学学者钱锺书在《谈艺录》中综论中国传统诗学，在行文中曾以“径路绝而风云通”来呼应西方的前景化理论，所谓“风云通”即指“前景化”。[①] 21世纪以来，前景化已成为国内文学文本（语篇）分析的重要理论，文体学领域的一些学者纷纷尝试用这一工具对文学作品进行文本解读，且已产生一定的学术影响。如：李美芹、郑然丹等以《红楼梦》中的《好了歌》为例，对其偏离和并置的语言特征进行了详细阐释；郭婷从语域偏离理论入手，分析了《茶馆》这部戏剧中的黑色幽默现象；刘静、刘红艳从前景化的视角对《狂人日记》的两个英译本进行比较，探讨译者在再现原文的前景化特征时所采取的策略；陈彧、李岩、陈顺子则对先锋小说进行了前景化分析。然而在语文教学理论研究和实践运用层面，人们对前景化这一工具涉及甚少。我们认为，作为一种跨学科和综合性的文学理论与分析工具，前景化揭示了文学语言运用的基本规律，其主要价值在于它是语言形式与文体功能的结合点，它能为语文教学场域的文本（语篇）解码提供一种新思路和新方法。

二、《祝福》前景化的表现形式

（一）偏离：小说功能和特质的再赋能

穆卡洛夫斯基认为，在文学实践活动中，人们往往会对语言进行转换或创新，追求一种富有个性和创意的表达。根据文体学的基本观点，文学语言总是有意识地违反常规语言规则，通过偏离的手段来打破人们习以为常的自动化的阅读习惯，进而引起惊异、震撼与审美，产生类似于陌生化的交际意义或艺术效果。常见的偏离类型有：文体偏离、语音偏离、词汇偏离、语法偏离、语义偏离、语境偏离、语域偏离、语体偏离等。

鲁迅小说普遍存在文体偏离的特征，他在小说文体的改造方面有着高度的文化自觉。五四以前，小说多被视为“闲书”，主要供读者消遣娱乐，其功能较为单一，因而小说往往难登大雅之堂。但在五四新文化运动的社会语境下，鲁迅却赋予小说以新的意义和功能，他将小说与文学革命、语体革新、社会改良和人性重建联系了起来。鲁迅曾这样告白道：“在中国，小说不算文学，做小说的也决不能称为文学家，所以并没有人想在这一条道路上出世。我也并没有要将小说抬进‘文苑’里的意思，不过想利用他的力量，来改良这社会。”[②]“（写小说）必须是‘为人生’而且要改良这人生。”[③]联系鲁迅短篇小说的创作实绩来看，他在文体、

① 钱锺书. 谈艺录[M]. 北京：中华书局，1993：532.
② 鲁迅. 我怎么做起小说来[M]// 鲁迅全集：第4卷. 北京：人民文学出版社，1981：26.
③ 鲁迅. 我怎么做起小说来[M]//鲁迅全集：第4卷. 北京：人民文学出版社，1981：512.

主题、选材、人物塑造、叙事结构、话语方式等方面作出了全面的革新，他开创了现代文学史上的乡土叙事模式，而这也是五四新小说的根本特征之一。朱光潜在《谈文学》中指出："作者可以分为两大类……一是因袭者、守成者；一是反抗者、创业者。"①"每一个大作家沿用旧体裁，对于它都多少加以变化甚至于破坏。他用迎合风气的方法来改变风气。"②一味地因袭和守成不可能成为大家，真正的大家既有因袭和守成，更有改革和创新。因此就作品的深刻性、反叛性、异质性、超越性或者说"表现的深切和格式的特别"这一点来看，鲁迅堪称小说文体的革新者，而鲁迅自己在《我怎么做起小说来》中也借评论家之口以"Stylist(文体家)"自许。

就鲁迅的短篇小说《祝福》来看，其偏离则体现在它兼具抒写心灵的散文特质。散文界知名学者刘锡庆曾指出："散文是一种最适合抒写作者主观情感、心灵的文学形式。它是一种'自我'的文学，'个性'的文学。"《祝福》可谓作者自我心灵投影相当浓厚的一部小说，它反映了特殊时期鲁迅晦暗的复杂心绪。在小说《祝福》中，"我"是一个现代知识分子，但是结合生存境遇、启蒙失语和自我反讽来看，叙事者"我"与作者鲁迅本人存在较大的重合度。原因有三：其一，二人在无家的孤独感上高度契合。《祝福》的叙事主体"我"尽管眷恋并回到了故乡，但身在故乡却丝毫没有归宿感，其境况恰如加缪所说的"我被流放在自己的家园"。由于不堪忍受鲁镇的沉闷气氛和鲁镇人的一成不变，"我"不断地在留与走之间徘徊。而现实生活中的鲁迅，1923 年 7 月与兄弟周作人失和，往日"同游的朋友"也已"云散"，外加拖着病体四处寻找住所，这令其备感孤独、郁闷、痛苦和愤懑。其二，对待蒙众的态度高度契合。作为深受封建思想毒害的祥林嫂，她在河边对"我"展开了一场"灵魂有无"的拷问，"我"陷入了说真话与讲假话的两难境地，仓皇之余便以"说不清"为由逃避了祥林嫂的追问，这反映了"我"在辛亥革命失败后变得迷茫和迟疑了。而现实生活中的鲁迅，在五四运动落潮尤其是《新青年》停刊后，已经"成了游勇，布不成阵了"③，他对启发和唤醒蒙昧者的信心已产生动摇。鲁迅后来于《彷徨》书册上所题写的"寂寞新文苑，平安旧战场。两间余一卒 ，荷戟独彷徨"，正是他当时苦闷心情的真实写照。其三，在控诉悲凉现实和讽刺凉薄社会方面高度契合。祥林嫂在祝福之夜悲惨地离世后，鲁迅写道："然而在现世，则无聊生者不生，即使厌见者不见，为人为己，也还都不错。"这里作者借叙事主体之口，反讽式地传递出自己当时激愤、悲凉的思想情感。当然前述散文的"自我"抒写并不等于我们可以简单地将《祝福》中的"我"视作鲁迅本人，严格地讲，

---

① 朱光潜. 谈文学[M]. 上海：东方出版中心，2021：113-114.

② 朱光潜. 谈文学[M]. 上海：东方出版中心，2021：89.

③ 鲁迅. 南腔北调集[M]. 南京：译林出版社，2014：34.

“我”只是鲁迅塑造出来的一个文学典型，“作为一个被创造出来的小说人物，‘我’毋宁是包含鲁迅在内的‘我们’，即更广大的中国现代启蒙知识分子群体。”①

（二）平行：人物塑造上的重复与并置

雅各布森在平行结构研究领域可谓独树一帜。他认为，对等原则塑造了诗歌的平行结构，平行是一种二元组合，平行结构正是由二元对立的关系所构成。在阐述自己的诗性功能和文学性等理论的过程中，雅各布森指出，平行是诗歌恒定的法则，可以说，“任何一个词或句子，当它们进入由普遍的平行原则建构起来的诗歌之中时，就受到这个系统的制约，立刻融入相关语法形式和语义价值的强大阵列”。② 平行结构中的对等要素之间的关系要么是相同或相似，要么是相反或不相似，而这种二元对等或对立带来的恰恰是意义的强化与冲突，以及意义生成的多样化。英国著名的文体学家利奇、肖特则主张，平行就是频繁使用某种语言结构，平行并不限于二元对立，有时它可以是三项乃至多项要素的铺排或并置，就语言单位而言，它呈现出超过常量的重复或排比的特点。换言之，“在语言的线性组织的不同位置，即在通常情况下人们期望在选择上有所变化的地方，重复选择了同一语言成分。”③综上所述，平行通常由两个或多个句法结构相同或相似，意义相关或相反，某些语言成分（词语、短语、句子、段落等）在相邻或同样位置上重复出现的语言单位构成。平行结构的使用能大大增强语言的表现力、感染力和说服力。小说《祝福》在人物刻画与角色安排上可谓匠心独运，它采用了纵横交错的双重平行结构。

从纵向上看，文章中多次出现关于祥林嫂动作和语言的重复叙写。既有祭祀时被喝阻的两次“缩手”：一是祥林嫂第二次到鲁家，在四婶阻止她摆放酒杯和筷子后“讪讪的缩了手”；二是捐门槛回来，四婶依旧阻止其拿酒杯和筷子后她“像是受了炮烙似的缩手”。也有儿子阿毛之死的四次呓语——祥林嫂再到鲁镇后，逢人便“直着眼睛”诉说阿毛被狼吃了的故事。这故事在小说中反复出现，不仅内容完全一样，而且句子表述也基本相同。鲁迅创作崇尚简洁，力避唠叨，可省之处，“决不硬添”。但是这里却一反常态，不惜笔墨地重复叙写，其意乃在强化对封建礼教批判与控诉的艺术效果。此外，文章中多次出现对“我”内心活动的平行叙

① 郜元宝．“连自己也烧在这里面”——读《祝福》[J]．鲁迅研究月刊，2020(1)：4-9．

② Roman Jakobson，Krystyna Pomorska．Dialogues [M]．New York：Cambridge University Press，1983：79．

③ 邓仁华．“前景化”概念的演变及其对文学文本解析的功用[J]．华南理工大学学报(社会科学版)，1999(2)：118-124．

写。在鲁镇的日子里，我共有四次明天要“走”和五次内心“不安”：从“无论如何，我明天决计要走了”，到“也就使我不能安住”“很觉得不安逸”“我总觉得不安”“这不安愈加强烈了”，从“不如走罢，明天进城去”“无论如何，我明天决计要走了”，再到“接着是很不安”“便立刻告诉他明天要离开鲁镇，进城去”。这里，叙述者“我”的“走”与“不安”显然是以否定鲁镇秩序为基础的，而且每重复一次，其告别故乡的急切之情就加码一级。

从横向上看，祥林嫂与“我”是鲁迅重点塑造的一对并置式人物形象。首先，他们在行动轨迹和精神的孤独感上存在极大相似之处。祝福之日整个鲁镇都在忙碌，但是他们却显得那样格格不入，都是百无聊赖的局外人，都是因丧家而“暂寓”鲁镇的“异己者”。祥林嫂的人生经历极其凄惨，她在丧偶、被逼改嫁与丧子的悲惨生活中，经受着“有家—无家—有家—无家”的反复折磨。而“我”生于鲁镇，“虽说故乡，然而已没有家”。鲁镇终究不是安放“我”灵魂的“家”，“我”与鲁镇及鲁镇人的隔膜使“我”处于“离乡—返乡—离乡”的焦虑与挣扎之中。在鲁四老爷家，他们都感受到了不被接纳的排斥与冷遇，都是精神上漂泊无依的流浪者。其次，二人在身心状态和社会角色上又存在相同之处。一是变“胖”了：祥林嫂“口角边渐渐的有了笑影，脸上也白胖了”；四叔“寒暄之后说我‘胖了’”。二是“谬种”：四叔的“不早不迟，偏偏要在这时候，——这就可见是一个谬种”；而我“偏要在这时候来打搅他，也是一个谬种”。这些重复与交错并非作者信笔为之，实际上“我”与祥林嫂构成了互为镜像、彼此映带的关系，二人的邂逅以及关于“灵魂有无”的对话，则将这种关联与交织推向了高潮。细思之，这正是鲁迅叙事高明的地方：一方面，“我”无法通过自己的启蒙话语唤醒愚昧麻木的祥林嫂，无法通过有效的手段慰藉和拯救濒临崩溃的蒙昧者；另一方面，祥林嫂的拷问又折射出我陷于启蒙失语和彷徨无依的心理窘境。尽管一为现代知识分子，一为底层劳动妇女，但是在恒定的封建秩序和强大的宗法势力面前，二人试图改变和抗争的努力都似螳臂当车，不自量力。

（三）偏离与平行的融合：返乡叙事的创生与进阶

偏离和平行虽然是前景化的两种基本表征方式，但是两者并非纯粹独立，彼此没有交集。事实上，“偏离和平行两种手段互为补充、相互隐含。偏离达到一定数量就是平行，即量的突出；平行可能是某常规语言的频繁出现，也可能是对某种偏离的语言项目的高频选择”①。在许多场合，它们你中有我、我中有你，双

① 马菊玲．前景化功能论[J]．吉林工程技术师范学院学报，2008(1)：47-50．

方彼此融合，交相为用，进而产生综合的、特殊的前景化效果。小说《祝福》在返乡叙事上便体现了偏离与平行的高度融合。

1. 偏离：开创二元论返乡叙事模式

返乡是中国人普遍的文化心理，卸甲归田、衣锦还乡、荣归故里、叶落归根等成语无一不折射出我们中华民族的集体记忆。在中国文学史上，返乡更是一种原型意象和永恒母题，故乡永远是羁旅者精神的港湾、想象的源泉、温情的束缚、无尽的诱惑。如东晋陶渊明的《归去来兮辞》，它便宣告了诗人脱离仕途的坚定信念，寄托着其回归田园的生活理想。再如"停船暂借问，或恐是同乡""君自故乡来，应知故乡事"等诗句，既是诗人故乡情怀的率性表达，也是东方式人生智慧与文化精义的诗性展现。在古典文学中，这种一元论返乡书写模式（离乡—还乡）几乎已经定型，但鲁迅的小说《祝福》可谓独辟蹊径，"它消解了传统的田园梦想和旧日乌托邦，在书写乡愁中完成了对传统乡愁的解构"①。

鲁迅是我国第一位使用"乡土文学"这一概念的文学家，同时也是第一位乡土小说作者。关于乡土文学的概念，鲁迅是这样进行解释的："蹇先艾叙述过贵州，裴文中关心着榆关，凡在北京用笔写出他的胸臆来的人们，无论他自称为用主观或客观，其实往往是乡土文学，从北京这方面说，则是侨寓文学的作者。"②作为侨寓北京的作者鲁迅来说，其小说对故乡的态度以及返乡叙事的方式均呈现出耐人寻味的二重性，他创立了一种全新的二元论乡土叙事模式（离乡—还乡—再离乡）。《祝福》即是鲁迅这类二元叙事的典范之作。一方面，故乡曾给"我"留下难以磨灭的印象，漂泊他乡，在内心疲倦和前路迷惘的时候，故乡成了心灵栖息之所，令其反顾。另一方面，鲁镇不变的恶俗文化，族人的自私与狭隘，乡人的愚昧与封闭又令"我"无法"安住"。这种情绪的交织与情感的纠结成为小说《祝福》的重要底色，进而构成了叙事方式的偏离，而这种偏离传统或突破常规所造成的美学效果成为鲁迅返乡叙事的一种独特风格。

2. 平行：从"呐喊"叙事进阶至"彷徨"叙事

《祝福》的创新与突破不仅体现在乡土叙事模式的偏离上，它还体现在叙事过程中对绝望情绪的平行处理上，这需联系《故乡》作互文性读解。《故乡》和《祝福》分别选自小说集《呐喊》《彷徨》，而作者从"呐喊"期到"彷徨"期的返乡叙事尤其是情感思想发生了重要变化，即从第一次绝望走向了第二次绝望。《故乡》一文，无论是作者所描绘的故乡景（美丽与萧索、暖色调与冷色调），还是所叙写的

---

① 谢晓霞. 回不去的故乡——《祝福》与1920年代的乡愁[J]. 河南大学学报(社会科学版)，2021，61(6)：101-107.

② 刘运峰. 1917—1927中国新文学大系导言集[M]. 天津：天津人民出版社，2009：85-86.

故乡人(美与丑),都能感受到鲜明的二元对立。相应的,“我”的情感思绪则呈现出这样一条发展脉络:盼望(归乡前急切的心情)—失望(故乡萧索的景象)—希望(少年闰土形象的苏生)—绝望(我与闰土之间的厚障壁)—希望(关于“路”的内心独白)。不难发现,“呐喊”时期的鲁迅,其对绝望心境的描绘是较为克制的,纵有失望之焦虑以至绝望之悲哀,却每每能于绝望中“苏生”出希望。其背后的心理逻辑可以从《〈呐喊〉自序》中找到注解:“我虽然自有我的确信,然而说到希望,却是不能抹杀的,因为希望是在于将来,决不能以我之必无的证明,来折服了他之所谓可有。”《祝福》的返乡叙事则不然,其格调要低沉得多。透过“村镇上不必说,就在天空中也显出将到新年的气象来”“我是正在这一夜回到我的故乡鲁镇的”等叙述来看,“我”是在迷惘和惶惑中回乡的,原本希望回家过年求得精神和心灵的双重抚慰。然而,鲁镇的族人和朋友,尤其是四叔,“比先前并没有什么大改变,单是老了些”,人们拜求福神更是“年年如此,家家如此……今年自然也如此”。纵使时光流逝,故乡的社会秩序却未见丝毫改变,故乡人的愚昧与麻木也是一切如“故”(故乡的“故”本身就是无变化的隐喻),在疏离与隔膜之中,“我”陷入了无限的悲哀与深度的绝望之中,“无论如何,我明天决计要走了”。不过这里的“走”仍应基于作者那悖论式的“心灵辩证法”作二重性读解,它既隐喻着“夺路而逃”,也象征着寻求“别样的路”,换言之,它既指对故园的逃离与挣脱,又指负重前行和勉力求索。“我”这种徘徊于歧路、彷徨于无地,或者说在希望与绝望之间的往返质疑,可以从作者的散文诗《希望》(1925年)中找到印证:“绝望之为虚妄,正与希望相同。”

从第一次绝望到第二次绝望,其背后是鲁迅对启蒙主义的态度发生了重大变化。《故乡》时期的鲁迅,是以“救世者自居”的姿态和隐含作者的方式对闰土等人展开启蒙主义思想批判的,带有“哀其不幸,怒其不争”的意味。而《祝福》时期的鲁迅,虽“技巧稍为圆熟,刻画也稍加深切”,“但一面也减少热情,不为读者们所注意了”[①]。《祝福》一文,其批判的矛头不仅指向了被启蒙者祥林嫂,还指向了“新主义宣传者”自身——接受了五四新文化洗礼的新青年“我”。在“祥林嫂之问”这一片段,祥林嫂是以被侮辱的蒙昧者身份出场的,她把精神救赎最后的希望寄托在“我”身上,因为“我”是“识字的,又是出门人,见识得多”,从“我”身上兴许能“讨”到未必那么坏的答案,而且答案理应更可靠、更权威。然而在这样一个可以充分证明自己的场合,作为“新党”的“我”不仅没有承担起启发蒙昧者

① 鲁迅.《中国新文学大系》小说三集序[M]// 鲁迅全集:第6卷. 北京:人民文学出版社,1981:238-239.

的责任，而且与自己笔下的那些被启蒙者即消极的“看客”已无二致，其言辞闪烁、敷衍逃避的态度，可以说彻底地将祥林嫂推向了绝境。质言之，小说此时的思想批判已不再局限于对传统文化和社会道德的单向批判，而是刀刃向内，在深切地自我解剖和冷峻地启蒙反思中上升到双重批判。[①] 用鲁迅自己的话讲就是：“在小说里可以发见社会，也可以发见我们自己。以前的文艺，如隔岸观火，没有什么切身关系，现在的文艺，连自己也烧在这里面，自己一定深深感觉到。”[②]

若从时间节点上加以考察，在鲁迅小说集《呐喊》中，1921 年创作的《阿 Q 正传》其启蒙的热情已开始冷却，而 1922 年 12 月完成的《不周山》与启蒙更是宏旨甚远，之后作者“一发而不可收”的小说创作旋告中止。14 个月之后，心绪稍微平复的鲁迅重新投入小说创作之中，其标志就是 1924 年 2 月 7 日即正月初三完成的《祝福》。1926 年鲁迅第二部短篇小说集《彷徨》出版，《祝福》是首篇。放眼整个《彷徨》中的小说，从《祝福》起，鲁迅对启蒙的态度可以说是深度怀疑并作出了更为深切的反思，事实上，《祝福》是鲁迅从“呐喊”叙事进阶至“彷徨”叙事，或者说从第一次绝望步入第二次绝望的一个重要转折点。

鲁迅是中华民族源泉性和原创性文学家，是世纪性和世界性的思想家。[③] 他的作品是培育民族精神的珍贵遗产，也是基础教育立德树人和以文化人的重要资源，而语文统编教材入选篇目最多的作家也正是鲁迅。作为鲁迅小说“最悲惨的一篇”，《祝福》可以从不同视角、多个维度作立体式观照和全方位细读，而其前景化艺术的体系性建构，即偏离与平行手法的高频次与高密度运用委实罕见，限于篇幅，该文诸如句式变异、副词使用、“超越规范”等语言运用方面的偏离特征，祝福场景的反复状写，祥林嫂眼神的多次刻画，鲁四老爷、四婶、卫老婆子、柳妈等人的言语重复，贯穿全文的反讽话语，对立命题的往复诘难等平行现象，以及破折号、省略号等标点偏离与平行的融合处理，碍难一一细述。实际上，前景化在鲁迅小说中是一种普泛性存在，这一手法的超常规使用，既是他审美旨趣和创造精神的现实反映，也是他创作思想和艺术风格的生动展现。美国学者威廉·莱尔早在 20 世纪 70 年代就曾指出，纵观鲁迅的全部小说，可以看出在结构设计上有四个共同的特点：一是进行重复，二是运用封套（一种特殊的重

① 陈国恩．论鲁迅启蒙主义观的转变——从《祝福》说起[J]．南京师范大学文学院学报，2007(4)：80-83.

② 鲁迅．文艺与政治的歧途[M]// 鲁迅全集：第 7 卷．北京：人民文学出版社，1981：118.

③ 钱理群，孙雅静，顾静燕．鲁迅的当代意义与超越性价值——在“30 后”与“70 后”鲁迅研究者对话会上的讲话[J]．济南大学学报(社会科学版)，2016，26(3)：15-21+2.

复，即将重复的因素置于故事或情节的开头与结尾），三是音响和寂静的对比，四是静止和行动的对比。[①] 显然，该论断已部分触及了鲁迅小说的前景化界面。当然，前景化这一解码工具不仅适用于鲁迅小说，它还适用于鲁迅散文和鲁迅杂文，它既适用于语文统编教材诸多文学类语篇，也适用于部分实用类语篇和论述类语篇，本文只是抛砖引玉，期待更多的专家学者和一线教师予以关注和重视！

（原文《前景化：文本解码的一个新视角——以鲁迅小说〈祝福〉为例》，作者贡如云、黄伟，载于《江苏第二师范学院学报》2025(3)，有改动。）

① 乐黛云. 国外鲁迅研究论集[M]. 北京：北京大学出版社，1981：334.

第六章 散文语篇分析

第一节 《唐雎不辱使命》话语分析

统编语文教材中的不少文本是由对话组成的，如《变色龙》《唐雎不辱使命》《邹忌讽齐王纳谏》等。阅读理解此类文本，可以利用会话理论的有关知识对文本结构、表层含义、深层含义等各个方面进行理性考察，让学生形成阅读“图式”，进而将形成的阅读能力迁移运用到同类作品中。

一、利用话轮知识对文本进行结构分析

理清文章的结构，利于学生对作品内容、形式、语言等方面的理解及审美体察。利用话轮知识对会话类文本进行结构划分，不失为一条让学生深度理解文本的有效路径。

“话轮(turn)是日常会话的基本单位。在会话过程中，发话者的话语从开始到结束，被看作是一个话轮。受会话的场景、意图及发话者与受话者的角色关系等因素的影响，话轮长短不一。”①会话文本就是由若干话轮组成的。其中发话者与受话者通过不断变换角色，轮流发话，完成一个个不同的话轮。根据话轮在会话结构中的功能，可将话轮分为毗邻话对、预示语列和结束语列三大类。

需要注意的是，会话文本由不同的话轮按照一定的排列顺序组合而成，每一个“提问—回答”或“邀请—拒绝”组成一个话轮。不同的话轮依据话题的转变和一定的逻辑进行转换、生成，最终形成一个完整的意义语篇。下面以《唐雎不辱使命》这篇会话文本为例作深入分析。

《唐雎不辱使命》全文 4 个自然节，共有 5 个话轮。

第 1 自然节有一个话轮。秦王让使者给安陵君传话，表示想用五百里的土地交换安陵国，并要求安陵君一定得答应他；安陵君对此进行回答，婉拒了秦王的要求。这个话轮中，秦王的话语实际上是个预示语列。所谓的预示语列就是会话参与者在发出某一言语行为之前，为试探对方或引起对方的注意而发出的

① 苗兴伟，张蕾. 汉语语篇分析[M]. 北京：外语教学与研究出版社，2021：96.

话段。因为发话者在发出一个“请求”之后，有可能被拒绝。为了得到一个合意的回答，发话者往往先“投石问路”，用预示语列试探受话者。这一次话轮的结构是：A 请求—B 拒绝。

第 2 自然节与第 3 自然节有三个话轮，组成了一组毗邻的话对。“毗邻话对是会话结构中最基本的话轮类型，它是由会话参与者双方分别发出的一前一后紧密邻接的话段。”①

第 2 自然节是由一个话轮组成的。唐雎刚面见秦王，秦王就开始发难，这是此话轮的开始；秦王的发难被唐雎不卑不亢地怼了回去，就此结束了此话轮。这一话轮的结构是：A 提问—B 回答。

第 3 自然节由两个话轮组成。第 1 个是秦王以“公亦尝闻天子之怒乎”发问，唐雎回答没有听说，秦王补充说明“天子之怒”的具体内容；第 2 个是唐雎以“大王尝闻布衣之怒乎”发问，秦王以错误的认知作答，唐雎予以纠正，告诉秦王什么是真正的“布衣之怒”。这两个话轮的结构是一样的：A 提问—B 回答—A 补充。

第 4 自然节只有秦王的话，是一个特殊的话轮。

全文的五组话轮，主要由“A 问—B 答”的结构组成，这种结构也称作“问—答”格式，是会话结构中最典型的话轮类型。第 3、4 组话对的格式是“A 提问—B 回答—A 补充”。在此会话过程中，说话者和受话者有时会为了提出疑问、提示、要求，对正常的话语进行插入、补充或修正。正如第 3 组话轮中，秦王咄咄逼人地提出了“公亦尝闻天子之怒乎”，面对唐雎的回答“未尝闻也”，秦王马上进行补充说明“天子之怒”的具体内容。

第五组话轮只有秦王的话，是会话的结束语。在实际的会话中，还应该有唐雎的回答，这样才能组成一个完整的话轮。

综上，本文由五个话轮组成，其结构是：预示语列—毗邻语列—结束语列。这样的结构紧紧围绕会话的“发起—展开—结束”来划分，便于分析会话语篇的“语码”。“文本是一个语言构筑的实体，其构筑材料（文本语言）与构筑方式（文本的篇章结构和语言风格）决定于其意义的可能性。”②正确地理清结构可为准确理解文本意义打下基础。

① 苗兴伟，张蕾. 汉语语篇分析[M]. 北京：外语教学与研究出版社，2021：96.

② 秦秀白，韩金龙. 论文本的解读[J]. 华南理工大学学报（社会科学版），1999(2)：110-117.

二、利用会话“合作原则”解读文本含义

《唐雎不辱使命》通过对话和交流，展现了唐雎与秦王之间激烈的斗争和心理较量。从会话理论的视角来看，唐雎和秦王之间的对话不仅仅是信息的传递，更是情感、态度和立场的交流。这些复杂而微妙的对话，揭示了人物性格、情感和动机。

格赖斯的会话交际理论为分析会话语篇提供了一个很好的解码工具。该学说的基本思想是：为了顺利而有效地交流，人们在会话过程中遵循“合作原则”[①]。合作原则是会话的一个基本原则，又叫交际原则或会话原则。语用中的交际双方总是受以下隐性的合作原则支配：

1. 适量原则。要求信息适量，不多也不少。2. 真实原则。要求尽量说真话。3. 相关原则。即要切题。4. 方式原则。避免晦涩、歧义。

格赖斯认为，为了使会话顺利完成，交际双方必须遵守以上这四条准则。但在实际的会话交流中，人们并不是按照这四条原则来进行对话的，他们往往通过违反其中一条甚至多条来表达意图，让受话者必须通过推导来分析发话者要表达的真实意思。

《唐雎不辱使命》作为一篇史传文，有大量的对话描写。这些对话是作者对史料文献理解、消化之后，通过适当的历史想象编撰出来的。有效地分析这些对话，能够较好把握作者寄托的“史义”。

在文本的第1个话轮中，秦王派人给安陵君传话，可以看作是秦王与安陵君的隔空对话。作为发问者，秦王首先提出了自己的要求。秦王的话语符合会话合作原则的适量原则和相关原则，他用简洁的语言，充分表达了自己的意图。但秦王的话违反了真实原则，他没有说真话。他的真实意图不是交换土地，而是想让安陵国国君主动放弃国土，他是来抢夺土地的。“安陵君其许寡人”这句话也违反了方式原则。这句话应该是一句商量的话语，但秦王以超强的祈使语气表达的是一种命令，含有“必须这样”的意思。他以非常规的间接表达方式，达到了隐晦的目的，即看似礼貌的商量，实则是霸道的命令：安陵君必须交出安陵国的国土。

面对这样的话语方式，受话者要根据语境合理推测出发话者的真正意图。当时秦国已经灭韩亡魏，小小的安陵国还不够秦王打牙祭的，但贪婪的秦王对土

① 施旭. 什么是话语研究[M]. 上海：上海外语教育出版社，2017：25.

地的占有欲已经不分大小了。面对安陵这个小国，他想兵不血刃，通过恐吓的方式拿下安陵国。而安陵君明显听懂了秦王的话语含义，他用委婉的方式表达了自己的拒绝：大王加惠，以大易小，甚善；虽然，受地于先王，愿终守之，弗敢易！

安陵君的回答首先违反了适量的原则，他回答的字数，远远超过了“说清楚”的标准；其次也违反了真实原则。“大王加惠，以大易小，甚善”，明显是谎话。安陵君明知秦王的狼子野心，但在那个以“拳头”大小来说话的乱世，为保全自己，不得不把一些溢美之词强加在“强盗”头上。安陵君用“超量”的语言赞美秦王，解释不能交换土地的理由，目的是让语气更加委婉，便于秦王接受。安陵君的回答符合方式原则，明确地表达了“不交换”的意思，以免秦王再有非分之想。

此外，从历史语境和文化语境的角度看，安陵君找到了一条极好的理由——“受地于先王，愿终守之，弗敢易”。早在周朝初期，孝道伦理已经深入人心，虽然“春秋无义战”，但是真正开战，各国还是要找个冠冕堂皇的理由，所以秦王想以不战而屈人获得利益最大化，也得有一个符合“义”的理由。安陵君运用“孝”这个理由，是符合当时的孝道伦理的。秦王也不好反驳这个理由，只能“不悦”。

面对秦王“不悦”的局面，安陵君派遣唐雎出使秦国。秦王与唐雎刚一见面，就清楚地表达了双方的地位、心态和意图：“寡人以五百里之地易安陵，安陵君不听寡人，何也？且秦灭韩亡魏，而君以五十里之地存者，以君为长者，故不错意也。今吾以十倍之地，请广于君，而君逆寡人者，轻寡人与？”这一话语，明显违背了适量原则和方式原则“说清楚、说充分”的原则，表达了秦王极度的“不悦”，也表现了大国国君的霸道和强势，透露出秦王的气急败坏和挫败感。同时，这一话语再次违反了真实原则，秦王真正想表达的意思是“韩国、魏国这样的大国都被我灭了，安陵君如果不听我的话，我马上就可以灭了安陵国”。

面对秦王咄咄逼人的言辞，唐雎先是用“否，非若是也”回答秦王。这个回答完全遵守了会话合作原则的四条准则，简短有力，意思完整，清晰明白。既不卑不亢，不失国之大体，有力地维护了国家的尊严，又符合外交辞令，又表达了原则立场。之后再以“安陵君受地于先王而守之”的理由回绝了秦王的无理要求，最后同样以反问的句式表明了安陵国的鲜明立场。这样的话语，使历史叙事既忠于历史事实，又富有文学色彩。

连续两次碰壁，“秦王怫然怒”，拿出了“杀手锏”：“公亦尝闻天子之怒乎？”秦王是新一轮话语的发起者，看似征询答案，实则暗含威胁。对此，唐雎的回答“臣未尝闻也”，完全符合会话合作原则的适量原则、相关原则和方式原则，唐雎之所以这么回答，是因为他早已胸有成竹，对策于心。其目的就是要引出秦王的丑行。这样的描写，既表现了唐雎大义凛然、英雄无畏的气概，也间接表达了文本叙述者对秦王厌恶的态度。

由于唐雎的回答没能满足话语发起者的心理期待，秦王进行了及时的补救，用三个四字短语描绘了天子之怒的具体情况——“天子之怒，伏尸百万，流血千里”。秦王希望用这种恐吓的方式，拿下这个小国的使者。

面对强权，唐雎发起了下一轮话题：“大王尝闻布衣之怒乎？”以其人之道还治其人之身。作为这一轮话题的发起者，唐雎按照秦王的话语方式进行答案的征询。面对这一问题，秦王不禁嘲笑道：“布衣之怒，亦免冠徒跣，以头抢地尔。”秦王的回答，有嘲笑，有戏弄，有不屑。面对严重的认知错位，唐雎对这次的对话进行了补充，完成了这次话轮的建构。

> 此庸夫之怒也，非士之怒也。夫专诸之刺王僚也，彗星袭月；聂政之刺韩傀也，白虹贯日；要离之刺庆忌也，仓鹰击于殿上。此三子者，皆布衣之士也，怀怒未发，休祲降于天，与臣而将四矣。若士必怒，伏尸二人，流血五步，天下缟素，今日是也。

唐雎的回答，从真实原则上看，内容真实有效；从适量原则上看，内容非常充分。以历史上著名的专诸、聂政和要离的“怒”之行为，告诉秦王布衣之怒的具体结果，并且表示自己将效法他们；从方式原则上看，“与臣而将四矣”“若士必怒，伏尸二人，流血五步，天下缟素，今日是也”，话语虽然不符合说话的内容要清晰的原则，但这种隐晦的表达，符合外交辞令，配合“挺剑而起”的动作，是能够让秦王推断出这个布衣之“怒”的后果的：“我”要先杀了你，舍生取义。

这两个话轮的格式都是“问—回答—补充”。从情节上看，这部分是全文的重点，是故事的高潮，运用这种话语方式，能够使情节一波三折，曲折动人；从人物塑造的角度看，运用这种话语方式，能够多侧面表达人物的性格和感情；从阅读的角度看，这部分最能吸引读者，悬念叠生，惊心动魄。

面对破釜沉舟的唐雎，秦王只好示弱：

> 先生坐！何至于此！寡人谕矣：夫韩、魏灭亡，而安陵以五十里之地存者，徒以有先生也。

“先生坐！何至于此！”两个简短的感叹句，具有迅速灭火的效果；“寡人谕矣：夫韩、魏灭亡，而安陵以五十里之地存者，徒以有先生也。”秦王以顿悟式的滑稽给自己找了个台阶，伴随“色挠”的表情，“长跪而谢之”的动作，秦王前倨后恭，色厉内荏，滑稽可笑的嘴脸跃然纸上。这个结束语列为全文增添了喜剧色彩。

利益驱动是历史发展的杠杆，但利益有正义和非正义之分。守护国土的安陵君、唐雎是正义的一方；不择手段想攫取别人土地的秦王属于不义的一方。本文围绕“土地”这一利益轴心，开展了一系列的外交斡旋，最终秦王“搬起石头砸了自己的脚”。作为小国使者的唐雎不畏强暴，敢于维护国家的尊严与利益，赢得了赞扬。文本通过五轮对话，把这场攸关国家生死存亡的重大历史事件生动形象地叙述出来了。

三、会话理论对阅读教学的启示

阅读教学主要培养学生的阅读素养，其中阅读分析力和阅读鉴赏力是两个核心的概念。如何品味欣赏文本，如何探查文本的结构技巧，学生需要掌握一些阅读的“工具”。面对一篇文本，学生要能够通晓文本的奥妙，读出趣味。正确地划分语义层次能够帮助学生初步理解文本的大意。在理解大意的基础上，还要有能力使用恰当的工具对作品内容、形式、语言、思路、结构等方面进行审美体察，进而内化为阅读知识和阅读技巧，形成自己认知文本的独有“图式”。只有经过了这样一个阅读过程，才有可能形成自己的阅读能力。

会话理论是解读文本的一个较好的工具，能够帮助学生准确、快速地理解文本的内容、形式、语言等艺术密码，能够让学生形成优质的阅读“图式”，便于培养学生的感知力、理解力、欣赏力和分析力等阅读素养。

利用话轮理论分析对话文本的结构，可为解码文本打下基础。在实际的语言运用中，如果处处遵守话语交际原则，就会使语言变得单调、平淡、枯燥，从而失去应有的活力。一般而言，出于不同的交际目的，交际双方有时会故意违反四条原则，这样就造成了语言多义的现象，也让会话充满了无穷的趣味。特别是文学作品中，大量的对话都是“话里有话”，这时的话语便暗含某种特殊含义。阅读时就需要读者对会话含义进行推导，对这些有意违反合作原则而产生的某种语用意义进行新的解读，读出文本话语的深层意蕴。

在阅读教学中，我们可以利用话语交际原则，从四个方面进行话语推导。

1. 利用适量原则推导出会话含义。凡是所说的话没有包含交谈目的所需要的信息，或者所说的话包含了超出需要的信息，要根据语境及文本表达的需要，推导出说话人真正的表达意图。

2. 利用真实性原则推导出会话含义。在交际中，讲真话是基本的行为准则，一般人都会遵守这个准则。但如果说了假话，一般应该有原因。对于文学作品，读者应通过假话，推导出说话者要表达的真正意思。

3. 利用相关原则推导出会话含义。如果对话中出现了所说的话与话题无关，或对别人提出的问题避而不谈、答非所问的话语，就要根据语境、文本表达及说话者的性格特点,推断出真实的话语含义。

4. 利用方式原则推导出会话含义。如果会话出现晦涩、杂乱、歧义、啰唆等现象,要能够穿越词语的迷雾,推断出说话者的真实含义。

《唐雎不辱使命》作为一篇经典的史传文,其对话和交流为我们提供了丰富的解读视角。从会话理论的视域出发,可以更深入地理解人物性格、情节发展和人物关系。这种解读方法不仅有助于理解文本本身,而且为文学鉴赏提供了新的思路和方法。

(原文《会话理论视域下的文本解读——以〈唐雎不辱使命〉为例》,作者薛城,载于《语文教学通讯》2024(11),有改动。)

第二节 《邹忌讽齐王纳谏》系统功能语法分析

英国语言学家韩礼德于20世纪50年代末创立了系统功能语法。他认为,语言是人类社会活动的产物,是人类交际的工具,承担着各种各样的功能。这些功能主要分为三个元功能:概念功能、人际功能和语篇功能,这三个功能存在于所有的语法中。说话者利用语言进行表达时,必然要结合具体的语言环境,在语言的各个功能部分进行相应的选择,而系统功能语法建构的目的是为语篇分析提供一个理论框架。系统功能语法有助于我们了解语言使用者是如何通过具体的外在言语形式来表达和传递自己内在的情感和意图的。同时,它还关注语言与语言所处的文化和意识环境之间的关系。因此,系统功能语言学研究的对象是动态的语言,是处于具体环境中的言语。

阅读具有很强的实践性,"语文课程的性质是话语经验,语文教学的本质是话语实践,语文阅读教学的本质乃是一种特殊的话语实践"[①]。在语用背景下,语文阅读教学应引导学生分析语篇的语言功能,语篇解读不应将语篇形式视为与内容相对的概念,而应立足于语言及具体的语境,充分考虑话语的运用等。在此基础上,再去分析和掌握语言的概念功能、人际功能和语篇功能是如何得以实现的,从而提升学生的语篇阅读素养。

---

① 贡如云. 语篇阅读教学论[M]. 南京:南京大学出版社,2019:89.

系统功能语法与语篇阅读教学有着密切的联系。从评价系统、语气系统和语境系统的角度出发，进行文本解读和阅读教学内容的选择，有助于教师更好地引导学生学习阅读策略和阅读技巧，掌握分析语篇的“抓手”，进而学会分析和理解作者情感、人物的内心活动以及作者的写作意图。这里以《邹忌讽齐王纳谏》为例，在系统功能语法视域下对这一文本进行解读，为教师选择恰切合宜的教学内容服务。

一、评价系统

评价理论是人际功能的横向和纵向延伸，主要用来阐释话语者如何运用语言对事物做出评价，进而表明立场，起到调节主体间立场乃至意识形态立场的作用。说话者或作者将自己对某些人和事物的感受，告诉听话人或读者，便可以利用评价资源去协商和调节社会关系。这就是说，评价理论所关心的是说话人如何使用话语介入语篇之中，从而使语义随说话人的立场而变化。评价理论包括介入、态度和级差三个子系统。运用评价理论可以分析作者和说话者的态度和立场，从而感受人物内在的情感变化。

鉴赏是态度系统的子系统，可以分为三个子范畴：反应、构成和价值。反应涉及的是人际意义，展现的是语篇对读者、听者或观看者情绪上的影响；构成指向的是语篇意义，让读者、听者或观看者明白所描写事物的复杂性和细节；价值是参考各种社会规范对物体、过程和产品所做出的评价。① 对事物价值的鉴赏建立在美学的基础上，既包括具体物体的价值，还包括抽象事物的价值。在具体的话语中，鉴赏的三个子范畴共同表达话语者的内在情感和心理活动。

在《邹忌讽齐王纳谏》中，邹忌作为齐威王的相国，“邹忌修八尺有余，而形貌昳丽”，集身高、美貌和权力于一身，他对自己的容貌也充满自信。当他对自己的妻子、妾和宾客发出“我和徐公谁美”的疑问时，三个人对他做出了不同的评价。

> 其妻曰：“君美甚，徐公何能及君也？”
> 妾曰：“徐公何能及君也？”
> 客曰：“徐公不若君之美也。”

邹忌的妻子对丈夫充满了浓浓的爱意和赞美之情，做出了具有积极意义的评价。“美”字表达了她对邹忌的鉴赏，这是一种直接的情感表达，具有很大的主

① 胡壮麟，朱永生，张德禄. 系统功能语法概论[M]. 长沙：湖南教育出版社，1989：344-345.

观性。邹忌的妻子通过这个回答表明自己在这个问题上站在邹忌一边，对邹忌的容貌充分肯定。读者也可以从这句话中体会出说话者与邹忌之间的夫妻关系。妻子的回答还用到了一个“甚”字，这就是态度系统中的级差。级差作为态度系统的一个特征，表现说话者对某事或某物的强烈程度。妻子回答中的“甚”字充分表明自己对邹忌容貌的态度。

妾和宾客对邹忌的问题则没有表现出任何鉴赏评价。他们的回答与其所处的地位和与对话者的关系有密切的联系。妾在古代的家庭体系中，处在弱势地位；宾客指依托权门的游士、食客，一般不参加生产劳动，由主人供养，为其服务，也处于弱势地位。因此，他们对这个问题十分谨慎。妾和宾客虽然也做出了正面回答，但是鉴赏评价的缺失，使得话语者的立场肯定性大大减弱，话语者通过这种话语方式表明了自己对某个问题和观点的立场。

妻子的肯定性评价到妾与宾客的鉴赏评价缺失的变化，促使邹忌对自己的容貌进行反思，才有了邹忌的“窥镜而自视”和“暮寝而思之”，从而使他对自己的容貌有了清醒的认识。

评价涉及说话人或写作者如何向别的说话者或写作者及他们的话语、物质对象、发生的事件和事态传递自己做出的判断，从而表明情感和态度。因此，在阅读教学过程中，引导学生抓住表示情感、介入、鉴赏的词语，可以更深入地了解作者的思路和情感。

二、语气系统

在系统功能语法中，主语和限定成分密切联系、相互结合，构成了语气成分。一个语言交际场域必然涉及说话人和听话人，即使是一个人的独白，也有隐含的听话人存在，两者的关系及言语角色都可以通过语气呈现出来。

邹忌提出自己和城北徐公谁美的问题时，针对不同的人，他提问的用词和语气有着明显的区别。

> 谓其妻曰：“我孰与城北徐公美？”
> 复问其妾曰：“吾孰与徐公美？”
> 问之客曰：“吾与徐公孰美？”

这三句话所要表达的意思是相同的，但是每句话所包含的情感有很大差别，造成这种现象的原因是，不同的语气实现着不同的人际意义。通过对语气的分析，我们能够较好地揭示对话者与参与者的关系及对话者内心的活动。邹忌问他的妻子时，作者用了“谓”，而问妾和宾客时，作者用了“问”。《广雅》云：“谓，说也。”在这句话中，“谓”强调的是告诉的意思，含有强烈的主动语气。一般来说，人们传达资讯往往用陈述语气，希望获得资讯往往用疑问语气。邹忌在问妻子的时候，语气接近于陈述。其余两个问句均使用疑问语气。

“句中信息的重要程度，随着主位向述位过渡而增强，处于句子末端的述位的信息其重要性最高。”[①]这就是通常所说的“末尾中心”。这里的“末尾中心”也就是句子的焦点。“我孰与城北徐公美？”一句运用了倒装句。邹忌将所要传达的“城北徐公”放在句子结尾，使之成为信息焦点，以达到突出的效果，强调自己的对比者身份，“城北徐公，齐国之美丽者也”，邹忌强调自己的对比对象是城北的徐公，是大家公认的齐国美男子。这其实是他对自己容貌自信的表现。所以，他用“我”来称谓自己。“我”字在此语境中具有自高自傲、自夸自大的意思，强调不由于外力，并且与听话者关系密切。由此可知，邹忌对妻子提问时，他对自己的容貌有着极其强烈的自信和自我肯定。此时虽然是疑问语气，但是带有强烈的肯定情感。

但是，随着听话者的回答和邹忌将自己与徐公的不断对比，他的自信也在逐渐减弱。当他问自己的妾时，虽然也用了倒装句，但是在对自己的称谓上用了“吾”。“吾”字是平常用法，甚至带有自谦或贬义色彩，常伴有失意时的哀叹、牢骚或自我宽慰、解嘲。可见此时邹忌对自己容貌的自信程度已经大大下降了。在提到“徐公”时，也不再强调是“城北徐公”。称谓的变化和修饰词的缺失，是邹忌内心深处由自信到不再自信变化过程的外化。在对妾的提问中，邹忌充当的询问者的角色，希望得到答案，获得资讯。最后，邹忌对自己的容貌完全失去了自信，在向宾客提问时，采用了正常语序和疑问语气。

邹忌用不同的三个问句，表露出了对自己充满自信到不自信的心理变化过程。系统功能语法关注语言形式与意义的关系，在教学内容上选择对话语气这一教学内容，有利于引导学生抓住人物的语言，体会人物的情感和心理变化。教会学生通过语气更好地理解作品中人物的心情与心态，以后再遇到类似的作品，他们会关注人物对话的语气，从而更好地理解作品。

三、语境系统

韩礼德认为语境分情景语境和文化语境。情景语境是指构成语篇的直接环

① 徐盛桓．新格赖斯会话含意理论和含意否定[J]．外语教学与研究，1994(4)：30-35+80.

境，包括事件性质、参与者的关系、参与地点、形式等。情景语境由语场、语旨和语式三个变量组成。语场（话语范围）是说话所涉及的有关事件，以及说者或作者要表述的目的，因此，它包括话语的主题。语式（话语方式）是事件中话语要实现的功能，因此，它包括语言采用的渠道，以及语言的风格类别或者修辞手段等。语旨（话语基调）指交际中的角色类型，即话语参与者之间的社会关系。语旨包括地位、接触和感情。语场、语式和语旨一起组成一段话语的语言情景。在这样的语旨中，会话双方的语场和语式有着很大差异。因此，邹忌和妻子、妾、宾客所构成的三问三答的对话模式，才会出现同一个问题三个不同的回答，构成三个不同的会话。（见表 6-1）

表 6-1　人物之间的关系

	地位	接触	感情
妻	基本平等	接触频繁	密切
妾	相差悬殊	接触较多	一般
宾客	上下级	接触较多	基本感情

妻子和邹忌说话比较随便，只要能够让邹忌开心，她什么话都可以说。妾却不能随便乱说，并且还要揣摩邹忌妻子和邹忌本人的意思，才出现紧跟邹忌妻子却不敢超越其的答案。而宾客是“外来”者，且有求于邹忌，因此在回答这个问题时非常谨慎。既要让邹忌高兴，又不能显出明显的阿谀奉承之态，因此采用了不掺杂情感、语气平淡的陈述性回答。

作为整个语言系统的社会环境的语境称为文化语境。语境为我们全方位准确理解和传达语篇中字、词、句等各语言结构所表示的意义提供了一个依据。在《邹忌讽齐王纳谏》中，齐威王和邹忌是君王和臣子的关系。因此，邹忌向齐王纳谏时，采用了比较委婉的方法。他从自己身边的事情入手，逐步类比，将“臣之妻私臣”与“宫妇左右莫不私王”相比，将“臣之妾畏臣”与“朝廷之臣莫不畏王”相比，将“臣之客欲有求于臣”与“四境之内莫不有求于王”相比，从而讲述了做王者要明白是非、善于纳谏的道理。

“语篇的含义依赖于语境；语篇与语境相互依存，相辅相成。语篇产生于语境，又是语境的组成部分。”①语境是语篇意义产生的基础，在不同的社会文化环境中，人们制造、使用的语篇会有所不同，“因为不同语篇建构的是不同的个人经

① 胡壮麟. 语篇的衔接与连贯[M]. 上海：上海外语教育出版社，1994.

验和社会文化现实。"[1]因此，语篇分析要从语境入手，这对于正确理解语篇具有重要意义。语境因素在语篇分析中能够起到制约和确定语义、解释语篇参与者的交际意图、传达言外之意、衔接并连贯语篇等作用。在阅读教学中，这些内容的选择和教学，可以帮助学生更好地明白词句在动态语境中的含义，加深对语义的理解。

（原文《系统功能语法视域下的语篇阅读教学内容选择——以〈邹忌讽齐王纳谏〉为例》，作者薛城，载于《语文教学通讯》2020(14)，有改动。）

第三节 《史记》语用偏离分析

《史记》作为文学巨著，其中的作品无不显示出作者的交际目的。统编版教材选入了《史记》中的经典篇目《屈原列传》，学习本文要"回到历史现场"，鉴赏品味《屈原列传》精湛的叙事艺术，把握屈原的精神品质。《屈原列传》可与《管仲列传》参照来解读，从而领会作品中人物以及作者的历史观念、家国情怀和担当精神。从这两篇文章中我们可以看出，司马迁无论是选材、架构，还是对笔下人物屈原和管仲的描写，都大量使用了偏离策略。下面主要阐述什么是偏离，文本中具体的偏离表现，以及在阅读教学中如何通过关注偏离来进行语篇分析。

一、文本的偏离表现

《屈原列传》《管仲列传》中的偏离表现在很多方面，具体有语词偏离、句式偏离、语域偏离、语义偏离、体裁偏离、风格偏离、叙事视角偏离、时空偏离等。使用偏离策略的主体既包括作者，也包括作者笔下的人物。下面从体裁偏离、叙事视角偏离、手法偏离三个角度结合课堂教学实际加以陈述。

1. 体裁偏离

列传是杰出人物的传记，这些人物都非常有才干，有政治理想。管仲是春秋时期的名相，屈原是战国时期的名臣。司马迁把管仲和屈原都放在列传中来凸

[1] 胡壮麟.语篇的衔接与连贯[M].上海：上海外语教育出版社，1994.

显人物的地位门第。不同的是，管仲起初既贫且穷，一度侍奉公子纠，后来在鲍叔牙的举荐之下做了齐国的相，管仲的身份地位才有了巨大变化。屈原出身高贵，是皇胄，又有才华，为政治国是理所当然的。两者同属列传，但是又有不同，在相同的体裁内部采用了偏离策略。

2. 叙事视角偏离

司马迁从传统文化的视角来解读，管仲和屈原都是爱国忠君者。他们都有极大的政治热情，在为政治国上都有自己的一套策略。管仲主张在经济上贵轻重、慎权衡，在政治上要政令平易、顺应民心，管理国家要因势利导；屈原则始终忠君爱国，想要振兴楚国，坚持自己的美政。可以说他们都想实现自己的政治理想，只不过管仲成功了，屈原失败了。不同的是，屈原忠君体现在治国上，由于奸佞所害，他被疏远、被罢黜、被流放，逐渐由高贵者变成被疏远的人，最终黄钟毁弃、瓦釜雷鸣。管仲由卑微者变为高贵者，他是贤者，更可贵的是有人识贤。

3. 手法偏离

在写人的手法上，两文也故意偏离。写管仲，作者采用排比手法，列举管仲在不同领域与鲍叔牙交往的事实，真切而有层次感地展现了二人的友谊和情感；用映衬来突出主要人物，兼顾次要人物，两者互相补充、互相映衬，使人物形象更加丰满，人物之间的友情更深切、更浓厚。管仲分财多取，为人谋事陷入穷困，三仕都被逐，作战又逃跑，这一连串不易被人理解的行为，鲍叔牙却能原谅和理解。除了能表现出鲍叔牙的见事之明、知人之深之外，这也从侧面表现了管仲的政治才能；司马迁还用较多的文字引述管仲的表白，在叙事后加以简洁的议论直接揭示管仲的为人。这种以轶代传的写法更有说服力，情感表现更真挚，使得鲍叔知其贤善遇之的内容更可信。

对于屈原，司马迁没有采用一般的叙事方式来写：选材上，没有曲折、完整、生动的故事情节，而是根据文献记载，粗线条勾勒人物的生平事迹；写法上采用记叙和议论相结合的方式，全文有传有评，因传而评，以评点传，以评代传。语言具有浓厚的抒情色彩，叙中有情、议中有情，同时运用了对偶、对比、排比、反复、比喻等修辞手法，增强了语言的表达效果。

这里司马迁向读者传递了很多信息：无论地位低贱者还是高贵者，无论他们的治国理念怎样，治国方式如何，都不影响他们成为一代贤臣。令人感慨的是，成功与否要看主人公处于什么样的情境之中。这里我们似乎可以理解司马迁写此二人的用意。对于语篇，从写作者的角度，写作过程就是写作者作为交际者尽可能向作为交际对象的读者提供关联性最大的言语信息，以示意自己写作意图的心理过程。

二、阅读教学中的偏离运用

在教学中教师抓住教学重点，可通过关注偏离来设置学习任务。此处的“设”即设计，“置”即具体操作。教学中关注的是偏离的内容，学生能理解之处不需要设置任务，理解有难度或者不能理解之处则要强化任务设置，教师要善于把整合的资源化成一个个学习任务。下面以《屈原列传》《管仲列传》联读为例，来谈具体的任务设计以及实践操作。

1. 梳理人物的主要事件或主要性格

此环节设置学习任务一：要求学生弄清楚司马迁分别是从哪些角度来写管仲和屈原的，主要写了哪些事，体现了人物怎样的性格特征。教师应引导学生了解文本既从正面叙述人物，也采用他人的语言和行动来表现传主的主要性格。采用他人的行动或语言来表现传主就是偏离，以此设计梳理文本的学习任务。

对于管仲，司马迁主要是从他为人与为政的角度来写：在为人上，用他与鲍叔经商分财多来表现其人品不正；在为政上，用他通货积财、富国强兵、与俗同好恶、纠正齐桓公的三次错误来表现其贤。这里写管仲分财多其实就是偏离，目的是映衬其为政之贤，从而使人物形象更为丰满。

对于屈原，司马迁主要从他的才能、为国、为理想三个角度来写，具体写他图议国事、制造宪令、接遇宾客、写《离骚》、谏怀王、与渔父对话、怀石沉江等。这里写屈原的经历，作者主要是站在外视角全知的状态来叙事的，表现了屈原的才华横溢和忠君爱国。文章穿插了大量写楚国国运变化的文字就是偏离，表现了屈原的命运与楚国的命运息息相关。与渔父对话则是以内视角来表现的，渔父可以被认为是一种假托的形象，此处运用偏离突出屈原内心的矛盾，通过屈原的自我内心剖析来表现他对理想的坚贞执着。

2. 理解次要人物的映衬作用及作者的理想情怀

此处仍属于学习任务一，设计的问题是：与传主相关的人物主要有哪些？他们对传主的态度怎样？传主的命运变化与结局又是怎样的？要求学生小组合作思考讨论，需要讨论的内容以表格的形式呈现。

学生通过小组合作讨论完成表格后，认识到：写管仲时写到齐桓公和鲍叔这两个次要人物，齐桓公善于重用管仲使其得以施展才干，鲍叔牙知其贤善举荐他，管仲收获了知己，得到施展才能的机会。屈原所遇君主是楚怀王和楚顷襄王，他由被信任到被黜、被迁，上官大夫和令尹子兰一个进谗言一个诋毁，最终屈原忧愁幽思、悲愤交加，怀石投江而死。

这里借次要人物来表现主要人物就是一种偏离策略。教师关注到这种偏离策略，设计了两组对比，以表格的形式使学生理解：两文中君主和其他臣子等次要人物对传主的态度，影响了传主的命运和结局。

3. 探究文本中隐喻、移情的作用

此处教师设计学习任务二：思考探究三个问题后，通过表格完成管仲、屈原、司马迁的对比。

> 问题1：通过完成学习任务一来思考管仲为什么能成功，屈原为什么要投江自杀。
>
> 问题2：通过太史公的评赞来思考司马迁为什么要为管仲作传。
>
> 问题3：通过太史公评赞来思考司马迁为什么要为屈原作传。理解屈原的志是什么，探究司马迁为什么悲其志。

问题1试图让学生理解管仲遇到的是明君贤臣，而屈原遇到的是昏君小人。问题2是为了让学生理解司马迁想要通过管仲的经历表达对知己的赞赏之情、对群臣相遇之欢的羡慕以及对自己无知己、生不逢时、怀才不遇的感伤。问题2是作者终极表达目的之一，因而问题1相对问题2来说就是一种偏离。问题3的探究是为了让学生理解司马迁为屈原作传的意图是“悲其志”，他为屈原作传本身就是一种语义偏离。司马迁“悲其志”的真正用意在于“悲自己”，这样的设问也是一种偏离。此处教师关注偏离，设计的学习任务使学生理解了司马迁为二人作传的另一层用意，就是要表达自己的想法。

教师在前两项学习任务的基础上，设计了学习任务三：在当代社会，你是愿意做管仲、屈原还是司马迁？为什么？要求学生说一说，写一写。这个环节设置了当代社会情境，让学生通过表达与交流的学习活动来表达自己的看法。课堂教学的目的是为了培养学生的语文核心素养。这个设计对于达成教学目标来说，本身就是一种偏离的灵活运用。

三、关注偏离与学会阅读

司马迁为管仲和屈原作传，是为了表现他们人性的光辉。在司马迁看来，这两位传主都代表了一种理想人格。“读其书想见其为人”，采用了不同的偏离使得主题更鲜明。司马迁把屈原和贾谊合传，也是为了表现他们的相同之处：才华横溢，有著作流传，却都不被理解。两文用了相同的偏离，也是为了表现主题。

司马迁借史述志，语篇的功能也得以呈现。

司马迁与屈原的遭遇相似，他能深深地理解屈原，因而他与屈原情感相通。写屈原是情感偏离，最终目的是悲自己。他羡慕管仲，选择与管仲的抉择相似，却不具备管仲的条件，因而他只能忍辱践志。他写管仲更是一种情感偏离，最终目的也是为了写自己。所以，从管仲和屈原的事迹中我们可以理解这两个历史人物的人格风采，同时也可以想见司马迁的人格风采。《史记》中处处闪耀着司马迁的理想人格光辉。从这个意义上说，偏离使得这个专题有了更丰富的寓意。

可见，两篇合传的整合教学呈现了偏离策略的效果，使文本的主题更鲜明，使语篇的交际功能更强，使文学作品的内容更充实。其实，我们的课堂教学在任务设计与操作层面上，学习任务一、任务二也是一种偏离。在偏离中完成了学生与文本、教师与学生、学生与自己的对话，从而使语篇实现了交际功能。

不同的偏离现象强调语篇的个性，而相同的偏离则强调了语篇的共性。教师可以在对语篇的整合中聚焦偏离，通过关注偏离策略来抓住语篇阅读教学的重点，设置学习任务，使学生通过阅读与鉴赏、表达与交流、梳理与探究等语文学习活动来学会阅读。

（原文《〈史记〉中的偏离举隅——以〈屈原列传〉〈管仲列传〉联读为例》，作者蒋根花，载于《中学语文教学参考》2023(1)，有改动。）

第四节　《桃花源记》功能语篇分析

文言文教学的主要任务是什么？引领学生在学习中国古代文人诗性与智性言说的过程中发展自己的功能语用经验，并在这一过程中同时渗透思维训练、审美教育和文化濡染。作为功能语言学的核心范畴，语篇是指由一个以上话段或句子构成的、具有句法组织性和交际独立性的语义单位，它是语用的中介与产物。而语篇分析重在研究语篇的结构、意义和功能，其独特价值在于研究语篇的交际特征和语境要素，为文本构造或功能语用提供动能和资源。美国语言学家麦卡锡(McCarthy)和卡特(Carter)曾指出，“语言即语篇”，语言教学应帮助学生从语篇的角度来理解语言、学习语言和运用语言。①《桃花源记》是东晋隐逸诗人陶渊明的一篇散文，它是初中语文教材经久不衰的文言篇目。关于该文的读解和教学，前人之述备矣。随着素养为本和功能语用时代的来临，围绕该文的教学解读与学习指导，不应局限于对文本客体作“言文合一”式的审美鉴赏，而要呼应并发展这一语篇的对话潜势，从经典范本中汲取思想资源和言说智慧，提升学生在真实情境中的言语表现水平，即功能语用和创意表达能力。以下试从三个层面对《桃花源记》展开功能语篇分析，并就语篇教学展开初步探讨。

一、语义层：作品的内蕴解读

所谓语义，指的是自然语言中的字义、词义、句义、段义或篇义。语篇中语义层的分析，多涉及作品的主旨、内容、情感、题材、社会背景、文化动因、价值取向等要素，对应的是“语篇说了什么”。语篇分析视角下的文言文教学注重语篇主题思想的深入挖掘，获得对作品内涵的深度品析与领悟。此处重点从文化动因和主题思想出发，着重分析《桃花源记》“说了什么”。

（一）文化动因

桃花作为《桃花源记》中最为重要的意象，千百年来深受文人墨客的喜爱。在文人笔下，桃花象征着一切美好的人、事、物，此外它也寄寓着远古先民对生命、对理想的渴望，如《山海经》中记载夸父逐日，力竭而死，“弃其杖，化为邓林”（此处邓林即为桃林）。夸父虽然未能实现逐日的理想，但由他的英雄血肉化就的桃林却是其理想的另一种延续，为后继者留下了美好希望和内心寄托。陶渊明受到这份精神的感染，曾写下赞颂夸父的诗句：“神力既殊妙，倾河焉足有！余迹寄邓林，功竟在身后。”故在《桃花源记》中，陶渊明借桃花意象构建了一个淳朴美好的桃源仙境，将自我理想寄托其中。另外，东晋时期，玄学之风盛行，当人们都期望通过玄谈游仙获得生命解脱时，陶渊明却没有这样做。几番入仕的他在感受过社会黑暗、民生疾苦后选择以现实的态度直面生活，退隐田园，躬耕自适。如此境遇下创造出的桃花源，并非为寄言上德，托意玄珠而造，而是真切地为百姓、为社会而造，一定程度上体现出作者对社会未来、人民生活的思考，以此吸引更多仁人志士去为美好的桃源理想而奋斗。

---

① Michael McCarthy，Ronald Carter. 作为语篇的语言：对语言教学的启示[M]. 北京：北京大学出版社，2004：13.

（二）主题思想

目前，学界关于《桃花源记》的主旨阐说尚未形成定论，主要观点有寄托理想说、批判现实说、隐逸避世说和多重意蕴说。从语篇评价、审辨思维和高阶学习能力培养的角度出发，应引导学生对以上诸说进行全面审视，而后基于文本内外证据与自身经验作出独立判断。如多重意蕴说，范于烨认为《桃花源记》“具有浓郁的诗人自我的田园生活色彩”，是一部“关于人类理想生活的极富有理性的沉思录”，陶渊明创作《桃花源记》既在“寄托其对历史的深刻反思”，又“代表着诗人的生活理想和社会理想”。[①] 也就是说，《桃花源记》中包含了作家对自我理想的寄托、对社会历史的反思、对隐逸生活的向往等多重意蕴。但是对于范氏上述结论，学生不宜简单照搬，而且统编教材中本单元“拓展探究”板块也设计了讨论题：作者借桃花源表达了怎样的社会理想？因此，教师便可组织学生通过对比研读《桃花源记》与《桃花源诗》，链接专家点评等方式，结合自己的阅读经验、生活积累和独立思考，尝试破解陶渊明诗性言说背后的情思密码。

二、语形层：作品的形式探究

在语篇分析中，语形是语言要素和语用形式的复合体，是语义实现的外在手段，对应着“语篇是怎么说的”。优秀的文学作品除了具备蕴蓄深刻的主题思想外，作家高超的语言选择、材料取舍、篇章布局，以及独特的文体风格也是需细心品味的要素。教学文言语篇时，应结合语音、语词、语句、结构、风格等语形要素进行探究，深入言语思维，体悟作者的审美语用艺术。此处重点探究《桃花源记》的文体风格与篇章结构，体会其是“怎么说的”。

（一）文体风格

陶渊明的散文以自然简练著称。钟嵘评《桃花源记》云：“文体省净，殆无长语。笃意真古，辞兴婉惬。”[②]可见，《桃花源记》质朴简练又独具情韵的文体风格是教学中应关注的要点。如文章开篇写武陵渔人“缘溪行，忘路之远近”。此处的“缘”指“沿着、顺着”，它既点明了渔人的行踪路线，又突出了溪水的蜿蜒曲长，能引发读者探幽览胜之情趣。随后，渔人来到桃花林，被桃林美景震撼后“甚异

---

① 范子烨.《桃花源记》的文学密码与艺术建构[J]. 文学评论，2011(4)：21-29.

② 钟嵘.诗品[M]. 北京：中华书局，2019：111.

之”。“异”属形容词意动用法，即“对……感到惊异”，暗示了桃源之境的神秘。最后，渔人来到桃林尽头，发现“山有小口，仿佛若有光”。“仿佛”二字意指隐隐约约、不真切，从山口透出的隐约微光让桃源更添一层朦胧色彩，愈发激起渔人的好奇心，遂进入了桃花源。可见，此段“缘”“异”“仿佛”三个文言实词看似简单，但却能很好地承接起渔人从发现桃源到进入桃源的全过程，纵笔随意间便营造出了桃花源神秘梦幻的氛围，使读者心中升腾起对桃花源的期待和向往之情，充分彰显出言约义丰的艺术效果。在教学这部分内容时，教师可以“缘”“异”“仿佛”三个实词为抓手，引导学生以追踪渔人的方式进行探究，使其在理解文言实词的基础上，获得对陶渊明文体风格的初步感知。法国博物学家布封曾指出，“风格即人”，该文自然简练的风格，反映的恰恰是陶渊明那恬淡平和、朴素自然的人格操守。

（二）篇章结构

首先是宏观结构分析，即就语篇整体布局及内在脉络进行分析。聂仁发指出，宏观结构要从语义和功能两个方面辨识。① 其中，语义结构是指语篇整体内容的形式表现。一个语篇的内容通常可被分解成若干部分，这些部分及其之间的事理逻辑便构成了宏观语义结构。如中国传统的才子佳人小说往往以男女爱情为主线，形成一种相对固定的情节模式，即“一见钟情—私定终身—拨乱离散—及第团圆”。在《桃花源记》中，作者以渔人的行踪为线索，搭建起了全文的语义结构：渔人偶遇桃花林—误入桃源见美景—发现村人与世绝—再寻未果无人问。功能结构是指语义内容在语篇中实际的展开顺序。按照事理逻辑排列并非语义内容呈现的必然顺序，有时作者为了达到某个写作目的或实现某种特殊功能，便会采用与语义结构不一致的功能结构。比如在小说创作中，作者会打乱正常叙事顺序，使用插叙、倒叙的手法，丰富作品内容，进而引起读者的阅读兴味。《桃花源记》中便存在违背事理逻辑的宏观功能结构。如开篇写渔人偶遇桃林美景，惯常逻辑顺序应是：见美景—表赞美—发疑惑，然而，此处作者却略去赞美，直言“甚异之”。这种有意的安排恰为后文埋下伏笔。从“渔人甚异之”后，作者接连记叙了桃源之景“异”、桃源中人“异”、渔人和刘子骥寻找未果“异”等多个怪异之处，使桃花源的虚幻缥缈之感不断加深。可见，宏观结构不仅能使作者逻辑严密地记叙故事内容，而且能帮助学生理清文章脉络，体悟到作者谋篇布局的独特匠心。

---

① 聂仁发．现代汉语语篇研究[M]．杭州：浙江大学出版社，2009：122.

其次是微观结构分析，即对语篇微观单位的构成关系进行分析。在分析微观结构时，可以从语言成分和语篇基本要素展开，围绕词语、单句、段落、话题链、话题演进等角度分析。且以话题链为例，话题链是话题的延续方式，基本模式有平行式和链接式。当某些话题较为复杂，由单个小句无法将其言明时，就需借助平行式话题链进行解释。如“既出，得其船，便扶向路，处处志之”，主要的话题是描述渔人离开桃花源后的具体动向，作者在这里运用了“得其船”“便扶向路”“处处志之”三个小句对该话题进行了平行式阐释。渔人的一系列行为为后文禀与太守前来寻觅桃花源作了铺垫。链接式话题链则表现为后一个话题对前一个话题进行补充。如“林尽水源，便得一山，山有小口，仿佛若有光”，每一小句都是对前句的补充说明：桃林尽头是溪水发源地，此处有一座山，山上有个小洞口，洞里隐隐约约有光亮显现。由于《桃花源记》的风格简净，许多文言句式都存在主宾语缺省的现象，借助话题链的形式对文言句式展开分析，便能使学生不再受制于文言语法的束缚，实现对句式的有效解构，进而获得对语篇结构的深度理解与体悟。

三、交际层：作品的传意观照

功能文体学及篇章语用学著名学者韩礼德指出，语篇的重要属性在于其交互性，它承担着意义交换的中介。[①] 因此，语篇创建本身属于社会活动，它是语言使用者和变化着的社会语境之间的一种互动，换句话说，语篇是社会互动的结果。[②] 就文学语篇来看，作家在进行文学创作这一社会活动时，通常会有意或无意地将自我的心路历程传递给读者，“希冀读者和作者自己同样受某一种情趣感动”，进而实现审美层面的交往与互动，朱光潜将这种审美交往称作“文艺的社会性”[③]。所以在开展语篇分析时，可从作品的写作意图、目的意识、读者意识、作者意识、前景化等要素入手，探讨语篇“为什么这样说”以及“说的效果到底如何”，揭示这种交际性。此处着重探究陶文彰显出的读者意识与作者意识。

（一）读者意识

作家在进行文学创作时会将读者的对象特征、接受心理、审美需求等内容自觉纳入思维活动中，体现出一种读者意识。这其中包含着两层含义：其一是作家

① 韩礼德. 语篇和话语的语言学研究[M]. 潘章仙，柴改英，孙迎晖，等，译. 北京：北京大学出版社，2015：50.

② 朱永生，严世清. 系统功能语言学再思考[M]. 上海：复旦大学出版社，2011：12.

③ 朱光潜. 朱光潜全集[M]. 北京：中华书局，2012：253-258.

在创作时会先在心中预设隐含读者或理想读者。袁行霈在《陶渊明集笺注》中曾指出:"此中人之衣著、习俗、耕作,亦与桃花源外无异,而其淳厚古朴又远胜于世俗矣,渊明藉此以寄托其理想也。渊明所关心者原是其本人之出处穷达,《桃花源记并诗》则超出个人之外,而及于广大人民之幸福,此点应特加标举。"①故而,陶渊明创造出的桃花源是贴近人民生活,反映广大底层百姓生活理想的。作品所彰显出的是对社会出路的思索和对人民愿景的关照,作者希望能有更多的知识分子从桃花源中读到理想、读出共鸣。其二,作家会在作品中期望与读者进行情感交互与思想沟通,进而实现诗性对话与审美交往的效果。《桃花源记》以"后遂无问津者"煞尾,它与《桃花源诗》"借问游方士,焉测尘嚣外"构成了互文现义,作者意在启迪世人深思:神秘美妙的桃源之境是否真实存在?世间还会有人知晓此世外仙境吗?这一切都像是一道道未解的谜题,等待着每一位走入桃花源的读者给出自己的答案。

(二)作者意识

作家在进行文学创作时会将自我生平遭际、审美理想、人生态度等因素以一种自觉或半自觉的方式投射至作品中,从而使文字带有强烈的个人主观色彩,展现着一种作者意识。当时的陶渊明身处晋、宋之交,国家的动荡飘零、民不聊生,令其深感现世的黑暗腐朽,自我抱负难以施展。于是,他在受到老庄哲学启发后便向山林田园中求索,将理想诉诸笔端,桃花源便是他于黑暗现实中为自我开辟的一方理想净土。此外,细读文题可以发现,"桃源"与"陶渊"二字在读音上有着较高的相似度。清方堃的《桃源避秦辨》云:"考《博异记》,以桃花神为陶氏,则篇中'夹岸桃花',盖隐言'陶';'沿溪水源',盖隐言'渊';'小口有光',盖隐言'明'。渊明旷世相感,述古以自况,谓之寓言可也,谓之为仙幻不可也。"②据此推断,陶渊明其实在借桃花源旷世相感、述古自况的同时,藏名于文,桃花源正是陶渊明幻化出的一个自我分身。他将自己生活和社会的美好理想全部寄托于桃花源,将其打造成一个人人心向往之的梦幻之境,并发出"愿言蹑清风,高举寻吾契"的宣言。陶渊明在桃源中追寻自我,实现了与个体生命的精神对话。

因此,教师在开展教学时,应启发学生自觉体悟语篇的交际特性。如针对作者意识的分析,可突出"桃花源"与"陶渊明"之间的关联,组织学生开展研究性学习:联系所学知识,在文中用笔圈画出能体现陶渊明个人特征的细节(如字词读

① 袁行霈.陶渊明集笺注[M].北京:中华书局,2011:332.

② 唐开韶,胡焯.桃花源志略[M].长沙:岳麓书社,2008:138.

音、桃源风貌等)，说一说桃花源与陶渊明之间的相似程度。随后，教师带领学生从文章的字里行间探寻陶渊明的身影，感悟作者是如何展开内在对话的。而对于读者意识的挖掘，则更需立足于陶渊明的生平经历及其思想，可设置思考题：结合课文和课后《桃花源诗》的引文，总结世外桃源的独特之处。此处可引导学生关注桃源中人的生活情态，并将其与当时底层人民的生活状况相对比，剖析陶渊明创造桃花源的言说意图，评说桃花源叙事的传意效果。

语篇分析在国际母语教学研究领域是一门显学，它有多种范式，如功能语篇分析、话语分析、文体分析、语篇策略加工等，本文所选用的是功能(语义功能、语形功能、交际功能)语篇分析范式。在功能语篇教学框架和模式中，语义分析是最常规的学习活动，语形分析是最为本体性的学习活动，而交际(功能)分析则是最具独特价值却又长期被忽视的一个维度。文言文教学引入语篇分析这一工具，将丰富与拓展文本细读的方式，有益于学生开展深度学习，提升学生的言语表现水平。

(原文《基于语篇分析的〈桃花源记〉教学重构》，作者贡如云、纪嫣然，载于《中学语文教学参考》2024(10)，有改动。)

第五节 《阿长与〈山海经〉》语篇分析

一、文本解读的困惑与反思

当下的中学语文教学，其课程主体仍然是由对一篇一篇具体的文章讲解组成的。这种具体讲解，实际执行过程中存在两个方向：(1) 着重挖掘思想内涵，尤其是对于经典文本更是如此。究其原因，古代中国传统的教育实际上只有语文一门课程。经典读本中包含着语言文字，蕴藏着高妙哲理，埋藏着世故人情，潜隐着历史掌故。所以我们称语文教育为“文以载道”。由此导致语言文字本身经常淹没在对于微言大义的钩沉和考证之中。这就是我们前些年经常批评的“把语文课上成了政治课”的由来。(2) 自从文本细读理论引入国内以来，迅速在语文教学界引起广泛反响。文本细读之所以受到欢迎，是因为其着眼于文章本身。实际操作层面的文本细读，往往包括分析语词、结构、主题、写作特点、艺术手法、时代背景、意义构成等方面，依据不同文章体式，“文本细读”越发工具化、技术化、精密化地进行着。很多教师认为，这就是“文本细读”的精义所在了。

目前语文教学的弊端，不止在于对单篇文本庖丁解牛式地精细拆解，还在于解读之前从一个既定的、权威的说法出发，返回到文章之中找寻对应的字句表达、艺术手法或者是文章结构，又或者从文本之外寻找写作背景、作家履历、相似篇章、文化信息等与之相对照。

在具体的教学过程中，前者往往表现为“拆得太碎”，以至于缺失了审美体验；后者强调观念的突破，又忽视了学生逻辑思维能力的建构，人文性也就无从谈起。也就是说，这些解读都不是通过与文本和作者的对话实现的：它们只是将文本当作某种观念的外显形式。

细细推敲出现这种困境的原因，在于文本细读理论的执行大部分时候太过于依赖教师的良好语文素养，对于文本的深入解读完全靠教师高妙的语感：因为文本细读是一种高超的能力，而这一点恰恰是不可大规模复制的。如何突破这种局面？怎样引导学生徜徉至文本的深处？如何揭示文本深厚的文化意蕴并使其影响学生的人格养成和精神发育？笔者认为，适时引入汉语语篇学理论，对“文本细读”的观念和方法加以丰富和深化，有助于帮助大多数教师掌握基本的操作方法，使文本细读摆脱对教师个人素养的路径依赖。

二、语篇学介入语文教学的理据及内涵

语篇研究在我国早有渊源，早在王充的《论衡》里就有“经之有篇也，犹有章句也；有章句，犹有文字也。文字有意以立句，句有数以连章，章有体以成篇，篇则章句之大者也”。刘勰的《文心雕龙》系统地提出了汉语语篇的本体论、写作论和阅读论。至现代，叶圣陶、夏丏尊、马相伯、王力、吕叔湘等先生都对语篇学有过研究，他们着眼于语文教学，系统地解释汉语语篇的写作机制、阅读方法。但贡如云指出，我国传统的语篇研究认为语篇只是语言的应用而不是语言的本体。所以，有必要引进现代语篇研究成果。

韩礼德创建的系统功能语言学理论认为，所谓“语篇”，即人们使用语言构组言语的过程及其结果。语篇是具备鲜明特征的对话系统，具有交际性；语篇注重文本的各个要素的组合方式，具有整体性。海姆斯认为任何一个言语事件至少由 16 个要素构成，他将这 16 个要素归并为八类：背景、参与者、目的、行为顺序、格调、语式、准则、体裁。海姆斯论证的特点是按照言语事件发生的顺序逐次推

进。始于背景(情境),终于体裁(语类)。鲍格兰德和德雷斯勒的《语篇语言学导论》认为:凡是语篇都必须满足如下七个条件,即:衔接性、连贯性、目的性、可接受性、信息性、情境性和篇际性。汉语语篇的表述逻辑具有多维、复杂、形象与抽象结合的特征。以上理论诞生于印欧语系,成长于印欧文化传统,其对于语篇分析的语言系统未免与汉语语篇有着隔膜与疏离。鉴此,依据现代语篇研究方法,丁金国教授将汉语语篇的特征抽象为四种特性:功能的对话性、语脉的连贯性、结构的层次性、语体的监控性。笔者认为,丁金国教授的汉语语篇学理论有利于分析汉语语篇系统的结构特征,有利于抽取表意系统和外部结构形式的关联,从而探索出语篇解读的依据,在语文教学实践中有指导意义。

三、《阿》文语篇分析取径

下面依据上述理论分析鲁迅散文名篇《阿长与〈山海经〉》,试图检索出传统分析方法所未抵达之处。

(一) 语篇功能的对话性

丁金国在《语篇特征探析》一文中,曾列专节讨论语篇的对话功能,他认为:"对话具有极强的人文性,言既出,就将言者的各种人文要素显露出来。对话看似自由、漫芜、无拘无束,实际上,发话先后、言谈长短、详略,语调声气的快慢、语势运行曲线模型,以及言内义与言外义等,都要受对话结构的制约,其内在都有对话规则在调控。"①

1. 文中显而易见的对话是长妈妈与"我"的多次当面交流:

> "哥儿,你牢牢记住!"她极其郑重地说。
>
> "阿妈,恭喜……。""恭喜恭喜!大家恭喜!真聪明!恭喜恭喜!"她于是十分欢喜似的,笑将起来,同时将一点冰冷的东西,塞在我的嘴里。……

对话的条件是言说双方的在场和互动。这几句对话描写生动有趣,长妈妈和"我"的现场互动生动形象,教学时注意这一点可以增强学生的语言体验。

2. 另一类是独白,比如:

> 我想我又不真做小长毛,不去攻城,也不放炮,更不怕炮炸,我惧惮

---

① 丁金国. 语篇特征探析[J]. 当代修辞学,2014(1):55-64.

她什么呢！

需要加以注意的是，独白从本质上讲依旧是一种对话，有表述者和接受者。因此，分析独白的作用和意义仍然要借助前后文的语义关联性。这一句的前提是长妈妈给“我”宣讲自己有所谓的神力，可以使得大炮炸膛，于是“我”产生了一些莫名的敬意。这时候却得知隐鼠被她踩死了，就决意报复：当面叫她阿长。但是这个报复的举动因为长妈妈宣扬神力在前，不免觉得有点危险，所以自己内心深处进行可行性分析。因此虽然是独白，但是仍然有语境，有受众。读者可以看出这是逐层递进的心理演变。尤其是到句尾的时候，读出来的是疑问语气，但是作者却加上了感叹号，这个感叹号其实意味着“我”内心深处对于长妈妈的宣战：我不怕你！

3. 文本的对话性还体现在作者刻意强化的读者意识。作者在表述的时候有意识的制造读者在场的氛围，使读者自然地产生和作者对话的感觉。比如文章的开头：

长妈妈，已经说过，是一个一向带领着我的女工，说得阔气一点，就是我的保姆。

这一句中，作者特别强调“已经说过”，这就使读者自然产生早已和作者交流过的感觉。如果去掉这四个字，表达效果会大打折扣。

再比如：

她教给我的道理还很多……此外，现在大抵忘却了，只有元旦的古怪仪式记得最清楚。总之：都是些烦琐之至，至今想起来还觉得非常麻烦的事情。

这一节写作者直接现身，将言说对象（读者）直接拉到眼前，倾诉少年时的深刻心理印记，使读者在读完前文之后的印象得以再次强化。

据此可以理解，对话性是语篇产生和定型的本质，是语言功能实现的根本形式。在显性的对话形式背后，包孕着丰富的隐形内容。借助语篇学的功能对话性理论，我们可以更好地走进文本的细微处。

（二）语脉以及意脉的连贯性

丁金国认为，语脉即贯穿于语篇始终的流动性语义潜势。[①] 在其之上，还有

---

① 丁金国. 语篇特征探析[J]. 当代修辞学，2014(1)：55-64.

意脉。“意犹帅也”，语脉的流动性服从于意脉，意脉对于语篇而言具有唯一性。

也就是说，作者写作时应该有一个并且只会确定一个核心的“意”(读者阅读产生的多元阐释在此不做讨论)。那么《阿长与〈山海经〉》的中心思想是什么呢？毫无疑问，是对长妈妈无尽的思念：仁厚黑暗的地母啊，愿在你怀里永安她的魂灵！这在鲁迅全部的作品里几乎都是罕见的深情流露。本文采用欲扬先抑的手法，文章前半部分是对长妈妈种种行为的批评和嘲弄。那么问题来了，写作本文时作者已经年纪较大，内心充盈着的是对长妈妈的思念和不舍，他是怎样冷静地不把任何感激和怀念带入前半部分文章的呢？借助语篇分析的语脉和意脉理论，可以得出不一样的结论：鲁迅并没有完全切割出思念和感激，只是技巧性地做了陌生化处理。思念和感激之情是在全文一线贯穿的意脉，在文章前半部分时不时地就有流露。

就拿鲁迅浓墨重彩描述的“新年开头的磨难”一部分而言，童年的我固然是觉得烦琐而且无聊，但是写作时还是透露出了丝丝温情。“她懂得许多规矩；这些规矩，也大概是我所不耐烦的”。此处为了表示不满，作者使用的词汇是“规矩”，所谓规矩，在孩子眼中意味着束缚，意味着不自由，于是厌烦由此而生。但是这一部分叙述完毕后，作者现身与读者对话的时候，用语发生了微妙的转换：“她教给我的道理还很多”。“规矩”变成了“道理”，道理是什么？自然是内心认同的情理和做事的法则。本句中更巧妙的表达还不仅是这个转换，我们要注意“还”这个字，“她教给我的道理还很多”，言外之意，“元旦的磨难”自然也是“道理”。由此可见，本文对长妈妈的思念意脉在语脉底层一线贯穿。

在本文中，意脉的深层潜流表现还有不少。比如文章里有两处“终于”：

1. 什么姑娘，我现在已经忘却了，总之不是长姑娘；也终于不知道她姓什么。

2. 我终于不知道她的姓名，她的经历；仅知道有一个过继的儿子，她大约是青年守寡的孤孀。

在第二节中读到“终于”这个词语，可能不会有深刻感觉，因为在这一节里鲁迅刻意描绘了长妈妈的丑陋外表和戏剧性的名字由来，把深层情感隐藏在了事实陈述之中。我们再来看第二句，此句中使用“终于”这个极富有延展性的词语，意味着经历了很长的时间，我们有理由猜测，鲁迅对保姆长妈妈的生平、经历是不是经过了长久的查访和探寻？如果这个猜测是有道理的，那么回头看“也终于不知道她姓什么”这一句，是不是透露出淡淡的哀伤？

在当代语篇研究领域里，与“语脉”最接近的概念，莫过于“连贯”。黄国文认为:“连贯指的是语篇中语义的关联,连贯存在于语篇的底层,通过逻辑推理来达到语义连接;它是语篇的无形网络。”①由此可见,进行文本细读时,紧抓语脉仔细爬梳其连贯性,会有不一样的阅读体验。

(三) 结构的层次性

现代语篇学研究者按总体结构(三段式、四段式等)、内部结构(并列结构、因果结构等)、语脉流动(单线流动、复线流动等)等方式对语篇的结构类型几乎做了全面分析,在教学中需要我们加以注意的是语脉流动结构。简而言之,语脉的结构链,在古典文论中总结为“起、承、转、合”。我们在教学中关注比较多的是“承”和“转”。在承转结构形成过程中起作用的,多是关联语句和词语。比如以下句子:

1. 但是她懂得许多规矩;这些规矩,也大概是我所不耐烦的。

这一句转折下得极妙。前面的语境是对长妈妈睡姿不好的贬低,那么转折过后该是对长妈妈的褒扬了吧?谁知接着还是贬抑,这个过渡(承)是在连续转折中完成的。

2. 然而我有一时也对她发生过空前的敬意。

写文章就是“转”的功夫,转不动,硬转。此处又出现一处出乎读者意料的转折。由于前文对烦琐的规矩不厌其烦的描绘,使我们的批判情感逐次加深。此处用“然而”一转,我们以为会是转向赞美,谁知下文接踵而至的是长妈妈荒诞不经的自我表扬。此句中更微妙的情感表述还在于“有一时”,表示敬意停留时间短暂,为下文为隐鼠复仇埋下伏笔。

3. 但到夜里,我热得醒来的时候,却仍然看见满床摆着一个“大”字,一条臂膊还搁在我的颈子上。我想,这实在是无法可想了。

4. 从此对于她就有了特别的敬意,似乎实在深不可测;夜间的伸开手脚,占领全床,那当然是情有可原的了,倒应该我退让。

这两句形成了一个呼应结构。从开头读来的时候,读者对“无法可想”得出的印象多半只是连母亲也没有为“我”争取来更多的席子,“我”就更没有办法了。但是读到后来,知道“伟大的神力”之后,多半有会心一笑:和有“神力”的长妈妈怎么争呢?“我”所思量的“无法可想”多半会与此相关吧?此处的照应可谓草蛇灰线、伏脉千里。

---

① 丁金国. 语篇特征探析[J]. 当代修辞学, 2014(1):55-64.

（四）语体的监控性

语篇生成的开始，作者就有了语体的模型，不同的语体对应着不同的表达方式，比如回忆性文章几乎都采用第一人称叙述。在语体形成过程中，作者会因为不同的主旨表达要求，对表述方式作巧妙调节。比如在《阿长与〈山海经〉》一文中，文章各处对保姆长妈妈的不同称呼显示了鲁迅认真的权衡。本文开章明义，界定了长妈妈在不同人物口中的定位：①长妈妈。是母亲和其他人对她的客气称呼。例如“长妈妈生得那么胖，一定很怕热罢？晚上的睡相，怕不见得很好罢？”，母亲为“我”争取睡觉的席子时这样称呼。②阿妈。我对她亲昵的叫法。③阿长。祖母这样称呼她。因为祖母年纪长辈分高。但是作者出于不同的表述需要，行文中对保姆长妈妈的称呼有巧妙转换。

细读文章可知，“我”在为隐鼠复仇的时候，当面叫她阿长。不用敬称甚至于不用客气的“长妈妈”，而是直接像祖母一样称呼“阿长”，显示出愤怒和憎恶。那么问题出现了：为什么在我完全消弭了仇恨转为完全的敬意之后，在多年之后充满思念写下这篇文章的时候，会有“长妈妈即阿长”的称呼并举？我们有理由相信这其中别有深意。那就是成年的鲁迅在满怀深情地写作之时，不免对于少年时的不更事有着后悔。

还有，文章题目为什么定为《阿长与〈山海经〉》？为什么在题目中用“阿长”这个表示憎恶的称呼，而不是更有怀念意味的“长妈妈”“阿妈”？钩沉全文，在长妈妈为我买“三哼经”的时候，我对长妈妈还处于“战争状态”，情感上正处于因为隐鼠之死极度抵触的时候。但正是我所仇恨的“谋死隐鼠”的凶手不惮烦劳为我买来朝思暮想的“三哼经”，这不由得使我不惊诧她的“伟大的神力”。可见，《阿长与〈山海经〉》这个题目不仅仅揭示了中心事件，还埋藏着情感的曲折深化以及叙述的层次性。

由此，可以看出人称置换的艺术技巧带来了叙事态度和叙事情感的变化，同时使意味深长的语言包含了内在的叙述张力。

语篇学视域下的文本细读立足点在于文本本身，强调从语言文字出发，逐层深入直至抵达文本的意脉深处。在此过程中，可以训练学生对语言的感知能力，进而培养学生的想象力、逻辑思维能力、对文本的整体把握能力以及创造力。从语文课堂教学的角度看，引入汉语语篇学理论进行文本细读，可以成为解释文本的一种较为简便的方法，和其他教学方法相比更有操作性。它在某种程度上弥补了新批评理论指导的文本细读法只关注文本细微处的缺憾，能够从整体着眼，逐层深入到文本的文化精神，其精义在于始终指向师生阅读的人文需求。

（原文《汉语语篇学视阈下的中学文本细读策略研究》，作者丁长永，载于《中学语文》2021(28)，有改动。）

第六节 《回忆我的母亲》语篇分析

对于文本的阅读，我们往往会追问三个问题：表达了什么，为何要这样表达，表达的效果如何。这些问题本质上就是在讨论一个语篇的主题、目的、意图、传意效果等。语文阅读教学本质上就是为了培养学生的语言运用能力，即语用，而阅读教学活动的展开主要凭借各种类型的语篇。所谓语篇通常指由句子或语段构成的、相对独立的语言单位，它形式衔接，语义连贯，合乎语境。它是试图实现某种交际功能的语言实体，是语用的对象和产物。语文阅读教学从本质上来说就是语篇阅读教学，是认知语篇的过程，主要认知要素包括结构分析、体裁分析、语体分析、语境分析、评价分析、审美分析等。基于语篇的阅读教学可以让学生发现文本的密码，理解文本的结构艺术，还有语体、语境等背后隐含的深意。下面试以语篇理论的分析框架，解读朱德的《回忆我的母亲》，谈谈如何基于语篇进行散文阅读教学。

朱德在《回忆我的母亲》一文中叙述了母亲勤劳的一生，赞颂了母亲勤劳简朴、宽厚仁慈、坚忍顽强、深明大义的优秀品质，抒发了他对母亲深深的怀念和无比崇敬的情感，最后表示将通过对党和对人民尽忠来报答母亲的恩德。这是一篇回忆性散文，语言质朴、平实，情感深厚，句句出自肺腑，字里行间无不表达出对母亲去世的悲痛和对母亲伟大一生的赞颂。很多教师依照常规的教学方式，让学生梳理语篇中写母亲的事件，从中品味作者的感情。还有部分教师认为，这篇文章没有什么教学价值，不但叙事啰唆，线索还不甚清晰，缺乏像《藤野先生》《秋天的怀念》那样生动的描写，学生自读即可。这其实说明，部分教师没能真正理解这篇回忆性散文，也就没能意识到其独特的教学价值。如果我们能从语篇的角度具体分析，或许能让教师和学生对这篇老作品有全新的认知。

从文本组织上看，这篇文章和毛泽东的《纪念白求恩》很相似，讲究行文的作者意识、读者意识、语境、语言形式的使用等。如果能从语篇的框架进行解码，就能更好地揭示其情感表达的特殊性和选材的目的性，便于师生理解与学习。

一、基于对话关系意识的写作目的探究

巴赫金认为，自我与他者都是不可取代的主体，在交际的情境中，两者的双向互动构成了主体间性的对话关系。而这种对话关系提示我们，话语分析应养成三种意识：其一是目的意识，表述的目的都是期待得到他人的反应；其二是作者意识，任何表述都反映作者对客观世界的基本认识与价值判断；其三是读者意识，作者生成这些话语都是对他人和自己相关言语行为的应答，都预测与期望读者和评论者积极理解、回应。

教学这一课，应首先让学生明白该文的写作目的：叙述母亲勤劳的一生，赞颂母亲的优秀品质，抒发对母亲的怀念和崇敬感情，表达尽忠民族和人民的决心。通过资料补充，学生了解了作者的基础信息：这篇文章发表于 1944 年，此时朱德已是国民革命军第八路军总指挥。他既是一位有影响力的公众人物，也是一个普通人，是一位母亲的儿子。双重身份下，他的情感表达自然与常人不同，既有常人的情感，也有高于一般需求的情感抒发。所以，课文结尾在正常的情感抒发后还加上“我将继续尽忠于我们的民族和人民”，这是作者作为公众人物的身份所决定的。也正是这样的结尾，让这篇文章的主题和情感得到升华，从“小我”提升到“大我”，从个人情感上升到国家民族的情感，由对自己母亲的赞颂上升到对中华民族千千万万母亲的赞颂，由对母亲的报答上升到对中华民族的尽忠。为了让学生理解这种情感的升华，教学时可以设计这样的问题：

任务 1：自由阅读课文，请用下面的句式把你的阅读成果表达出来。

朱德同志的母亲不仅是勤劳、简朴、聪明的，更是①的，我们从文中“ ② ”的描述中可以看出来。

学生的回答示例：

1. ①坚忍的；②母亲一共生了十三个儿女。……这在母亲心里是多么惨痛悲哀和无可奈何的事情啊！

2. ①艰难的；②母亲把八个孩子一手养大成人。……我们一家人哭泣着连夜分散。从此我家被迫分两处住下。

3. ①开明与深明大义的；②我是一个佃农家庭的子弟……逼得母

亲和父亲决心节衣缩食培养出一个读书人来"支撑门户"。……我决心瞒着母亲离开家乡……我母亲对我这一举动不但不反对,还给我许多慰勉。

4. ①具有阶级意识的;②母亲同情贫苦的人……还周济和照顾比自己更穷的亲戚。

5. ①心系革命的;②母亲知道我所做的事业,她期望着中国民族解放的成功。

通过这样的梳理,学生可以感知到,朱德的母亲不仅是旧社会中一位普通、质朴的母亲,更是一位有着阶级意识且支持革命的母亲。这样一来,就为学生理解文末主旨的升华打下基础。

二、基于情感表达的语境分析

语境主要有情景语境和文化语境,语境对情感的表达有很大影响。巴赫金认为,任何语言都是动态语境下的语言,离开语境的语言是死的语言,没有语境和具体的交际需要,语言形式将失去它应有的意义。想要阅读并理解一个语篇,必须关注作者的人生经历,以及创作的时间、地点,创作时代的历史文化背景以及社会环境等因素,只有这样才能合理准确地把握语篇中的信息及隐藏的内涵。比如,教师可以给学生安排下面的学习任务:

任务2:查阅资料,说说本文发表于什么场合,现场到会的都是什么人?同样是表现哀思,为什么作者没有采用《秋天的怀念》那种表达方式?此时此刻,此情此景,作者若采用史铁生的方式来表达哀思,你认为得体吗?

根据材料可知,作者的母亲去世后,延安各界隆重举行了追悼大会。作为儿子,朱德在会上以此文为悼词,哀悼自己的母亲。当时朱德是国民革命军第八路军总指挥,也是中国共产党的主要领导人之一。该语篇不是一般意义上的回忆性散文,而是需要公开诵读、发表的具有政治意义的祭文,并刊登在《解放日报》上。《解放日报》在延安时期是中国共产党的机关报,追悼会亦是面向延安社会各界的大型公开场合,因此文章的写作必然与当时的政治语境相关。[①] 虽然朱

① 罗晨,王茹昕. 回忆的显与隐:私人情感的公共表达——《回忆我的母亲》文本解读[J]. 语文教学通讯,2022(32):59-61.

德对母亲的感情是强烈的，但在公开场合上也不可能把内心对母亲的怀念毫无遮拦地表达出来，甚至是泪洒会场，只能让真挚的爱、深深的敬与无比的怀念在字里行间自然流露。学生想要感悟这些情感就要在阅读时带入自己，潜入文字中字斟句酌地去体会。而史铁生的母亲固然也是一位普通却伟大的母亲，但是因作者的身份，以及创作的场合、需求不同，史铁生可以在语篇中自由宣泄自己的情感。

在这个学习任务中，教师将《回忆我的母亲》与《秋天的怀念》对比，不仅能让学生明白《回忆我的母亲》采用的是哪种表达方式，为何要用这种方式表达，还能让他们在文学欣赏的层次明白表达方式与语境的关系。质朴、平实的叙述方式是表达场合的需要，更是由语境视野中文本背景、社会因素所决定的。在这样一个特定的场合（公开场合），作者这种特定（公私兼有）的身份，决定了他采取这样的叙述方式来表达哀悼最合理、得体。再进一步，学生就能将这一知识迁移到写作中。应该写什么、怎么写、写多少，都要考虑时间、对象、场合、身份、目的等因素。

三、语体形式下的语言运用

语体的功用有三：一是话语形式，说白了就是作者所运用的文本形式，即体裁；二是言说者在文本中用以表达情感、态度、价值的词语选择、语法形式和句段布局；三是作者基于主题表达的总体语言风格，例如质朴、典雅、高亢、细腻、恬淡、冷峻、灰暗，甚至语言的色彩等。托尔斯泰曾说："艺术感染力的大小决定于下列三个条件：(1) 所传达的感情具有多大的独特性；(2) 这种感情的传达有多么清晰；(3) 艺术家的真挚的程度如何。换言之，艺术家自己体验他所传达的感情时的深度如何。"①

同样是写母亲的文章，史铁生《秋天的怀念》的创作背景更单纯，就是表达对母亲的怀念，因而语体形式与《回忆我的母亲》并不相同。教学时，结合《秋天的怀念》进行比较阅读，可以让学生关注到两个语篇不同的语言形式。

任务 3：将本文与《秋天的怀念》相比，你觉得哪一篇更容易吸引你？为什么？

任务 3 先在整体印象层面让学生简单回答喜欢哪个语篇，然后追问原因，使其深入思考为何自己会做出这样的选择。比如，当学生回答喜欢《秋天的怀念》，

① 罗晨，王茹昕．回忆的显与隐：私人情感的公共表达——《回忆我的母亲》文本解读[J]．语文教学通讯，2022(32)：59-61．

给出的理由可能是语篇以描写为主，文字生动、刻画具体、细节感人、情感强烈。这一回答说明学生认为《秋天的怀念》的语言表达直白、强烈，易于理解。那么，教师就能引导学生理解情感的表达方式可以有很多种，《回忆我的母亲》平实的语言表现的是一种深沉的美。此任务的设计目的在于丰富学生的情感体验和对不同表达方式的理解，让学生体会到情感的传达也具有多样性。

任务4：预习提示中这样说："文章在质朴平实的叙述中，饱含着作者对母亲的深情。"按照人们通常的理解，"质朴平实"的语言都是直白明显的，而"饱含深情"的语言一般都是情感强烈而优美的。你在阅读时能体会到上述表达方式和情感吗？又是通过哪些途径体会到的呢？

任务4的设计更具体地引导学生从语言形式与实际表达效果两方面进行思考。教师可以搭建一两个支架，帮助学生探究。如抓住语篇中的虚词（副词、连词）、句式、句序等具体的言语要素，分析情感的表达。如下面的句子：

（1）母亲这样地整日劳碌着。（"整日"和"劳碌"表现出赞美和心疼的心情。）

（2）这类地主富人家看也不看的饭食，母亲却能做得使一家人吃起来有滋味。（通过对比表现出对母亲能干和勤俭持家的赞美。）

（3）母亲年老了，但她永远想念着我，如同我永远想念着她一样。（运用类比的形式，以感情的交互突出母子情深。）

文中表现深厚情感的虚词还有如下例句：

（1）从我能记忆时起，总是天不亮就起床。

（2）母亲把饭煮了，还要种田，种菜，喂猪，养蚕，纺棉花。因为她身体高大结实，还能挑水挑粪。

（3）可是由于母亲的聪明能干，也勉强过得下去。

通过完成任务4，学生可以领会到对于情感表达含蓄的语篇来说，想要体会文中的情感，不仅要看有实际意义的词汇，还要看一些似乎毫无意义的词语（虚词），从中挖掘、领悟作者深藏的感情。此外，句式和语序的衔接，也能蕴含一定的情感。有些词语不可孤立分析，要结合前后语境来理解。可以尝试用换词、增减词句的方法进行对比分析，更易于理解。

四、基于行文布局的结构分析

语文能力的核心是语篇能力。语篇能力是一种运用合适的文体、恰当的结构、得体的语言，基于明确的目的进行交流的语言运用能力。巴赫金认为，任何说话都不是孤立地表述个别词句，而是表述有组织和有意义的句子，即整体意义上的表述。《回忆我的母亲》细细碎碎写了很多事情，内容上也没有紧密的联系，而且没有详写一件事，但这一结构出于作者情感表达的需要，是一种无式之式的自由表达。母亲的事迹本质上表达的都是同一个意思，因此才能多件事内外相谐、彼此呼应，共同构成语篇的大格局与大视野。

对母亲的爱是语篇的中轴线，贯穿文本始终。循着时间的纬度，作者选取了八件最能表现普通劳动妇女优秀品质的事件。这八件事既表现了一位普通家庭中的母亲，也歌颂了千千万万像母亲这样不仅勤劳、简朴、持家，还深明大义、支持革命的劳动人民。为了便于学生理解这一行文布局，教学中可以设计如下两个探究任务。

任务5：母亲一生值得叙述的事迹很多，作者怎么只选取了文中的这些事迹？行文安排上，作者又是如何安排这些事迹的？

任务6：《藤野先生》的结尾写道："每当夜间疲倦，正想偷懒时……再继续写些为'正人君子'之流所深恶痛疾的文字。"本文的结尾写道："母亲是一个平凡的人，她只是中国千百万劳动人民中的一员……这是我能做到的，一定能做到的。"这两处结尾有什么共同之处？

任务5要求学生梳理出文中八件与母亲有关的事迹。母亲的一生在艰难、苦痛中度过，也正是在艰难与苦痛中，母亲的勤劳、能干、仁慈、反抗、大义在八个典型事件中得到凸显。作者之所以要反复提及家庭、社会的苦难，就是为了衬托母亲的形象。这也使得作者在文末把自己，即个人的母亲升华为中国千千万万母亲的代表时显得更自然、合理，完成了由家庭到国家层面的上升，使得语篇成为更适合面向大众的语境，也使其立意高度得到提升。

任务6中提到的两个语篇的结尾都是由小及大，由个人上升到国家与民族。鲁迅先生由对老师的思念和赞颂，上升到对国家和民族的深切情感。而《回忆我的母亲》的结尾也体现了作者为千千万万中国的劳苦大众能够过上快乐生活的决心。两篇文章都是双线并行，一明一暗，围绕人物组织材料，层层铺垫，步步蓄势，最后达到情感、主旨的高度升华。

基于语篇的语文阅读教学提示教师应该引领学生潜入本文，琢磨推敲，发现语篇中的情感以及情感以何种方式进行表达。就语篇的文字与布局而言，教师要帮助学生解码语言传递的形式，比如语篇是如何迎合读者、引领读者的，还有哪些语篇结构是在布阵设疑。甚至可以让学生思考一个语篇中哪些内容与描述可以引起读者共鸣，哪些不能引起读者的兴趣。唯有如此，学生才能对语篇有更深入的了解，从而提高学生的阅读与写作能力。

（原文《语篇视域下的散文教学——以〈回忆我的母亲〉为例》，作者张增光、张原，载于《中小学课堂教学研究》2024(8)，有改动。）

第七节 《昆明的雨》话题链分析

在言语交际过程中，言说者要想帮助受话者更好地接收基本信息内容，领会其所要传达的修辞意图，必须有效地组织、监督和评估话语的产生，并根据需要作出不断的适当调整。这是话语创造或建构的过程，同时也是语篇的建构过程。话题链是（叙事性）语篇建构的基本单位，它是一个由具有同指关系的 NA（名词性回指）、PA（代词性回指）和 ZA（零回指）等三种形式的话题引领的单个或多个小句联缀而成的话语链条。① 话题链从"句内组织之法"的研究，转向"句际组织之法"的研究，其主要目标是要说明"使用者如何运用语言形式"，是要解释"语言结构何以如此"等问题。话题链作为话语功能的直观呈现，为我们理解话语中所包含的情感或话语意图提供了工具。而从语言的角度理解文本，正是文本解读的本质和目标。"从语文学科特点来定位，文本解读的对象应该是语言，尤其是语言的表达形式。在这个基础上，可以对文章的写作技巧和特点进行解读。"②因此，从话题链的角度理解文本应是文本解读的一种方法。

一、元认知意识调节

内部思想转化为具体的话语是一个复杂的认知过程。在这一过程中，元认知意识起着重要的作用。弗拉维尔认为，元认知意识就是"关于认知的认知"③，它以各种认知活动的某个方面为对象，进行组合和调整。在话语生成

① 杨彬. 话题链语篇构建机制的多角度研究[D]. 上海：复旦大学，2009：11.
② 郑逸农. 给文本解读一个恰切的定位[J]. 语文教学通讯，2011(4)：7-9.
③ 汪玲，郭德俊. 元认知的本质与要素[J]. 心理学报，2000(4)：458-463.

的认知活动中，元认知不仅会限制说话人的出发点，也限制着叙述策略的选择和确立。在具体的话语层面，则可以体现在对话题的选择和确定上，即对所述话题进行选择和相应的安排。在话题链延伸到一定程度后，说话者的元认知发挥作用，意识到话题链中表达不准确或不清晰的信息可能会影响接收者对信息的接收和理解，因此会对已经陈述的话语进行修改补充、完善说明，这样，话语表达就会更加清晰，意义也更准确和丰富。这就是所谓的元认知的后期监管。如果书面语采用这种言语形式，往往会给人一种口语化的感觉。请看下面一段话：

①雨季的花是缅桂花。②缅桂花即白兰花，北京叫作“把儿兰”(这个名字真不好听)。③云南把这种花叫作缅桂花，可能最初这种花是从缅甸传入的，而花的香味又有点像桂花，其实这跟桂花实在没有什么关系。④——不过话又说回来，别处叫它白兰、把儿兰，它和兰花也挨不上呀，也不过是因为它很香，香得像兰花。

这段文字作者意在介绍昆明的缅桂花。②句主要介绍北京人对缅桂花的叫法，③句介绍了缅桂花的由来，④句是言说者对话语的“后期监管”，是作者对话题链中②句的补充和调节，形成前后的照应，既扩充和补充了信息，又有助于读者更好地接受和理解前面的信息，进而将话题链统一起来。同时，这种元认知意识的后调节式的语言，让读者读起来有一种和作者面对面交流的感受，形成一种口语化的语言特色。在《昆明的雨》中，这样的例子还有很多。如：

旧日昆明人家门头上用以辟邪的多是这样一些东西：一面小镜子，周围画着八卦，下面便是一片仙人掌，——在仙人掌上扎一个洞，用麻线穿了，挂在钉子上。昆明仙人掌多，且极肥大。有些人家在菜园的周围种了一圈仙人掌以代替篱笆。——种了仙人掌，猪羊便不敢进园吃菜了。仙人掌有刺，猪和羊怕扎。

这段文字中画横线的部分都是元认知意识的后期监管，增加了语言的口语色彩。

二、指称聚焦

在语言交流中，表达是以语言的形式传达信息，而接受者是以语言的形式获得信息。话题链中的 NA(名词性回指)、PA(代词性回指)和 ZA(零回指)是信息传递的三种形式。这三种形式所包含的信息量是不相同的，“当话题以不同形式出现时，通常都是语境依赖度低、回指能力弱的先出现，语境依赖度高、回指能力强的后出现，它们之间遵循下面的梯度，即名词形式(N)＞代词形式(P)＞零形式(ϕ)(“＞”先于)”[①]。其中，“零形式”传递的信息量较小，但是回指能力强，所传递的信息集中，常常用在联系紧密的句子和聚焦话题链的中心。例如：

①卖杨梅的都是苗族女孩子，②ϕ 戴一顶小花帽子，③ϕ 穿着扳尖的绣了满帮花的鞋，④ϕ 坐在人家阶石的一角，⑤ϕ 不时吆喝一声：“卖杨梅——”⑥声音娇娇的。

①—⑤句，作者采用 ZA(零回指)，将句子紧密地联系在一起，话题链中所有的信息都为塑造“苗族女孩子”服务，人的美和美的人，在作者的回忆中，交融在了一起。读者通过对这一话题链的阅读，很容易体会到昆明的风土人情，体会到作者对过往人生的珍视。

三、“插槽式”话题链

系联模式是一种强调表征关系的意向图式，它通常涉及至少两个实体(或部分)，由于单一的独立实体(或部分)很难或者无法建立某种关系，因此，系联图式由三部分构成：实体 A、实体 B 以及两者之间的关系。系联图式主要的一种形式就是附丽性结构。例如：

①有一种菌子，中吃不中看，叫作干巴菌。②乍一看那样子，真叫人怀疑：这种东西也能吃?！颜色深褐带绿，有点像一堆半干的牛粪或一个被踩破了的马蜂窝。里头还有许多草茎、松毛，乱七八糟！

①句像是电脑主机上外接存储设备的插槽口，它为接入更多信息提供了可能性，②句则像 U 盘或移动硬盘，为我们提供丰富的附加信息，即便将之删略，一般也只会影响信息的“精制”程度，而不会导致话语的无法识解。通过这种方式建构的话题链就是附丽性结构。②句补充了干巴菌的颜色和特点，解释了为什么说干巴菌“中吃不中看”，这句作者用了一个带有感叹的问句，增加了对干巴菌能吃的怀疑，还用了一个类比，用读者熟悉的牛粪和马蜂窝作比较，使两者之间产生外形上的联系，突出了干巴菌外形的难看。在文中，作者不止一处运用了这种方法，我们还可以运用这一原理解读文本中的同类语句。

① 聂仁发. 现代汉语语篇研究[M]. 杭州：浙江大学出版社，2009：56-57.

四、“枝节式”话题链

方位模式是两个或更多对象(或对象的不同部分)和大脑中的形式之间的相对位置关系。在观察认知对象的过程中,我们必须始终根据选定的参考点确定我们想要观察和识别的方向,从而建立起相应的稳定的空间关系。以这种方式构建的主题链被称为“链式”主题链。因此,在构建话语的过程中,表达必须遵循这种基本的认知模式。

> 我有一天在积雨少住的早晨和德熙从联大新校舍到莲花池去……莲花池边有一条小街,有一个小酒店……酒店有几只鸡,都把脑袋反插在翅膀下面,一只脚着地,一动也不动地在檐下站着。酒店院子里有一架大木香花。昆明木香花很多。有的小河沿岸都是木香……

显然,上述段落是元认知意识积极监测和调整的结果,显示出一条清晰完整的路径:莲花池—小酒店—木香花。它是根据方位角模式构造的,我们可以轻松确定每个位置或涉及的对象的具体位置。从话题链结构的角度看,作者按照“枝节式”话题链用方位图式向读者展示他四十年前在酒店所见到的情景,并不只是出于对生活的诗意关怀,而是在用富有层次和方位的语言,展示这种诗意和审美情趣。

“语篇视野下的语文教学需要引进语篇分析。与传统的‘课文分析’相比,语篇分析有其不可替代的优势,它对各种类型或体裁的语篇具有普适性,尤其是非连续性语篇、视觉类语篇等特殊的语篇类型,更宜借助多模态语篇分析方法进行读解。”[①]话题链是话语研究的重要内容之一。对语文教学回归学科本质,文本解读符合提升学生核心素养的要求,有着积极的推进作用,应引起一线教师的关注和借鉴。

(原文《话题链,一种文本解读的视角——以解读〈昆明的雨〉为例》,作者薛城、董晓强,载于《语文教学通讯》2018(17),有改动。)

---

① 贡如云,黄伟. 语篇学视域下的语文教学改造[J]. 课程·教材·教法,2017,37(8):40-45.

第七章 辞赋语篇分析

第一节 《归去来兮辞(并序)》功能语篇分析

语篇语言学是语言学的一个重要分支,属于系统功能语言学。语篇学以语言应用成果——语篇为研究对象,具体地说就是将大于句子的结构单位“篇章”作为研究对象。顾名思义,语篇就是由“语”构成的“篇”,即“语之篇”,“语篇”实际上是语言应用成果,是行为主体以语言为媒介完成的一次完整的交际活动。语文阅读教学亟待强化语篇意识,文本解读需要语篇分析的介入,变教学文本为教学语篇。阅读教学中的语篇分析尤其关注语篇的信息结构、语篇的语形特征、语篇的交际功能等,目的在于完整深刻地理解语篇的思想内容、言语智慧、传意效果,下面以陶渊明《归去来兮辞(并序)》为例,期待为阅读教学带来有益的启示。

一、关注信息结构:理解语篇的思想内容

在语篇的衔接性、连贯性、目的性、可接受性、信息性、情景性和篇际性等诸要素中,信息性极为重要。语篇信息理论是语言学家进行语篇分析的基础理论之一,在语篇学研究中具有特殊意义。这里的信息是指以语言为载体所传出的消息内容。要理解信息必须掌握信息结构。语篇信息结构本指一种语义结构形式,并不受语法成分等级关系的制约,它具有特定的信息输入和输出通道。语篇是交际的产物,其新旧信息的交替存在,形成信息网络,语篇正是由信息网络构成的整体,包含旧信息和新信息。旧信息就是交际双方都已知的信息,在交际过程中可产生默契性,甚至可以省略;新信息则是语篇的关键性信息,是话语的信息重心。如果能在阅读教学中把准语篇的信息网络,就会很好地领会其信息所指和话语意图,走进文本、走近作者就显得很自然。语篇分析视角下的文本解读就是要复原信息,即将静止的文本还原成鲜活的生命姿态,了解作者本意和文本呈现意。语篇中对主要信息往往反复强调,而对次要信息往往省略或简略处理。借助语篇分析进行语文教学中的文本解读就是要更关注文本的信息结构,快速搜索信息,忽略已知的次要信息,强化重要的新信息,揭示作者的信息密码,获取

对阅读者有用的信息。

《归去来兮辞(并序)》是一篇特殊的文章,有特殊的教学意义。从该语篇的信息结构看,由两大板块、三个层次构成。第一板块是“序”,第二板块是“辞”。“序”的信息容量很大,质朴而真诚,可称得上是一篇优秀的小品文。陶渊明既概述了自己因家贫而出仕的曲折经历,也道出了自己决意弃官归田的原因。“辞”则是陶渊明在脱离官场之际,对未来生活的想象和向往。三个层次也很明晰,一是总结过往,二是直面现实,三是规划未来。“序”主要是总结过往、直面现实,“辞”主要是规划未来,特别强调了自己的高度清醒——“悟”“知”“觉”。总结过往时既写了“耕植不足以自给”的“家贫”之情状,也写了“脱然有怀”的出仕之心理,还写了“非矫厉所得”的自然之“质性”;直面现实既有“违己交病”的煎熬,也有“怅然慷慨,深愧平生之志”的喟叹,还有“情在骏奔”的亲情之痛,最终“自免去职”“顺心”而归。至于规划未来则最为重要,其信息也是极为丰富而复杂的,主要描画了回到田园后的愉快生活,有家室,有温情,有酒,有松,有菊,可涉园,可观景,可出游,可息交,表达了不愿“富贵”,不期“帝乡”,而能“乐天安命”的情怀。

阅读教学必须高度重视语篇的信息结构。掌握语篇的信息结构,更容易识体、识文,进而识人,即能认识文本的体式特点,能理解文本的主旨,能把准文本主体的情感变化,进而透过作者尽情挥洒的一面进入作者隐秘的内心世界,了解作者有所控制的心态下欲言又止之处,领略文本的含蓄韵致之美。在此基础上也就更能了解文本思维展开的层次、思维方法的选用和思维的艺术个性及其可贵的思维品质,让学生在深度体验中发展与提升自身的思维。通过语篇分析,可深切体悟语篇所精心营造的形象世界、情感世界和理性世界,使形象思维、直觉思维、逻辑思维和创造思维等能力获得发展,提升深刻性、敏捷性、灵活性、批判性和独创性等优良思维品质。

就《归去来兮辞(并序)》的教学而言,不可忽视“序”,但重点是“辞”。“辞”的篇章结构有其显著的特点,教学中当然要重视,但首要的重任还须从语篇的信息结构入手,理解该“辞”的思想内容。教学过程可以借助两大问题理解该语篇的信息结构及内容重点,以引领学生走向深度解读。一是陶渊明是如何规划未来,充分体现主体的价值追求的?二是陶渊明仅仅是为“爱丘山”、适天性而归隐吗?他内心深处究竟还隐藏着什么?第一个问题和第二个问题间有着明显的层递关系。第一个问题主要聚焦于作者规划未来时的整体思路,即直面现实、追随先贤、守志守节。第二个问题需要通过语篇分析引导学生在文本的缝隙中寻找潜藏的文化密码,让学生走进陶渊明的心灵深处。

准确把握语篇的信息结构对理解其思想内容十分重要,如果对语篇的信息结构了如指掌，整体理解语篇的思想内容就容易得多。阅读教学要善于借助语篇的信息结构对文本进行解构和重构，让学生在深度学习中不断提升自己的体验、分析、鉴赏、评价、创造等阅读能力，获得心灵的陶冶和美的享受。

二、关注语形特征：把准语篇的言语智慧

毋庸置疑，语文教学需要句子语法分析，探寻语言规律，为正确理解和运用祖国的语言文字打下扎实的根基。但阅读教学中的文本解读更需切合语境，了解语义，体悟语蕴，从而走进文本，走近作者，在解读中学会阅读。语篇是其主体的完整诉说，是自足系统，是具体言语成果，是言语智慧的结晶。每一语篇都是作者以语言为表意工具，用汗水与智慧凝集而成的自足意义载体、意义系统，其背后所呈现的不仅是某种知识、思想，也是特定文化背景下人对自然、对社会、对人以及对自身等方面的具有典型意义的思考。

但越是典范的语篇，就越具有个性化的语形特征，理解其语形特征就能把准语篇的言语智慧，从而更能走进语篇主体的心灵深处。语文阅读教学关注语篇语形，了解语篇言语智慧，这与语文的学科功能高度吻合，对培养学生的语言建构与运用等核心素养极其重要。语文阅读教学应该借助语篇的语形，发现语篇主体的言语智慧，从而更准确地把准文之脉、情之脉，而不囿于句子平面，聚焦的重点始终是“篇”。如果一味进行对句子的平面分析，有时不仅会导致阅读教学的碎片化，寻章摘句肢解文本，而且容易生搬硬套，根本培养不了学生的语用能力。语篇分析重视“语”与“篇”的关系，从“语”入手，贯通“全篇”。

《归去来兮辞(并序)》的语形十分独特，尤为明显的是“散”“整”有致。“序”和“辞”相对独立又互补，前者属散文体，后者属诗歌体，散文体的语言自然质朴，诗歌体的语言则押韵整齐，“序”和“辞”构成语篇间性，从而形成了紧密而独特的语篇系统，从中可窥见作者的语言功力和言语智慧，并了解作者所要表达的完整意思。因此，在教学中，“序”和“辞”必须两者兼顾，绝不能顾此失彼，但教学的重点却应放在“辞”上。《归去来兮辞(并序)》在语形上还有一个重要特点，就是非常讲究互文性。有句内的互文性，如“归去来兮，田园将芜胡不归”的“归”，同形强化；再如“悟已往之不谏，知来者之可追”中的“悟”“知”的异形同义强化；更多的是句子间的同形呼应，这体现了“辞”的体式特点，但有一种句式需要引起足够的重视，即该语篇中的疑问句，像“胡不归”“奚惆怅而独悲”“复驾言兮焉求”“曷不委心任去留”“胡为乎遑遑欲何之”“乐夫天命复奚疑”等，若在教学中围绕这些语形进行分析、解码、鉴赏，让学生理解作者的言语智慧，学生就会更专注地体悟

作者的情感变化，从而更易走进作者的心灵世界。再者，该语篇还有极为特别的语形特点，这一语形特点既有着丰富的意蕴，也最能体现作者的言语智慧，这就是时隐时现的“引用”。如“序”中有一个词就很重要，即“归欤之情”之“归欤”，如果按常态应该是“归去”，而且在散文化表达中似乎更切合文意，但作者却引“归欤”暗示自己对先贤的追慕。《论语·公冶长》：“子在陈，曰：‘归与！归与！吾党之小子狂简，斐然成章，不知所以裁之。’”《史记·孔子世家》对此事的记载更加具体。孔子的“归欤之情”为后世文人所仰慕，如建安七子之一的王粲的《登楼赋》就有：“昔尼父之在陈兮，有‘归欤’之叹音。”陶渊明借典抒怀，其用意就不言而喻了。“辞”中追随先贤的内容就更多了。“胡不归”源自《风·邶风·式微》：“式微，式微，胡不归？”“已矣乎”则源自屈原《离骚》，原文是：“已矣哉！国无人莫我知兮，又何怀乎故都。”“已往之不谏”“来者之可追”明显出自《论语·微子》：“楚狂接舆歌而过孔子曰：‘凤兮凤兮！何德之衰？往者不可谏，来者犹可追。已而，已而！今之从政者殆而！’”“实迷途其未远”则化用屈原《离骚》中“回朕车以复路兮，及行迷之未远”之意。从这些藏而不露的语形中更容易读懂陶渊明的“归隐”不是一时的冲动，而是深受先贤影响，追随先贤是陶渊明在该语篇中所一再申明的。

语篇分析一定要站在“篇”的高度，要重视语篇内在的语形特点，更需关注篇际间的共性。如陶渊明《感士不遇赋》就直接讲：“夷皓有‘安归’之叹，三闾发‘已矣’之哀。”《读山海经（其十）》中有“精卫衔微木，将以填沧海。刑天舞干戚，猛志固常在”，其《杂诗（其五）》中有“忆我少壮时，无乐自欣豫。猛志逸四海，骞翮思远翥”。而表达最明晰的就是《感士不遇赋》中的“或击壤以自欢，或大济于苍生”“彼达人之善觉，乃逃禄而归耕”“推诚心而获显，不矫然而祈誉”“宁固穷以济意，不委曲而累己”诸句，可见追随先贤、追求完美才是陶渊明心志之所在。

阅读教学要借助语篇所呈现的个性鲜明的话语系统，了解作者的言语智慧。在语篇分析中要高度重视并善于发现特殊而容易被忽视的语形特点，因为那里潜藏着作者理想的阅读期待，有着巨大的阅读张力，能使阅读由浅层走向深层，由言面走向言外。

三、关注交际目的：了解语篇的传意效果

语篇是对具体语言行为结果的记录，具备自足的交际性。从语篇自足的交际性视角看，一般会体现三大交际性特征：一是清晰的自我身份，回答“我是谁”；二是有明确的交际对象，回答“我在跟谁说”“我诉说给谁听”；三是有明确的主

旨，回答“我重点说了什么”“你应该能听懂我的意思”。语文阅读教学一般也要回答三个问题，即：写了什么？怎么写的？为何这样写？而通过信息结构的解构能了解语篇“写了什么”，通过语形特点的解析能搞清楚“怎么写的”，而通过交际艺术的赏析会明了“为何这样写”。如果在阅读教学中对教学文本的交际性特征梳理得很清晰，就会使学生更容易了解语篇的传意效果，这无疑会给学生带来更多的深度阅读体验。

《归去来兮辞(并序)》中的“我”是“谁”？这看似很简单的问题，实际上并不容易作答。也许有人会轻率地答道：“陶渊明。”看似是标准答案，但与标准答案却相去甚远。因为要回答这一问题需要沉入文本，了解陶渊明在“言说时”的身份，即关注交际者的在场身份，而不是笼统身份。在《归去来兮辞(并序)》的“序”和“辞”中，陶渊明交代了自己的多重身份，如：“耕植不足以自给”者，“幼稚盈室”者，“见用于小邑”者，彭泽县令，“饥冻虽切，违己交病”者，“自免去职”者，父亲、丈夫、主人，稼穑者、村游者、安命者，等等。至于“我在跟谁说”，要回答这个问题也不易。其实文中的交际对象不仅有实实在在的“他”，如同僚、亲戚、朋友，还有一般性读者，而且还有一个特殊的对象——“我”，是此时此刻“我”对自己的提醒，“我”对未来的“我”的期待。那么，“为何这样写”“写得怎么样”呢？也就是说传意效果怎样呢？当然是极佳的。如“序”写自己的家境、求仕、辞归、命笔等内容，非常详细，主要突出的是自己特殊的人生旅程和复杂的心路历程，既是对过往的回忆与总结，也是面对现实和规划未来的重要原因。“辞”的内容却是在看似甜蜜的生活中流露出割不断的心痛，采用的是化虚为实、缘情造景之写法。

为了达成交际目的，语篇作者始终以经验者身份表现自己的情感生活，再现自己的精神世界。阅读教学的语篇分析一定要关注语篇各部分意义上的发展与联系，重视语篇内部的语句连接、语义转换、文势起伏，完整地理解作者在经验呈现过程中的喜怒哀乐。不仅要理清作者自觉的审美体验过程，而且要在作者营造的艺术氛围中完成自己的审美体验。

《归去来兮辞(并序)》的诉说重点是什么呢？最为核心的就是“归”，但要读懂“归”还得了解作者提到的“心”与“知”。从文题就可看出这个“归”是行文的重心所在，这里的“归”不是一般意义上的回家，而是辞官回去的意思，“归”是一次重大的抉择，是艰难而审慎的、有决绝的态度，“归”既是作者的意愿，更是作者的行动。围绕“归”，先后写了辞归、归途、归家、归园、归田等，作者在写“归”的过程中处处表现了强烈的自我意识。虽然文中只出现了“余”和“我”，但实际上每一句都深深地流露出“我”丰富而复杂的情感，如自悔自责、自慰自醒、自安自足、自享自乐，这些学生都容易理解，文中也写得十分清楚。但真正的“归”是什么，学生未必清楚，应该是“心归”。教师可以由此展开对含“心”的词语的探究，如心惮、心役、无心、委心等，作者的“心”是受伤的、痛苦的，也是有所期待和有所向往的，在磨难中不断走向高境界。“心”的最高境界就是“彻”，即通、透、明的意思。庄子说“心彻为知”，这个“知”在课文中有许多近义词，如悟、觉、审等，可见作者是一个清醒者，是一个对自己的人生有重要规划的人。从“归—心—知”的语句连接、语义转换、文势起伏中，可完整地让学生理清文思，把握作者果决的行动源自他的彻悟，是智慧的抉择。

在教学《归去来兮辞（并序）》时引入语篇分析，可以教出文言文特有的厚重感，既有语文的特质，也有开阔的教学视野；既能体现传统文化魅力，也能站在学术的高度让学生参悟学理，让学生在体验中体悟，去领略陶渊明复杂的情感世界、独特的心灵世界、多彩的生活世界、丰富的精神世界、崇高的人格追求。

阅读教学中的教学文本功能就在于引导教学走向理解，理解文本、理解作者，也让师生双方走向彼此理解。而语篇分析所关注的信息结构、语形特征、交际目的，更容易让学生领悟文本独特的思想内容、言语智慧、传意效果，深入理解文本的语言、思维、审美、文化等特点，从而培养学生的语文学科核心素养。

（原文《语文阅读教学中的语篇分析——以〈归去来兮辞（并序）〉为例》，作者冯为民，载于《语文教学通讯》2019(4)，有改动。）

第二节 《阿房宫赋》语篇“七性”分析

语篇是指由句子或语段构成、表达某种特定意义、试图实现某种交际功能的语言实体，它语义连贯，合乎语境，它是语用的对象与产物。《普通高中语文课程标准（2017年版2020年修订）》的一大亮点就是，将文本三分法（实用类文本、文学类文本、论述类文本）升级为语篇三分法（实用类语篇、文学类语篇、论述类语篇），较之于“文本”，“语篇”范畴更契合语文课程的本体属性，也更能体现语用转向的时代要求。我国语文教学的主要凭借是文学语篇，借助文学语篇培养学生的语言建构与运用能力，是核心素养背景下语文教学的应有之义。《阿房宫赋》是典范的文学文本，语文界对其所做的文本解读多取文章学和文艺学范式，此类解读重在揭示文本内在的思想价值和艺术特色，而对文本的语篇特质却关注甚少。规范的汉语语篇一般包括七种特性，它们分属三个层面，本文将从语篇学的视角对该文的语篇“七性”展开分析。

一、语境层

语境与语篇的生成和理解存在着密切联系。语篇构造者往往需要借助特定的语境来编码以实现交际目的，接受者也只有把语篇放在特定的语境中进行解码才能准确把握作者的创作意图。杜牧创作《阿房宫赋》可谓一次特殊的对话事件，它蕴含着丰富的语境要素。以下笔者从情境性和篇际性角度对《阿房宫赋》的语境进行分析。

1. 情境性

语篇的产生和理解往往与特定的语用情境相关，包括作者创作时的社会文化语境、实际发生的情景语境等。了解情境有助于更准确地解读语篇的含义和行文目的。《阿房宫赋》的情境性体现在两个方面：第一，作者基于社会文化语境行文。“文章合为时而著，歌诗合为事而作”，广开言路的谏诤文化传统、“平生五色线，愿补舜衣裳”的济世理想、尖锐的社会矛盾汇聚成杜牧深刻的谏诤意识；此外，杜牧创作深受其文学思想的影响，“凡为文，以意为主”，他始终秉持“立言”思想。在他看来，文学须为君、为民、为物、为事而作，正如《上知己文章启》所述，“宝历大起宫室，广声色，故作《阿房宫赋》”①。作文讽喻国君、抒发情怀，便是杜牧写作此文的真正用意。第二，作者基于情景语境裁篇。情景语境涉及语篇创制的时间、地点、话题、目的、身份、对象、方式。从时空角度看，作者捕捉到“历史相似性”这一特定情景因素，借助秦亡历史来规劝当政者，以达到借古讽今的成篇目的。从发话者角度看，作者还具有明确的身份意识，欲用一篇赋作来抒发“体国经野”的宏大劝谏志向，其难度可想而知，而讽谏位高权重的唐敬宗，使之欣然接受，那更非易事。杜牧充分虑及双方身份的特殊性，在文中巧施交际语用策略，选择曲谏的方式，通过情理交融的阐述来实现以言行事的目标。

2. 篇际性

篇际性指语篇的生成和读解依赖先前所接触过的某一篇章知识，它们被当作语境要素纳入当前篇章的构建，并自然地渗透到篇章生产者和消费者的语言共识之中。构成篇际性的方式包括体裁、话语、风格、词汇、语法结构、语义变体或其他关联知识的呈现、借用、提取、镶嵌、转换、添加、叠合或互文。洞悉作者渗

① 杜牧. 樊川文集[M]. 上海：上海古籍出版社，1978：241.

透于《阿房宫赋》中的篇际策略，有助于我们准确把握作品思想，提高语篇的释义效率。比如话语的交织。如描写秦速亡的“戍卒叫，函谷举”一句，与历史话语构成篇际互文，融入《史记》中宏大的历史事件，给当前篇章增添了一种历史厚重感；又如“则递三世可至万世而为君”中的“万世”，按《史记·秦始皇本纪》解释，秦始皇统一六国后下诏曰：“朕为始皇帝，后世以计数，二世，三世至于万世。”然秦仅传二世便亡，作者以“万世”之语作讽，其旨在借古喻今。再如引语的镶嵌。《汉书》载京房对汉元帝言：“夫前世之君亦皆然矣。臣恐后之视今，犹今之视前也。”显然，杜牧“后人哀之而不鉴之”的议论，借鉴了京房的论述。又如语体的互文。该文既有论述语体和文学语体的交织，又有赋体语言与散体语言的交互，还有文言语体与(古)白话语体的交融。

二、结构层

语篇不是句子、段落的简单排列和组合，而是在一定逻辑关系下形成的语义结构，语义结构乃是语篇的本质特征。作者生成语篇结构的过程，就是产生话语意义的过程。分析语篇的结构，有助于我们潜入语篇“有意味”的形式，体会文本的章法与脉络。以下，笔者从统一性和连贯性角度对《阿房宫赋》的结构层进行探讨。

1. 统一性

统一性指围绕主题来组织语句，进而构成结构完整、独立成体的篇章，它着眼于语篇宏观结构的营造。语篇构造的过程，即是借助语词、语句、语段进行主题分解和统整的过程，随着思路的推进，这种分解和统整不断地交互、不断地螺旋上升。《阿房宫赋》在结构上充分体现了意义的统一性，具体包括篇章的整体统一性和段落的内在一致性。先看文章的整体布局。全文共四段，单从标题“阿房宫赋”和语篇的表层语义结构来看，后两段似与前两段相脱节。但从篇章主题的层面分析，其深层结构上的含义则是统一的：作者欲借“谲往事”来“刺当代”，巧妙地融叙事、抒情、议论于主题表达之中，四个语段貌断实连，环环相扣，均服务于借古喻今这一篇章主旨。再看语篇的内部构思。为了阐明分论点，作者充分利用语段内具体语句的特定含义，加之合理组合，以为段旨服务。如第二段，为揭示“秦爱纷奢”的本质，作者将其分解为三层语义来说明，即把宫女之众、命运之悲、珍宝之富统摄于段旨的范围之内。整段表达虽无明显的段旨标志，但通过各层语义的有效配合，渗透其中的情思便自然而然地浮现出来，从而体现了段落语义的内在一致性。

2. 连贯性

连贯性是指语词、语句、语段间的逻辑关联，它着眼于语篇微观结构的组织。连贯是语篇的无形网络，它确保语篇的各个部分在内容情节或逻辑关系上贯通，形成完整的语义关系。连贯性是可接受性的重要前提，篇章只有前后连贯了，才会思路清晰、逻辑严密，才能更有力地表现主旨，进而更好地服务读者。在《阿房宫赋》中，作者通过保持语词、语句和语段的语义关联，来为劝谏这一交际目的服务。比如语词连贯。文中多处出现数字“一”，看似分布繁杂，实质上却构成逻辑关联：将“四海一”置于篇首，意指秦始皇一统天下，表面看确乎是实施仁政的开始，但随后的“一楼”与“一阁”、“一日”与“一宫”、“一肌”与“一容”，却违背了治国之正道，故必然产生“一旦”“一炬”的惨痛后果，而最后的“一人之心”则在议论中暗含了“爱其人”的主题。语词“一”的间隔反复与前后呼应表现了文脉一致的写作思路。再如语句连贯。如文中对珍宝之富的描写：“燕赵之收藏，韩魏之经营，齐楚之精英”一句，“燕赵”“韩魏”“齐楚”实为整个天下的统一称谓，“收藏”“经营”“精英”又是从全天下搜集来的珍宝的高度概括，三句话表面呈独立状态，实则有机连贯。这样整句话就可理解为“从全天下搜集来的金玉珠宝”，用语简洁明快，意义一脉贯通。又如语段连贯。文章前两段为集中描写，在表述话题上形成段落的平行，后两段以议论为主，且第四段的说理是对第三段论述的深化，由此构成段间的呼应。此外，文章前半部分为描写，后半部分转入议论，这是在话题的变换中实现语段的承接。

三、交际层

交际是功能语言学的核心范畴，系指用自己的观点、情感或态度影响别人。语言是一种社会符号，在语言的社会交际中，其基本单位是语篇，而文学则是用以审美交往的特殊语篇，它是作者试图以艺术化和创造性的方式对外部世界进行的阐释与表达。朱光潜说，文学具有社会性，它“在表面上尽管有时像是向虚空说话，实际上都在对着读者说话”①。交往行为理论也认为：“文学作为一种语言符号的艺术，更是主体与主体之间对话与交往的理想之域。”②《阿房宫赋》的交际特性体现在：

1. 意向性

意向性指作者通过特定的语言形式和语义结构来表达自己的意图，使读者

① 朱光潜. 谈文学[M]. 南京：译林出版社，2020：112.

② 童庆炳. 文学理论教程[M]. 5版. 北京：高等教育出版社，2015：17.

能够理解和接受。不同的交际意向，往往制约着语篇体裁、语体和言说方式的选择，进而影响到读者的接受心理和语篇的传意效果。《阿房宫赋》一文志虑忠纯，寄托遥深，作者借助自己的诗性智慧抒发自己的劝谏心志，其创作动机和审美旨趣不难体会。在创作思想上，《阿房宫赋》属杜牧感世激时、借古讽今之作，作者一面"谲往事"，借助生动的历史再现寄托忧患之思，另一面则"刺当代"，借篇末的深刻议论劝谏当政者。在艺术追求上，作者创立文赋以与旧时文人隔空对话，他批评汉赋"讽一劝百"的局限，认为赋应真正具备讽谏功能。文章后半部分以"论"体物，既沾洽时论，又"直豁己臆"，呈现出赋体内容议论化的文体特色。杜牧还极力反对六朝骈文的纤丽风气，将"辞彩章句"摆在"兵卫"位置，探求赋体的散文化路径。《阿房宫赋》全篇打破骈赋的属对格局，根据表达需要调整句式结构，创造出形式散文化的新型文赋。

2. 可接受性

可接受性是语篇生产的最终目标。作者生成的语篇只有彰显逻辑理性，符合读者的审美预期，交际意图才能实现，反之交际功能则会弱化。可以说，在《阿房宫赋》的谋篇运思环节，杜牧充分考虑了劝谏的可接受性，并借助文体的跨界来实现此目标。第一，在辞赋与谏书的文体跨界中传意。杜牧深谙古今谏诤之道，认为"谏诤之言当如猛之详善"。考虑到此赋的接受者是身份显赫的最高统治者，作者选用了易于为人接受的"曲谏"，即借助赋体辞赡华美的语言展开政论，他始终在赋体与谏书的动态平衡中实践自己的理想谏诤，并彰显出《阿房宫赋》二体兼备的审美意蕴。第二，在赋体与散文的文体跨界中传意。文章基于历代帝王修筑宫殿的文化心理默认，状写阿房宫可谓极尽夸张之能事，这既迎合了唐敬宗作为天子傲慢尊贵的心理，又暗示着统治者骄奢淫逸背后潜藏的深刻危机。作者的独特匠心又在于散文笔法的融入，如第三段的六个"多于"句连散成排，整齐的句式混合着散文笔调的自然圆融，主旨句"后人哀之而不鉴之，亦使后人而复哀后人也"则将说理散文的文风推向高潮，文章在赋体的诗意描绘和散文的智性表达中彰显出强烈的对象意识。

3. 信息性

信息性也称信息度，是指对读者而言，"新"信息高于或低于期望值的程度。作者编织文本时，既会为增强可解性、保证意思为潜在读者所理解而植入对方熟悉的内容，又会为吸引或影响交际对象而加上"新鲜"的言语内容和变形的言语形式。信息度制约着语篇的语义潜势和交际效果。在《阿房宫赋》中，作者使用前景化语言进行信息的配置，以引发读者的惊异和审美，增强语篇的传意效果。其一，语言的偏离。如"凄凄""参差""盘盘焉""开妆镜也"等，或双声叠韵，或融文言虚词于赋句中，形成一种声情并茂、错落有致的艺术美感，此为韵律的偏离；而作者对阿房宫这一建筑物进行信息结构处理，使之在单一语义的基础上增加丰富的信息量，则从整体上构成语用（量的准则）的偏离。其二，语言的平行。如文章的主旨句，作者通过重复“后人”一词，构成句子的平行；六个“也”字句和六个“多于”句的比喻、排比兼用，“戍卒叫，函谷举，楚人一炬，可怜焦土”的缩小夸张，则构成修辞的平行。平行语言的使用令文章用词造句神采飞扬，议论说理水到渠成。

综上所述，《阿房宫赋》是杜牧在特定的历史情境中创生的审美语篇，它是作者与真实读者乃至所有潜在读者实现社会交往的媒介。该文内含语篇的七大特性，它们既相对独立，又相互依存、相互制约，共同构成一个有机的艺术整体。“三层七性”分析侧重探讨文本的语意功能、语形功能，尤其是交际功能，即该篇章所传何意？如何传意？效果如何？“三层七性”是语篇分析的一种操作框架，它更多的是站在作者立场，探讨作者如何构造文本以与外部世界实现实用和超实用的对话，它适用于统编教材诸多文学经典文本的解读和教学。此外，文学经典文本的“三层七性”分析还有助于学生生成语篇构造的图式，进而为真实情境下的文学写作、创意写作提供语言建构的经验、思维运演的支架、审美交往的策略和文化对话的智慧，为语文核心素养的落地提供一种新思路和新方法。

（原文《“三层七性”：语篇分析的一种操作框架——以〈阿房宫赋〉为例》，作者贡如云，载于《中学语文教学》2025(2)，有改动。）

第八章 其他语篇分析

第一节 《出师表》语篇要素分析

教学需要体现学科特质，也需要突出教学应有的创造性和灵活性。阅读教学需要引入语篇视角，语篇视角下的教学设计高度关注文本的语言功能，这既符合教学文本的特点，也切合语文阅读教学的要义，即以语言的建构与运用为语文学科教学的基点，让阅读教学有更大的教学实施空间。《出师表》是传统教学篇目，从语篇视角对其进行教学设计，更易把准《出师表》的文本特征，使教学更有“个性”。

一、阅读教学需确立语篇视角

谈到语文阅读教学，我们很自然会聚焦文本，阅读教学视文本为最重要凭借。这无疑是正确的。阅读教学的过程就是对文本进行解构与重构的过程，就是从理解具体文本走向理解阅读、学会阅读的过程，就是在阅读过程中培养语文学习的必备品质和关键能力的过程。但由于长期以来在文本解读过程中遮蔽了语篇视角，语文阅读教学的学科特质有所弱化，在文本解读过程中常常失范。语文阅读课对非语文因素视而不见，给语文学科的深度教学带来了诸多负面影响。文本即语篇，如果重视语篇视角，恰恰能弥补语文教学的缺失，突破语文阅读教学的当下瓶颈，走出语文阅读教学困境，体现语文阅读教学的文化自觉。教师应紧紧围绕语言建构与运用这一语文阅读教学的根基，通过对语篇的解码与评鉴，来提升学生的语文阅读能力，培养其语文学科核心素养。

“语篇”是功能语言学研究的范畴，人们围绕语篇的研究最终形成了一门独立的学科——语篇学。它以语言应用成果——语篇——为研究对象。语篇是以语言为物质基础进行编码后的产品，是大于句子的结构单位联结成的“篇章”。语篇属于意义单位，是体现整体性的语用成果。语篇学研究的重点是以“篇”为完整表达体系的“语”，“语”是不能脱离“篇”的“语”，也只有“语”与“篇”两者的唇齿相依，才能称之为语篇。只有语义连贯、合乎语境的才称得上语篇，也才能发挥其特有的功能，从而完成其复杂的交际目的。语篇即文本，在阅读教学过程中引入语篇视角更能凸显语文阅读教学的特质，由“语”及“篇”，因“语”明“篇”，以“篇”解“语”，借“篇”悟“语”，“语”“篇”兼顾，相辅相成，让阅读教学走向精准教学、深度教学。

语言书写体系常常掩盖语言系统的潜势，其表意具有很大的选择性，尤其是汉语言，因为汉字本身就是表意的，经过对复杂汉字的编码而成的结晶——语篇，其动态组织具有隐蔽性，其言外之意常常不为人所知。只有通过语篇分析，还原语篇的生命形态，才能解开语篇的密码，理解语篇，揭开潜藏的秘密。语文阅读教学关注了语篇视角，就会自觉地通过对语篇言语系统的解码，了解作者的言语智慧，走进文本深处，走近作者的心灵，从而开展深度教学，让学习者在深度学习中获得深切的体验。语篇，是语言文字运用的对象与产物，是行为主体以语言为媒介完成的一次完整的交际活动，是对具体语言行为结果的艺术记录，这样的语篇在语义和语用上与现实世界中的实际语境相一致，不仅能很好地完成现时性的交际任务，而且因为其语篇内部或语言上具有连贯性，也使交际能更具有延时性特点，且能不太受地域空间的限制，产生跨时空意义。语篇自身的统一性、连贯性、目的性、可接受性、信息性、情景性和篇际性等都具有明朗的交际指向，每一篇具有教学价值的语篇自然具备自足交际性。阅读教学关注语篇视角，更容易激活课堂这一特殊的交际场，借助语篇不断激活有价值、有意义的话题，让阅读教学的对话语境更具体，让对话的话题、话轮和话权更明确，从而顺利展开教学对话并产生共振。

教学语篇具有如下特性：第一，是具体的言语成果，是语言实际交际过程中的产物；第二，要符合语法规范，且具有内在的连贯性，既包括其内在的语义连贯性，也包括与外界语境上的协调；第三，具有一定的信息结构及明确的交际功能和目的；第四，是经过教学化处理过的语篇，渗透了教学的理念，暗示了教学的重点与难点。阅读教学应该重视语篇分析，语篇分析不仅关注语义、语域，更关注语境、语蕴。语文阅读教学如果重视语用性篇章分析，就能超越传统语言学的句子语法分析；如果能重视功能性语篇分析，就能超越文艺学的“文本分析”；如果能重视文章观视域下的语篇分析，就能超越文章学的“文章分析”。

教学文本即是语篇，是自足的系统，重视从语篇视角设计教学，关注“语”和“篇”的关系，关注意义在语篇中展开的过程、累积方式及其整体性，分析意义与语篇建构之间的关系，就更容易理解语篇，在解码与评鉴中顺利地进行解构与重构，积累阅读经验，提升阅读能力。

二、语篇视角下阅读教学的特点

阅读教学离不开问题意识。好的阅读教学必须有好的教学设计，好的教学设计必须善于发现、分析和解决教学真问题。语篇视角下的教学设计，更有利于解决语文学科真问题，舍弃影响教学的伪问题，使“问题”的价值更切合文本，切合语境，切合学生需求，更适合当下的教学。

教学源于问题，问题是教学的动力和核心，如果没有问题，教学也就没有意义。语篇视角可以让我们对文本的教学价值有新发现。语篇视角下的教学重点以教学语篇为凭借，借助对语篇的解码、评鉴，让学生走进语篇，走近作者，引导学生学习和领悟作者的言语智慧，并通过作者所架构的语言通道，了解作者的思维策略，体验作者的审美过程，感受作者的文化情怀。解码教学语篇，可以帮助学生进行自我建构，培养阅读能力，培育语言建构与运用、思维发展与提升、审美鉴赏与创造、文化传承与理解等语文核心素养。

阅读教学之难，往往就难在问题的视角和层次难以把控，难在问题解决的过程质量难有保证。语篇视角下的教学设计强调问题意识显现化、系统化，让问题视而可见，且具有教学价值，能解决也必须解决。从语篇视角介入更容易梳理出集群性问题，让问题与问题之间形成紧密联系，即形成问题链。这些问题链构成了微任务群，有明确的任务驱动，为顺利完成语篇解码和评鉴提供保障，也为形成独具魅力的课堂教学创造了条件。

语篇视角下教学设计的重点是文本的语言功能，这既符合语篇的特点也切合语文阅读教学的要义，即以语言的建构与运用为语文学科教学的基点。重视语言功能视角的设计，主要关注文本三方面的价值：一是语义功能，由此理解语篇的思想内容；二是语形功能，由此把准语篇的言语形式，言语智慧；三是传意功能，由此了解语篇的人际关系，交际效果。突出语篇三大语言功能的教学设计实际上是凸显了阅读教学的三大重点：写了什么，怎么写的，为何这样写。

语篇信息理论是进行语篇分析的基础理论之一，这里的信息是指以语言为载体所传出的消息内容。阅读教学设计就应该是围绕教学语篇这一信息源，提炼有价值的信息精心设计问题链。语篇是由信息网络构成的整体，包含旧信息和新信息。旧信息就是交际双方都已知的信息，在交际过程中可产生默契性，甚至可以省略；新信息则是语篇的关键性信息，是话语的信息重心。语篇中新旧信息交替存在，形成信息网络。如果能把准语篇信息网络，其信息所指和话语意图就会十分明晰。因此问题链的设计主要是关注语篇新信息中的关键性信息、信息重心，要能让学生“跳一跳摘到桃子”。语篇中对主要信息往往反复强调，而对次要信息往往省略或简略处理。在问题链设计中就要在有利于揭示作者的信息密码、获取对阅读者有用的信息之处多下功夫。语篇视角下的问题链设计既关注语篇的整体与局部，又关注语篇各部分意义上的发展与联系，重视语篇内部的语句连接、语义转换、文势起伏，便于激活学习者的内驱力。

语篇视角下的问题链设计一般由语篇的语境还原进入，然后再对语篇主题、目的、交际效果、自我意识、读者意识、语体、信息度、变化意识、可接受性、体裁等进行全方位设计，问题链形成的过程应该就是力求对语篇进行全方位解码的过程，问题链应该能为教学提供多样可能性，为同课异构提供殊途同归的正确路径。

语篇视角下好的问题链设计不可忽略的是：既要关注“语”这个基点，也要关注“篇”的特点，还要紧紧围绕“语篇”语义、语形和传意功能而不能偏离；既要善于挖掘语篇自身的有价值问题，又要考虑教学的需要性和可行性，问题链的设计要为教学服务，要树立为学习者设计问题的理念；问题链的呈现，一定要突出明确指向性，讲究内在联结性，体现教学适切性，并力求做到三者的高度统一。语篇视角下教学设计兼具“现实性”与“可能性”的特征。“现实性”与“可能性”之间构成梯度，能满足不同解读者的需要。语篇视角下的教学设计立足于语义、语形和传意，力求通过“语”这一根基，把握“篇”，在解构中走进语篇思维、审美和文化的堂奥，寻幽览胜，有效培育语文学科核心素养。

三、语篇视角下的《出师表》教学设计

教师应在语篇视角下从语义、语形和传意等三个层面入手，根据语篇的主题、目的、交际效果、自我意识、读者意识、语体、信息度、变化意识、可接受性、体裁等进行全方位设计，让学生理解语篇写了什么、怎么写的、为何这样写等阅读问题。这里以诸葛亮《出师表》教学设计为例进行解读，以便了解操作路径。

诸葛亮的《出师表》是“表”中的一篇代表作，出自《三国志・诸葛亮传》。227 年，身为蜀汉丞相的诸葛亮决定北上伐魏，夺取中原，复兴汉室。而后主年始弱冠，懦弱平庸，诸葛亮临行前给刘禅上书了此表文。刘勰《文心雕龙・章表》中说“表以陈请”。这篇表文以恳切委婉的言辞力劝后主要广开言路，赏罚严明，亲贤远佞，攘凶兴汉；同时也表达自己以身许国、忠贞不贰之情。这篇表文集中体现了诸葛亮忠君爱国、竭诚进谏的人格魅力，全文基本按照进谏—殊遇—遭际—誓言的文脉推进，慷慨深沉，动人心魄。《出师表》作为经典的传统教学篇

目，优秀的课例设计不胜枚举，但引入语篇视角，仍能给语文教学带来一股清新之气。在语篇视角下，《出师表》可以从信息结构、语形特点和传播功能等方面拈出 9 个问题，且能形成严谨的问题链：

1. 从文中哪些地方可以读出作者写作此文的特殊背景？

2. 全文写了哪几方面内容？作者最想表达的中心是什么？

3. 作者写作此文的目的是什么？文中哪些地方凸显了其写作目的？

4. 作者为何要以“表”的文体行文？诸葛亮的语体选择有什么特点？在行文中是如何体现“这一”文体与语体要求的？

5. 作者是如何通过不同的称谓显示自己不同身份的？从文中可看出这篇“表”的读者是哪些人？作者为何要顾及这么多读者？

6. 作者在行文上又是如何采用“陌生化”手法的？

7. 作者以“表”、称谓强化等方式行文是否容易被对方所接受？

8. 作者期待怎样的传意效果？是否还有言外之意？

9. 从诸葛亮的这个“表”中，我们还获得了怎样的启示？

这 9 个问题都紧扣文本，关注语篇交际性，聚焦于语篇内部，从文本寻找真实的答案。1～3 问主要聚焦信息结构。第 1 问属于“情景语境还原”之问，这里的“情景语境还原”不是远离文本的所谓“时代背景”，更不是无边界的“知人论世”，而是需从语篇中捕获，文中的“此诚危急存亡之秋也”即是，但如果要进一步探究，还很容易将当时的复杂背景从语篇中一一还原出来，从而完整地理解诸葛亮内外焦虑的具体情形。第 2 问明显引导学生把准语篇的完整信息并导向主题解码。第 3 问聚焦写作目的。4～6 问主要聚焦语形特点。第 4 问关涉体裁与语体。何为体裁？传统的定义是指独立成篇的文本体式（或样式、体制），是文本构成的规格和模式。但从语篇学的角度看，体裁则是一种有步骤的、以交际目的为导向的社会交往策略。的确，不同的交际目的会采用不同体裁，所以在中国古文献中，表、疏、书、奏、议、说等特别丰富。“表”是古代臣子向帝王上书言事的一种文体。主要作用就是表达臣子对君主的忠诚和希望或陈说政治方面的请求。“表”的交际特性是动之以情，晓之以理。文学体裁或语体蕴藏的意义常被忽视，其实了解体裁或语体对理解文意、把准情感都很重要。《出师表》的语体特点是：文言，书面，正式，说理，叙述与抒情交融。第 5 问聚焦于作者意识与读者意识。作者的身份意识在“表”中非常明晰：一是先君的臣子，是上行文，表达忠君报国之情；二是长辈对后辈（相父对“子”），故而推心置腹，语气殷切，诚恳委婉；三是重臣对后主，因而交代职责，提出希望。“表”的读者有上位的，也有下位的，还有共事者。尤其是文中的“臣”“先帝”等称呼意涵丰富。文章的针对性极强，更有利于作者达成自己的写作目的。第 6 问主要探讨行文的"陌生化"手法。7～9 问主要聚焦传播功能。第 7 问突出语体与称谓的特殊交际效果。第 8 问重在探究传意效果。诸葛亮写作该表,既表白自己一片丹心,绝无私欲;又告诫后主刘禅要奋发作为,不断自我反省,以告慰先帝在天之灵。该文既发挥了文学的实用交际功能,也感动了后世不少志士仁人与文人墨客,引起了读者的强烈共鸣。第 9 问重在让学生从语篇中学会思考,学会自我建构。

这 9 个问题的设计涉及语义、语形和语篇的交际功能,既包含对"语"的品味,也包含对"篇"的理解,围绕"写了什么""怎么写的""为何这样写"三层展开,是完整、深度理解《出师表》的自然而又必然要解决的教学真问题。但教学过程是复杂的,教学中并不需要按部就班地对 9 个问题一一进行详释,而应该立足于学情,根据实际教学的需要进行筛选,而且完全可以对这 9 个问题中的某些问题进行细化,以形成新的问题链,从而让教学更具针对性。

(原文《语篇视角下的教学设计——以诸葛亮〈出师表〉教学为例》,作者冯为民,载于《中学语文教学》2019(3),有改动。2018 年 6 月,金坛华罗庚中学曾举办江苏省骨干教师培训班,贡如云在培训班开设讲座"该语篇学登场了",冯文系在此基础上加工、翻新而成。)

第二节 《最后一次讲演》人际功能分析

"语言有三个互相紧扣的特色。其一为语言是社会过程的产物;其二为语言是一个系统;其三为语言是具有功能的。"①其中语言功能包括概念功能、人际功能和语篇功能。人际功能包括语气系统、情态意义和评价系统三方面内容,其作用是使个人与其他人建立起社会关系,即通过语言反映说话人与听话人之间的社会地位和亲疏关系,以及说话人的态度、情感、动机等。演讲融社会性、艺术性和交际性于一体,是人类交际中的重要活动,以传递情感或发表观点为主要交际目的。从人际功能对演讲语篇进行分析、解读和评价,有助于读者更好地理解和

① 岑绍基.语言功能与中文教学:系统功能语言学在中文教学上的应用[M]. 2 版.香港:香港大学出版社,2010.

体会演讲者的思维过程和情感表达。以闻一多《最后一次讲演》为例，从人际功能的角度出发来解读，有助于体会蕴涵于字里行间的情感，理解文章是如何实现人际交往功能的。

一、语气系统

在系统功能语法中，语气成分是由主语与限定成分构成的。两者密切联系，相互结合，共同传达着说话者的言语角色。一个语言交际场域必然涉及说话者和听话者。即使是一个人的独白，也有隐含的听话者存在，两者的关系及言语角色通过语气呈现出来。在沟通交流的具体语境中，说话者根据自己的表达意图或者情感不断改换自己的“言语角色”，如陈述自己内心的想法，表达见解，提出自己的困惑，或作出指示和命令，表达某种情感，等等。现实的交际过程中有着各种各样的“言语角色”，但最根本的“言语角色”只有两个——给予和求取，与之相应的最基本的交流内容也有两个：资讯、实物或服务。这两种“言语角色”的相互组合便产生了四种主要的人际言语功能：提议、陈述、命令、提问。（见表 8-1）

表 8-1　人际言语功能

	a. 实物或服务	b. 资讯
1. 给予	提议：你要不要喝茶？	陈述：他给了我一杯茶。
2. 求取	命令：请给我一杯茶。	提问：他给你什么了？

也就是说，在一个完整的言语交际过程中，说话者和听话者的角色是相互的、互为关联的，他们的角色不会出现重合的情况，当一个人选择了一种说话角色，另一个就会自动被赋予另外一种与之相应的不同的角色。如果两者都按照自己的角色进入交流过程，交际就能正常开展，沟通交流才会顺畅，对话双方才能顺利完成交际任务。如果说话者选择了一种角色，听话者没有或者拒绝承担与之相应的角色，那么会话就会被终止，或者产生交际的误差，这种情况下的沟通就是无效的。例如，当说话者选择了说话时，听话者就会承担接受（否决）提议、执行（拒绝）命令、肯定（否定）陈述、回答（回避）提问中的一种或者多种角色。不同的角色反映出不同的语气，不同的语气实现不同的人际意义。对语气的分析能够较好地揭示对话者与参与者的关系。在演讲中，“给予”和“求取”这两种言语角色表现得非常明显。一方面演讲者向听众提供某种信息，表明自己的态度和主张；另一方面呼吁听众采取行动，按照演讲者的意图做事。

依据上述理论，汉语语气形式可分为陈述、疑问、祈使、感叹四大类。一般来说，人们传达资讯往往用陈述语气，希望获得资讯往往用疑问语气，传达命令用祈使语气，抒发情感用感叹语气，表达提议则兼用疑问、祈使两种语气。

统计发现，《最后一次讲演》中一共有 59 个句子，各种语气的出现频率如表 8-2 所示：

表 8-2 《最后一次讲演》语气统计表

语气	频次	比例
陈述	8	13.56%
疑问	8	13.56%
祈使	0	0%
感叹	43	72.88%

可以看出，这个语篇中，感叹语气占据了绝对主导地位，说明大部分小句是作者在表达强烈的情感。陈述语气主要是在表明有关事件的过程和场景。疑问语气是提出困惑和疑问。没有出现表示行使某种命令的祈使语气。

1946 年 7 月 11 日，著名爱国民主战士李公朴先生在昆明被特务杀害，7 月 15 日，昆明各界人士在云南大学为李公朴召开追悼大会。会上，猖狂的特务企图挑起争端，搅乱和破坏追悼会现场，搞得人心惶惶。面对特务们的嚣张气焰，闻一多怒不可遏，拍案而起，发表了这篇著名的讲演。在讲演中，作者主要采用感叹语气，抒发自己强烈的情感。如"为什么要打要杀，而且又不敢光明正大地来打来杀，而偷偷摸摸地来暗杀！""你们完了，快完了！""其实很简单，他们这样疯狂地来制造恐怖，正是他们自己在慌啊！"等句子，既有对国民党反动派罪行的谴责，也有对他们本质的揭露和对他们命运的诅咒。有一些感叹句表达了对人民力量的赞颂，例如："你们杀死一个李公朴，会有千百万个李公朴站起来！""看今天来的这些人，都是我们的人，都是我们的力量！"还有"我们有这个信心！""我们不怕死，我们有牺牲的精神！我们随时像李先生一样，前脚跨出大门，后脚就不准备再跨进大门！"闻一多用这些句子，表达自己的坚定立场及与国民党特务斗争到底的决心。在当时的场景下，闻一多用感叹语气，既是"给予"，表明自己的态度和情感，也有"求取"，呼唤大家团结起来，推翻国民党反动派，如"我们要发扬云南光荣的历史！""历史赋予昆明的任务是争取民主和平，我们昆明的青年必须完成这任务！"等。

综观全篇，我们可以发现，演讲中没有出现祈使句，说明作者没有命令式的语气，只是在单纯地表达情感。因此，抒发情感、增强语气的感叹句贯穿全篇，不断激起听众的情感，使其产生共鸣。作者还用了疑问语气，表达对杀害李公朴的特务的质问和诘责。

二、情态系统

系统功能语法中，一些表示可能性和频率的就称为情态成分；一些表示能力、责任和倾向性的就叫作意态成分。情态成分和意态成分统称为情态系统，表示“是”与“不是”之间、“肯定”与“否定”之间、“做”与“不做”之间的意义地带。在交际过程中，情态系统就是“讲话者对自己讲的命题的成功性和有效性所作的判断，或在命令中要求对方承担的义务，或在提议中要表达的个人意愿”①。

其中，情态功能表示可能性，分为三个程度：肯定、大概和可能，三个程度的量值依次减弱。意态功能包括表示能力、倾向与责任的语意，可以是主动或被动的，也可以有肯定或否定的语意。倾向与责任的语意又有高、中和低三种不同的量值。

汉语中表示上述情态功能的词语大致可列表如表 8-3：

表 8-3 情态功能词语

程度		能愿动词	动词	形容词	副词	名词
肯定	非常肯定			必然	一定、肯定、必定	必然性
	肯定	该				
大概			想、看、估计、认为、相信		大概、大半、多半	或然性
	可能	怕(是)、能、可能、会		可能	也许、恐怕、或许、或者	可能性

汉语中主要表示意态功能的词语大致可列表如表 8-4、表 8-5、表 8-6：

表 8-4 表示能力的词语

能愿动词	动词	形容词	副词	名词	语气助词
能、可以、会	胜任	能干		能力、本领	

① 朱永生，严世清，苗兴伟．功能语言学导论[M]．上海：上海外语教育出版社，2004：151．

表 8-5 表示倾向的词语

	能愿动词	动词	形容词	副词	名词	语气助词
坚持	要	坚持、执意、决心		一定、偏、非		
意图	想	打算			打算、想法、念头、意图	
愿意	愿意、肯	自愿	乐意	主动		

表 8-6 表示责任的词语

	能愿动词	动词	形容词	副词	名词
逼迫	得、要、必须	要求、强迫	必要	一定、偏、非	要求
期望	应该、应当、该				义务、责任
允许	能、可以、许、准、得	让、允许、批准			许可

这篇演讲中出现的能愿动词集中在高量值，这符合演讲者演讲的场景。当时，在李公朴的追悼会现场，闻一多并没有打算发言，但是，在李公朴夫人讲述李公朴殉难的经过时，混进现场的特务故意无理取闹，扰乱现场秩序，引起很大的骚动，导致追悼仪式难以正常进行。此时，闻一多拍案而起，怒火中烧，言出于心，才有了这篇演讲。高量值的能愿动词，能够传达自己的强烈情感。例如：

这是某集团的无耻，恰是李先生的光荣！

“恰是”表示高量值的情态成分，表示对李公朴牺牲的高度肯定和赞扬；同时，“恰是”的前后部分形成强烈的正反对比，更加突出了李公朴的伟大。

所以他们制造恐怖，其实是他们自己在恐怖啊！

“其实”作为副词，来修饰“是”，表示情态，具有高量值，表达的是一种肯定的观点。演讲者从特务们扰乱会场的行为看出他们内心的恐慌，进而揭露出他们的本质。

你们看见今天到会的一千多青年，又握起手来了，我们昆明的青年决不会让你们这样蛮横下去的！

历史赋予昆明的任务是争取民主和平，我们昆明的青年必须完成这任务！

“决不会”和“必须”具有情态功能，表示非常肯定的可能性。演讲者认为反对国民党反动派是昆明青年的责任，同时也体现了演讲者对昆明青年做出这一行动的信心和期盼。

文中还有其他情态成分和意态成分都表达了演讲者的情感，此处不再一一列举。情态系统的使用，充分表达出演讲者的情感和意愿。同时也能激发听众的情感，产生共鸣，达到演讲效果。

三、人称系统

“语篇中的人称代词指称能告诉我们作者是如何看待语篇涉及的人物的，这些人称代词有助于建立作者和读者之间一种特定的关系。”①作者通过使用不同的人称代词来表情达意，读者在阅读中可以利用人称代词来理解和体会作者的情感，在这样的交互中，人称代词就实现了语篇的人际功能。《最后一次讲演》中共出现了 48 个人称代词，其中第一人称“我”“我们”有 25 个，占 52 %；第二人称“你”“你们”有 14 个，占 29 %；第三人称“他”“他们”有 9 个，占 19 %。可以看出演讲者主要使用第一人称，一方面对参加追悼会的听众用“我们”，拉近和他们的距离，形成一个集体，另一方面也将广大的昆明群众和特务们区分开来。例如：“看今天来的这些人，都是我们的人，都是我们的力量！”“我们要发扬云南光荣的历史！”同时，“我们”的使用，还有利于激发听众的情感，从心理上将听众团结起来。如：“我们的光明就要出现了。我们看，光明就在我们眼前，而现在正是黎明之前那个最黑暗的时候。我们有力量打破这个黑暗，争到光明！我们的光明，就是反动派的末日！”还有“我们不怕死，我们有牺牲的精神！我们随时像李先生一样，前脚跨出大门，后脚就不准备再跨进大门！”一句中，“我们”的反复使用，形成意义上的连贯，构成意义潜势，起到了感染听者的作用。

第二人称“你们”的使用，集中在对特务的谴责上，是将特务和自己与听众区分开来，既有对特务的警告，也有对他们的谴责。另外，“指称的变换除了把读者的注意力往不同的方面引导之外，还蕴含了作者评价的人际功能”②。在语境中，“我们”用来团结听众，与听众站在一起，共同战斗；“你们”则表现出对特务的极度愤恨和谴责。

语篇是作者从各种构成意义潜势的选择中进行表达意义的结果。因此，构

① 高彦梅. 语篇语义框架研究[M]. 北京：北京大学出版社，2015：56.

② 李战子. 话语的人际意义研究[M]. 上海：上海外语教育出版社，2002：173.

建演讲语篇是为了表达一定的情感或话语意义，是基于一定目的性而构建的与听众沟通的一种渠道。本文以系统功能语法为理论基础，从人际功能的语气、情态和人称三个方面对闻一多在李公朴追悼会现场的即兴演讲作了分析。演讲中的语气选择、情态助动词、相应的人称代词的使用都可以帮助演讲者去表达自己当时的情感和心理，更好地带动台下的听众，呼吁大家联合起来。因此，对语篇不同系统内部进行合适的选择搭配，可以帮助听众更加深刻清晰地理解演讲所传达出的内容。

（原文《人际功能视角下的文本解读——〈以最后一次讲演〉为例》，作者董晓强，载于《语文教学通讯》2019(17)，有改动。）

第三节 《消息二则》系统功能语法分析

系统功能语法创始人韩礼德认为："语言有三个互相紧扣的特色。其一为语言是社会过程的产物；其二为语言是一个系统；其三为语言是具有功能的。"[①]语言的功能主要分为三个元功能，即概念功能、人际功能、语篇功能。运用系统功能语法解读语篇，有助于了解语言使用者如何通过具体的外在言语形式来表达和传递自己内在的情感和意图，从而阐释语言是如何表情达意的。同时，系统功能语法还关注语言与语言所处的文化和意识环境之间的关系。因此，系统功能语言学研究的对象是动态的语言，是处于具体环境中的言语。

《消息二则》所在单元作为"活动・探究"单元，最基础的任务是读懂新闻。而新闻语篇除了要从新闻要素、新闻体裁、新闻特点等角度解读外，还应从系统功能语法的角度进行动态解读，即结合新闻写作语境、新闻的读者以及新闻写作的目的等，分析新闻写作者是如何通过文字及时地传递真实信息和表达情感的。

---

① 岑绍基. 语言功能与中文教学：系统功能语言学在中文教学上的应用[M]. 2版. 香港：香港大学出版社，2010：4.

一、及物性

语言的概念功能是语言对人们在现实世界(包括内心世界)中各种经历的表述,但表述经历必须通过过程来实现。所谓过程,就是特定时间内所有发生或存在的现象,韩礼德称之为及物过程——“我们对经历最强烈的印象是它包含进行的活动——发生、做事、感受、表意、状态、变化。所有这些进行的活动都由小句的语法进行了分类。由此,小句是一种反应方式,是为连绵不断的变化和连续不断发生的事件排序的方式。可获得这种成就的语法系统是及物性”。① 他还进一步把主观、客观世界的各种经历加以分类,概括出六种过程,即物质过程、心理过程、关系过程、言语过程、行为过程和存在过程。

例如,《消息二则》中第二则消息《人民解放军百万大军横渡长江》共有 11 个过程,其中物质过程有 8 个。物质过程主要陈述事件的发展,有助于读者更加客观详细地了解事件本身。《人民解放军百万大军横渡长江》中的物质过程占据整个过程的 72 %,充分说明了这则新闻的客观性和真实性。同时,在这则消息的物质过程中,施动者集中为“人民解放军”,目标主要是“长江”“地区”,而且每个施动者都有目标,凸显了“人民解放军”在这次战役中的主导地位,从而引导读者阅读时将注意力集中在“人民解放军”上,感受人民解放军的威武气势和英勇精神。在动词的选择上,则使用“渡过”“突破”“占领”等具有爆发力和战斗力的词语,表达作者对这次战役必胜的信心和底气。

心理过程是动作实体对客观世界的感觉、认识和反映。例如,“国民党的广大官兵一致希望和平,不想再打了,听见南京拒绝和平,都很泄气”一句中,“希望”“不想”“听见”等都表示心理过程。作者这是在分析国民党军队中普通士兵对这次战役的不同想法,揭示战争是由对方挑起的,而且不得人心,进而将对方失败的矛头指向国民党反动派,而非普通士兵。显然,这一过程起到了争取更多读者站在“正义的一方”支持渡江战役的作用。

关系过程表现主观、客观世界中的种种关系。文章中表示关系过程的动词,除了对客观现象进行描述和判断外,往往还间接表明作者的态度。例如,“西起九江(不含),东至江阴,均是人民解放军的渡江区域”中的“均是”,就突出了人民解放军分布在长江沿线主要地区,表明了这次渡江战役是全面性的,进而表达了作者对人民解放军渡江速度快、气势猛、区域广的赞赏之情。“和中路军所遇敌

---

① 胡壮麟,朱永生,张德禄,等. 系统功能语言学概论[M]. 3 版. 北京:北京大学出版社,2017.

情一样，我西路军当面之敌亦纷纷溃退，毫无斗志，我军所遇之抵抗，甚为微弱”中“毫无斗志”“甚为”也表示关系过程，暗含了作者对敌军的蔑视。

二、人际性

（一）语气

韩礼德认为，实际生活中最基本的交流内容主要为资讯、实物或服务，资讯、实物充当给予的“言语角色”，服务充当需求的“言语角色”。具体来说，这两种“言语角色”主要分为陈述、疑问、祈使、感叹四大语气。

有学者指出：“在语气系统中，提问的一致式（congruent form）是疑问语气，当运用祈使语气或陈述语气实施提问的言语功能时，就会出现隐喻式（metaphorical form），即语气隐喻。”[①]也可以说，如果用陈述语气代替感叹语气来表达强烈情感，也会产生语气隐喻。可以想象，渡江战役取得决定性胜利，作为这场伟大战役的主要领导者，作者是何等的高兴和激动。此种情感用感叹的语气来表达显然最适合不过。可是，《消息二则》都用陈述语气，向全国人民宣告了战役第一天的情况，赞美了人民解放军的英勇和所向无敌。这就是语气隐喻。语气隐喻能够引起读者注意，引发读者思考，让读者感受到隐藏在文字背后的作者形象——这是一位拥有气吞山河之豪迈、经天纬地之才略和镇定自若之气势的伟大军事战略家。同时，消息的主要作用是传播尽量多的最新信息，因此在语气的选择上应主要以提供讯息、传达资讯的陈述语气为主。这也符合新闻的客观性。

（二）人称

高彦梅曾说：“语篇中的人称代词指称能告诉我们作者是如何看待语篇涉及的人物的。这些人称代词有助于建立作者和读者之间一种特定的关系。”[②]这也就是说，人称代词是作者和读者沟通的桥梁——作者在创作时利用人称代词的变化来表达情感变化，读者在阅读时抓住人称代词体会词语背后的情感。这样一来，读者和作者就实现了交互，人称代词也就实现了语篇的人际功能。

《消息二则》中多次出现“我军”“我”“西路军”“我东路军”等表示第一人称的

---

① 彭漪，柴同文. 功能语篇分析研究[M]. 北京：外语教学与研究出版社，2010：78.

② 高彦梅. 语篇语义框架研究[M]. 北京：北京大学出版社，2015.

词语。第一人称往往表示个人的主观情感，但新闻要求客观，显然这两者在某种意义上是相互矛盾的。但是，《消息二则》中第一人称的运用，不但没有违背新闻的客观性，还拉近了新闻报道和读者之间的距离——两则消息的主要阅读对象都是期盼全国解放、国家和平统一的广大人民，用第一人称能起到将广大人民看成“一家人”的表达效果，有利于争取更多的人支持渡江战役，支持人民新政权。同时，采用第一人称更容易让读者感受到这两则新闻是作者在和自己分享听闻人民解放军突破长江天堑喜讯后的喜悦和感慨。

三、连贯和衔接

语言不是词或句子的零散组合，而是以语篇形式有机组成的语义表达体。衔接能使语篇句子之间产生语义关联，进而使语篇成为一个整体。实现衔接的主要方法有语法手段、词汇手段与连接词等。张德禄综合有关论述连贯的学说后认为，连贯是衔接机制在情景语境中产生的总体效应。换句话说，就是在具体语境中，话语者采用合理的语言形式，使语境和语言形式相互作用，形成连贯。

一个语篇中，如果有同样语义、同一形式的词汇反复出现，那上下文之间就会建立起某种语义联系，就会形成词汇衔接链，这种衔接方式称为“复现指代原则”[①]。一个完整的语篇中，至少有一条衔接链贯穿语篇的始终，但大多数语篇有 3～5 条衔接链贯穿语篇始终，表示语篇整体意义关系的连续性。

例如，从词语出现频率的角度看，《我三十万大军胜利南渡长江》中出现最多的词语就是“人民解放军”及与之类似的词语——“英勇的人民解放军……人民解放军……我军……三十万人民解放军……人民解放军……”。全文 5 句，一共出现了 5 处与“人民解放军”有关的词语。这些词语以复现指代的形式，形成衔接链贯穿整个语篇，构成整则消息在整体意义上的连续性，使整则消息上下连贯，成为一个整体的语义表达——始终围绕“人民解放军”展开，突出了报道的主体。

《我三十万大军胜利南渡长江》全文还有一条衔接链，与上一条衔接链相互照应——“渡过长江……渡江战斗……地点在芜湖、安庆之间……长江防线……长江……万船齐放，直取对岸……突破敌阵，占领南岸广大地区……”。这些词语共同指向“渡江战役”，说明报道的主要事件是渡江战役。作者围绕这一主要事件，报道了渡江战役打响的时间、地点，还有渡江的工具，以及人民解放军以雷

① 张德禄. 语篇分析理论的发展及应用[M]. 北京：外语教学与研究出版社，2012：70.

霆万钧之势强渡长江的壮烈场面和战斗向纵深推进的情况。这条衔接链和上条衔接链共同组成了消息的主体部分，同时表明整则消息是在报道“人民解放军胜利渡过长江”这一事件，很好地照应了题目。

再如，《人民解放军百万大军横渡长江》中的时间也可形成话题链结构——“二十日夜起……二十一日下午五时起……二十三日……同日同时……至发电时止……余部二十三日可以渡完……然在二十一日下午至二十二日下午……”。

从话题链结构的角度看，作者用时间链贯穿整则消息，既线索清晰、有条不紊地报道了事件的发展，又从整体上准确地突出了这场战役的发展趋势和各阶段的发展情况，同时还让读者清楚地感知到了复杂战争形势下具体战斗的情况。短暂的渡江时间和渡江后所取得的辉煌战绩放在一起，不仅突出了人民解放军渡江速度之快，还凸显了人民解放军的英勇善战和锐不可当。

四、信息结构

我们在说话(言语)时，总是按照词语在交际中所体现的功能来确定说话内容的前后顺序，形成连贯且有逻辑的话语。我们在谈论某个内容时，说话的出发点往往位于句子的最左边，代表已知信息，称为主位(theme，简写为 T)。围绕主位逐步展开的实际内容，表示主位以外的发话者所说的其他一切成分，称为述位(rheme，简写为 R)。语篇中主位和述位的位置和顺序关系不是一成不变的，而是有规律性的，主要分为三种模式——简单线型顺序、一个主位链接着多个不同述位、具有派生主位的顺序。① 了解主位推进模式，可以帮助我们了解发话者的语义意图和想要表达的情感，明白发话者组织语句的手段，从而更好地探索句子组合与句子内容之间的关系。比如，《人民解放军百万大军横渡长江》各句的主位依次如下：

人民解放军百万大军(T1)——长江北岸人民解放军中路军(T2)——我西路军(T3)——该路三十五万人民解放军(T4)——这一路(T5)——我西路军当面之敌(T6)——我军所遇之抵抗(T7)——此种情况(T8)——国民党的广大官兵(T9)——战犯汤恩伯(T10)——汤恩伯(T11)——东面防线(T12)——我东路三十五万大军与西路(T13)——所有预定计划(T14)——我东路各军

① 岑绍基.语言功能与中文教学：系统功能语言学在中文教学上的应用[M]. 2 版. 香港：香港大学出版社，2010.

(T15)——余部(T16)——此处敌军抵抗(T17)——我(T18)——我军前锋(T19)。

根据以上分析,我们不难发现此则消息最主要的主述位关系模式是一个主位链接着多个不同的述位——述位围绕“人民解放军”和“敌军”两个主位展开。其中,“东路军”“西路军”“我军”“余部”等作为主位,与第一句中的“人民解放军百万大军”指代同一个群体,构成全篇的报道主体。同时,“我西路军当面之敌”“我军所遇之抵抗”“战犯汤恩伯”“东面防线”“此处敌军抵抗”也可以看作是同一个主位。由此可见,这则消息就是以一个主位链接着多个不同述位的模式层层展开,使整则消息结构紧凑,思路清晰,整个渡江战役的战斗情况一清二楚,进而突出了我军的无坚不摧和敌军的不堪一击。如此一来,听众或读者自然就会很清楚地接收消息本身所要传达的信息和情感。

综上所述,对新闻语篇进行系统功能语法分析,有助于加深对语篇的理解,进而为动态解读新闻语篇,了解新闻文字背后所隐藏的情感和思想意识形态提供全新的视角和方法。

(原文《用系统功能语法视角看新闻语篇解读——以教学统编教材八年级上册〈消息二则〉为例》,作者董晓强,载于《语文教学通讯》2020(Z2),有改动。)

附录

语篇阅读教学研究团队成果（截至2025年5月）

著作

作者	单位	名称	出版社	时间
贡如云	江苏第二师范学院	语篇阅读教学论	南京大学出版社	2019
戎仁堂	南京市东山高级中学	语篇分析和语文教学	南京师范大学出版社	2023
贡如云等	江苏第二师范学院等	语篇分析文集	河海大学出版社	2025

课题

序号	主持人	单位	课题名称	课题级别	立项时间
1	贡如云	江苏第二师范学院	语篇学视域下中学语文读写教学研究(B-b/2020/01/24)	江苏省教育科学规划重点课题	2020
2	贡如云	江苏第二师范学院	语用型语文教育背景下“吕叔湘之问”破解策略研究(B-b/2024/01/25)	江苏省教育规划重点课题	2024
3	薛　城	南京市第五初级中学	语篇学视域下的初中语文教学改良的实践研究(L/2018/006)	南京市教育科学规划课题	2018
4	戎仁堂 周明龙	南京市东山高级中学;江宁区教师发展中心	语篇分析视角下的高中语文阅读教学实践研究(2019JK13-ZB09)	江苏省教研室规划重点课题	2019
5	牛树超 刘凡保	徐州市开发区教育局;徐州市开发区教师发展中心	语篇学视域下文本解读方法实践研究(2019JK13-ZB22)	江苏省教研室规划重点课题	2019
6	刘宏业	南京市宁海中学	语篇学视域下中学语文品质教学实践研究(B-b/2022/01/24)	江苏省教育科学规划课题	2022

续表

序号	主持人	单位	课题名称	课题级别	立项时间
7	马　骏	南京市浦口区实验学校	初中阅读课堂教学中的语篇分析(B-b/2022/03/24)	江苏省教育科学规划课题	2022
8	高　红	徐州市睢宁县菁华高级中学	基于语篇学的高中语文阅读教学模式建构与实践研究(B-b/2023/03/85)	江苏省教育规划重点课题	2023

核心期刊论文

序号	作者	单位	题目	期刊	级别	时间
1	贡如云 黄　伟	江苏第二师范学院；南京师范大学	语篇学视域下的语文教学改造	课程·教材·教法	CSSCI 人大转载	2017.8
2	贡如云	江苏第二师范学院	语文统编教材文学语篇交际之维透视	课程·教材·教法	CSSCI	2020.7
3	贡如云	江苏第二师范学院	高中语文统编教材选文的语篇特征考察	课程·教材·教法	CSSCI 人大转载	2021.12
4	贡如云	江苏第二师范学院	语文课程亟待引进语篇知识	中学语文教学	北核	2018.3
5	贡如云	江苏第二师范学院	交际·语境·语篇——评荣维东《交际语境写作》	语文建设	北核	2019.3
6	贡如云	江苏第二师范学院	美国高中语文小论文写作教学管窥——以《从提出一个明确的研究性问题开始》教学设计为例	高中语文教与学	人大全文转载	2024.4

续表

序号	作者	单位	题目	期刊	级别	时间
7	贡如云	江苏第二师范学院	“三层七性”：语篇分析的一种操作框架——以《阿房宫赋》为例	中学语文教学	北核	2025.2
8	戎仁堂	南京市临江高级中学	阅读教学中“问题链”的设计要领	语文建设	北核	2018.5
9	冯为民	南京市第二十九中学	语篇视角下的教学设计——以诸葛亮《出师表》教学为例	中学语文教学	北核	2019.3
10	薛　城 黄　伟	南京市第五初级中学；南京师范大学	语篇分析视角下的游记散文文本解读	语文建设	北核	2019.9
11	王　清	宝应县山阳镇中心初级中学	从语篇学的角度解读实用类文本——以《纪念白求恩》为例	初中语文教与学	人大全文转载	2020.5
12	薛　城	南京市第五初级中学	语篇学视域下的文本解读例析	初中语文教与学	人大全文转载	2021.11
13	戎仁堂	南京市临江高级中学	基于语篇分析的微探究教学实践	高中语文教与学	人大全文转载	2020.9
14	刘宏业	南京市宁海中学	语篇分析：从工具理性到价值理性	中学语文教学	北核	2022.2
15	牛树超	徐州经济技术开发区教体局	语篇学视域下阅读教学中的文本解读辨误与导正	中学语文教学	北核	2023.4
16	丁长永	徐州市开发区中学	语篇学视域下的《狼》文本张力形成分析	中学语文教学	北核	2023.10

续表

序号	作者	单位	题目	期刊	级别	时间
17	张增光 张　原	无锡市梅里中学；无锡市锡山区教师发展中心	语篇学视域下的散文教学——以《回忆我的母亲》为例	初中语文教与学	人大全文转载	2024.6

硕博学位论文

序号	作者	题目	级别	时间
1	贡如云	语篇学视域下的语文阅读教学研究	南京师范大学博士论文 3A	2017.6
2	卢　萍	基于语篇理论的小学语文课文分析及其教学建议	南京师范大学硕士论文	2017.6
3	周胜男	基于语篇分析的《林黛玉进贾府》教学研究	南京师范大学硕士论文	2020.6
4	褚亚欣	基于巴赫金话语理论的《祝福》教学探究	南京师范大学硕士论文	2020.6
5	周露露	语篇学视域下《湖心亭看雪》教学研究	南京师范大学硕士论文 3A	2021.6
6	赵艳婷	基于语篇分析的《阿房宫赋》教学研究	南京师范大学硕士论文 3A	2022.6
7	杨宇庭	语篇分析视域下的《雷雨（节选）》教学研究	南京师范大学硕士论文	2022.6
8	周靖宇	语篇分析视域下《孔乙己》教学研究	南京师范大学硕士论文	2022.6
9	张　燕	基于语篇分析的《窦娥冤》教学研究	南京师范大学硕士论文	2022.6
10	袁成怡	前景化理论视域下《红楼梦》整本书阅读教学研究	南京师范大学硕士论文	2022.6

续表

序号	作者	题目	级别	时间
11	刘鑫鑫	功能语篇分析在高中语文阅读教学中的运用研究	河南师范大学硕士论文	2022.6
12	施浩雯	语篇学视域下《梦游天姥吟留别》阅读教学研究	南京师范大学硕士论文	2023.6
13	阮莹莹	语篇分析视域下的《琵琶行》阅读教学研究	南京师范大学硕士论文	2023.6
14	宁莞清	语篇分析理论应用于初中文言文阅读教学研究	南京师范大学硕士论文	2023.6
15	邓钰凡	语篇学视域下高中独语体散文教学探究——以《我与地坛》教学为例	南京信息工程大学硕士论文	2023.6
16	蓝　祺	语篇学视域下鲁迅杂文教学研究	南京信息工程大学硕士论文	2024.6
17	纪嫣然	前景化理论在《朝花夕拾》整本书阅读教学中的应用研究	南京师范大学硕士论文	2025.6

获奖论文

作者	作品名称	奖项	颁奖部门	时间
贡如云	语篇阅读教学论（著作）	江苏省哲学社会科学优秀成果二等奖	江苏省人民政府	2020
贡如云等	语文科语篇阅读教学研究	江苏省第五届教育科学优秀成果二等奖	江苏省教育科学规划办公室	2020

参考文献

一、著作

[1] 巴赫金. 巴赫金全集:第5卷[M]. 白春仁,顾亚铃,译. 石家庄:河北教育出版社,2009.

[2] 巴赫金. 巴赫金全集:第4卷[M]. 白春仁,晓河,周启超,等,译. 石家庄:河北教育出版社, 1998.

[3] 常晨光,陈瑜敏. 功能语境研究[M]. 北京:外语教学与研究出版社,2011.

[4] 岑绍基. 语言功能与中文教学:系统功能语言学在中文教学上的应用[M]. 2版. 香港:香港大学出版社,2010.

[5] 戴凡,吕黛蓉. 功能文体理论研究[M]. 北京:外语教学与研究出版社,2013.

[6] 杜金榜. 语篇分析教程[M]. 武汉:武汉大学出版社, 2013.

[7] 杜牧. 樊川文集[M]. 上海:上海古籍出版社,1978.

[8] 高彦梅. 语篇语义框架研究[M]. 北京:北京大学出版社,2015.

[9] 贡如云. 语篇阅读教学论[M]. 南京:南京大学出版社,2019.

[10] 韩礼德. 汉语语言研究[M]. 胡壮麟,黄国文,史宝辉,等,译. 北京:北京大学出版社,2007.

[11] 韩礼德. 语篇和话语的语言学研究[M]. 潘章仙,柴改英,孙迎晖,等,译. 北京:北京大学出版社, 2015.

[12] 胡壮麟,朱永生,张德禄. 系统功能语法概论[M]. 长沙:湖南教育出版社, 1989.

[13] 胡壮麟. 语篇的衔接与连贯[M]. 上海:上海外语教育出版社,1994.

[14] 胡壮麟,朱永生,张德禄,等. 系统功能语言学概论[M]. 3版. 北京:北京大

学出版社,2017.
[15] 胡壮麟. 新编语篇的衔接与连贯[M]. 上海:华东师范大学出版社,2018.
[16] 胡震亨. 唐音癸签[M]. 上海:上海古籍出版社,1981.
[17] 胡仔. 苕溪渔隐丛话:前集[M]. 北京:人民文学出版社,1962.
[18] 黄伟. 提问与对话:有效教学的入口与路径[M]. 杭州:浙江大学出版社,2016.
[19] 金圣叹. 金圣叹批才子古文[M]. 张国光,点校,武汉:湖北人民出版社,1986.
[20] 卡夫卡. 卡夫卡全集[M]. 叶廷芳,译. 石家庄:河北教育出版社,1996.
[21] 乐黛云. 国外鲁迅研究论集[M]. 北京:北京大学出版社,1981.
[22] 理查德·迈耶. 教育心理学的生机:学科学习与教学心理学[M]. 姚梅林,译. 南京:江苏教育出版社,2005.
[23] 李建中. 中国文化概论[M]. 武汉:武汉大学出版社,2005.
[24] 李战子. 话语的人际意义研究[M]. 上海:上海外语教育出版社,2002.
[25] 廖仲安,刘国盈. 中国古典文学辞典[M]. 北京:北京出版社,1989.
[26] 刘辰诞. 教学篇章语言学[M]. 上海:上海外语教育出版社,1999.
[27] 刘勰. 文心雕龙[M]. 王志彬,译注. 北京:中华书局,2012.
[28] 刘运峰. 1917～1927 中国新文学大系导言集[M]. 天津:天津人民出版社,2009.
[29] 陆机. 文赋[M]. 张怀瑾,译注. 北京:北京出版社,1984.
[30] 鲁迅. 鲁迅全集:第 4 卷[M]. 北京:人民文学出版社,1981.
[31] 鲁迅. 鲁迅全集:第 6 卷[M]. 北京: 人民文学出版社,1981.
[32] 鲁迅. 鲁迅全集:第 7 卷[M]. 北京: 人民文学出版社,1981.
[33] 鲁迅. 南腔北调集[M]. 沈阳:辽宁出版集团, 2002.
[34] 鲁迅. 坟[M]. 北京:人民文学出版社,2006.
[35] 鲁迅. 南腔北调集[M]. 南京:译林出版社,2014.
[36] 马正平. 高等写作学引论[M]. 2 版. 北京:中国人民大学出版社,2011.
[37] Michael McCarthy, Ronald Carter. 作为语篇的语言:对语言教学的启示[M]. 北京:北京大学出版社, 2004.
[38] 苗兴伟,张蕾. 汉语语篇分析[M]. 北京:外语教学与研究出版社, 2021.
[39] 聂仁发. 现代汉语语篇研究[M]. 杭州:浙江大学出版社, 2009.
[40] 彭漪,柴同文. 功能语篇分析研究[M]. 北京:外语教学与研究出版社,2010.

[41] 钱锺书. 谈艺录[M]. 北京:中华书局,1993.
[42] 荣维东. 语文文本解读实用教程[M]. 北京:北京大学出版社,2016.
[43] 沈从文. 长河[M]. 北京:十月文艺出版社,2008.
[44] 申丹,王丽亚. 西方叙事学:经典与后经典[M]. 北京:北京大学出版社,2010.
[45] 施旭. 什么是话语研究[M]. 上海:上海外语教育出版社,2017.
[46] 苏珊·朗格. 艺术问题[M]. 滕守尧,朱疆源,译. 北京:中国社会科学出版社,1983.
[47] 唐开韶,胡焯. 桃花源志略[M]. 长沙:岳麓书社, 2008.
[48] 童庆炳. 文学理论教程[M]. 5 版. 北京:高等教育出版社,2015.
[49] 王国维. 王国维遗书:第 5 册[M]. 上海:上海古籍书店,1983.
[50] 王国维. 人间词话[M]. 陈赋,注评. 南京:江苏凤凰文艺出版社,2020.
[51] 王汝弼. 白居易选集[M]. 上海:上海古籍出版社,1980.
[52] 袁行霈. 陶渊明集笺注[M]. 北京:中华书局, 2011.
[53] 曾祥芹. 阅读技法系统[M]. 郑州:大象出版社,1992.
[54] 张德禄. 语篇分析理论的发展及应用[M]. 北京:外语教学与研究出版社,2012.
[55] 周振甫. 文心雕龙今译:附词语简释[M]. 北京:中华书局,1986.
[56] 钟嵘. 诗品[M]. 北京:中华书局, 2019.
[57] 朱光潜. 西方美学史[M]. 北京:商务印书馆,2011.
[58] 朱光潜. 我与文学及其他　谈文学[M]. 北京:中华书局,2012.
[59] 朱光潜. 朱光潜全集[M]. 北京:中华书局, 2012.
[60] 朱永生,严世清,苗兴伟. 功能语言学导论[M]. 上海:上海外语教育出版社,2004.
[61] 朱永生,严世清. 系统功能语言学再思考[M]. 上海:复旦大学出版社,2011.
[62] 宗白华. 宗白华全集:第 2 卷[M]. 合肥:安徽教育出版社,1994.
[63] R De Beaugrande, W Dressler. Introduction to Text Linguistics[M]. London: Longman Group ltd. ,1981.
[64] Roman Jakobson, Krystyna Pomorska. Dialogues [M]. New York: Cambridge University Press,1983.

二、标准

[1] 中华人民共和国教育部. 普通高中语文课程标准:2017 年版 2020 年修订[S]. 北京：人民教育出版社,2020.
[2] 中华人民共和国教育部. 义务教育语文课程标准:2022 年版[S]. 北京:北京师范大学出版社,2022.

三、期刊论文

[1] 陈国恩. 论鲁迅启蒙主义观的转变——从《祝福》说起[J]. 南京师范大学文学院学报,2007(4):80-83.
[2] 邓仁华. "前景化"概念的演变及其对文学文本解析的功用[J]. 华南理工大学学报(社会科学版),1999(2):118-124.
[3] 丁建新. 体裁分析的传统与前沿[J]. 外语研究,2007(6):13-18.
[4] 丁金国. 语篇特征探析[J]. 当代修辞学. 2014(1):55-64.
[5] 丁金国. 构建汉语语篇学的基础和原则[J]. 烟台大学学报(哲学社会科学版),2019(4):110-120.
[6] 范子烨.《桃花源记》的文学密码与艺术建构[J]. 文学评论, 2011(4):21-29.
[7] 冯为民. 文化自觉与阅读教学[J]. 语文教学通讯, 2010(10):15-16.
[8] 冯为民. 文化自觉与语文文本解读[J]. 中国教育学刊,2010(6):36-38.
[9] 冯为民. 语文阅读教学中的语篇分析——以《归去来兮辞(并序)》为例[J]. 语文教学通讯,2019(4):41-43.
[10] 冯为民. 语篇视角下的教学设计——以诸葛亮《出师表》教学为例[J]. 中学语文教学,2019(3):24-28.
[11] 郜元宝. "连自己也烧在这里面"——读《祝福》[J]. 鲁迅研究月刊,2020(1):4-9.
[12] 贡如云,冯为民. 高中语文核心素养的实质内涵及培育路径[J]. 教育理论与实践,2017(5):52-54.
[13] 贡如云,黄伟. 语篇学视域下的语文教学改造[J]. 课程 · 教材 · 教法,2017(8):40-45.
[14] 黄伟. 课堂对话的运作机理——基于话语分析的视角[J]. 教育研究,

2014,35(7):123-130.

[15] 贾志国,曾辰. 自主化深度学习:新时代教育教学的根本转向[J]. 中国教育学刊,2019(4):1-5.

[16] 吉仁.《纪念白求恩》的历史底蕴及其现实意义[J]. 社会科学,1996(9):53-55+80.

[17] 雷武锋,曾耀农. 论巴赫金的自我理论及其文化精神[J]. 北京理工大学学报(社会科学版),2002(4):76-78.

[18] 李红梅,王思遥.《纪念白求恩》版本考证[J]. 出版发行研究,2015(6):100-102.

[19] 王京跃. 白求恩精神的现代意义——写在毛泽东《纪念白求恩》一文发表70周年之际[J]. 马克思主义研究,2009(12):102-106.

[20] 林纪诚. 论连贯性和衔接性[J]. 山东外语教学,1988(Z1):76-80.

[21] 刘宏业. 语篇分析:从工具理性到价值理性[J]. 中学语文教学,2022(2):26-33.

[22] 刘宏业. 教学解读:从文本解读到教学设计的桥梁——以《烛之武退秦师》教学为例[J]. 中学语文教学参考,2023(1):45-50.

[23] 卢晓晨. 巴赫金言语体裁理论的启示[J]. 黑河学刊,2014(12):49-50+74.

[24] 马菊玲. 前景化功能论[J]. 吉林工程技术师范学院学报,2008(1):47-50.

[25] 钱谷融. 论节奏[J]. 文艺理论研究,1994(6):5-9.

[26] 钱理群,孙雅静,顾静燕. 鲁迅的当代意义与超越性价值——在“30后”与“70后”鲁迅研究者对话会上的讲话[J]. 济南大学学报(社会科学版),2016(3):15-21+2.

[27] 秦秀白,韩金龙. 论文本的解读[J]. 华南理工大学学报(社会科学版),1999(2):110-117.

[28] 戎仁堂. 阅读教学中“问题链”的设计要领[J]. 语文建设,2018(14):23-26.

[29] 申丹. “隐性进程”与双重叙事动力[J]. 外国文学,2022(1):62-81.

[30] 孙佩婕,王奇珊. 语篇信息结构与语篇教学[J]. 东北大学学报(社会科学版),2002(4):283-285.

[31] 田海龙. 语用学与语篇研究的互动关系[J]. 外语教学,2001(2):3-8.

[32] 田静,徐惊尘.《鹊桥仙》教学实录及点评[J]. 语文建设,2011(12):17-21.

[33] 王本华. 任务·活动·情境——统编高中语文教材设计的三个支点[J]. 语文建设,2019(21):4-10.

[34] 汪玲,郭德俊. 元认知的本质与要素[J]. 心理学报,2000(4):458-463.

[35] 吴永军. 关于深度学习的再认识[J]. 课程·教材·教法,2019(2):51-58+36.

[36] 徐盛桓. 新格赖斯会话含意理论和含意否定[J]. 外语教学与研究,1994(4):30-35+80.

[37] 谢晓霞. 回不去的故乡——《祝福》与1920年代的乡愁[J]. 河南大学学报(社会科学版),2021(6):101-107.

[38] 颜柯,宋智敏. 毛泽东榜样教育:标准、方式与启迪——从《纪念白求恩》到"向雷锋同志学习"[J]. 湘潭大学学报(哲学社会科学版),2016(3):5-9.

[39] 于晖. 语篇体裁概念之理论溯源[J]. 北京师范大学学报(社会科学版),2009(4):61-67.

[40] 郑东辉. 促进深度学习的课堂评价:内涵与路径[J]. 课程·教材·教法,2019(2):59-65.

[41] 郑桂华. 2022年版语文课程标准中课程目标的价值追求[J]. 中学语文教学,2022(5):8-13.

[42] 郑逸农. 给文本解读一个恰切的定位[J]. 语文教学通讯,2011(4):7-9.

[43] 章熊. 语言的连贯性(上)[J]. 语文教学通讯,1991(4):8-11.

[44] 朱斌. 文学张力:形成机制的探寻[J]. 江西科技师范大学学报,2013(3):102-106.

后 记

本书由贡如云编著，其具体分工为：前言、第一章第一节和第二节、第六章第四节、第七章第二节由贡如云（江苏第二师范学院）撰写。第五章第三节由贡如云和黄伟（南京师范大学）合作撰写。第一章第三节、第二章第二节、第七章第一节由冯为民（南京市第二十九中学）撰写。第二章第一节由牛树超（徐州市经济技术开发区教体局）撰写。第二章第三节和第四节、第六章第四节、第八章第二节和第三节由董晓强（南京市第一中学）撰写。第二章第五节由戎仁堂（南京市东山高级中学）撰写。第二章第六节、第三章第二节、第五章第二节、第六章第一节和第二节和第七节由薛城（南京市第五初级中学）撰写。第三章第一节由刘宏业（南京市宁海中学）撰写。第三章第三节由张增光（无锡市梅里中学）撰写。第六章第六节由张增光和张原（无锡市锡山区教师发展中心）合作撰写。第三章第四节由王清（扬州市宝应县城西实验学校）撰写。第四章第一节由阮莹莹（无锡市东绛第二实验学校）撰写。第四章第二节由李燕（南京市宁海中学）撰写。第五章第一节、第六章第五节由丁长永（徐州市开发区中学）撰写。第六章第三节由蒋根花（南京市临江高级中学）撰写。

在编著过程中，杜文渊主任编辑给予了大量指导与帮助。河海大学出版社对著作的完成与出版给予了大力支持。在本书付梓之际，一并表示最诚挚的感谢！最后，谨以此著作求教于各位专家和读者。

贡如云

2025 年 7 月